HEYNE BUSINESS

Heyne · Campus

Tom Peters

Das TOM PETERS SEMINAR

1

Management in chaotischen Zeiten

Aus dem Amerikanischen
von
FRIEDRICH MADER

WILHELM HEYNE VERLAG
MÜNCHEN

HEYNE BUSINESS
22/2048

Titel der amerikanischen Originalausgabe:
THE TOM PETERS SEMINAR
Erschienen 1994 bei Vintage Books, Random House, Inc.

Für Evelyn Peters, eine Rednerin,
die einen Redner großgezogen hat.

Besuchen Sie uns im Internet:
http://www.heyne.de

Umwelthinweis:
Dieses Buch wurde auf chlor- und
säurefreiem Papier gedruckt.

Ungekürzte Taschenbuchausgabe
im Wilhelm Heyne Verlag GmbH & Co. KG, München

Printed in Germany 1998
Umschlaggestaltung: Atelier Bachmann & Seidel, Reischach
Technische Betreuung: M. Spinola
Satz: Schaber Satz- und Datentechnik, Wels
Druck und Verarbeitung: Presse-Druck, Augsburg

ISBN 3-453-14194-6

»Nur die Paranoiden überleben.«

ANDY GROVE,
Vorstandsvorsitzender von Intel

Hinweis für den Leser

Nach meinen Seminaren fragen zahlreiche
Teilnehmer immer wieder nach Kopien
der von mir als Sichthilfen verwendeten Dias.
Dieses Buch ist meine Antwort.
Es entspricht in seinem Inhalt einem typischen
Tom Peters-Seminar im Frühjahr 1994.
Viel Spaß!

Tom Peters, Palo Alto, Kalifornien, März 1994

Inhalt

Einleitung 9

1. KAPITEL
Jenseits des Wandels
Alles aufgeben 13

2. KAPITEL
Jenseits der Dezentralisierung
Desorganisation zur Befreiung der Phantasie 39

3. KAPITEL
Jenseits des Delegierens
Ein Unternehmen, das nur aus Unternehmern besteht 85

4. KAPITEL
Jenseits der Loyalität
Denken wie ein selbständiger Auftragnehmer 109

5. KAPITEL
Jenseits der Desintegration
Das Unternehmen als Netzwerk 141

6. KAPITEL
Jenseits des Reengineering
Die Firmen-Talkshow 185

7. KAPITEL
Jenseits des Lernens
Das neugierige Unternehmen 229

8. KAPITEL
Jenseits des Total Quality Management
Oha! 261

9. KAPITEL
Jenseits des Wandels (aufs neue)
Die permanente Revolution 311

Epilog 333

Danksagung 336

Anmerkungen 337

Zitierte Buchveröffentlichungen 350

Einleitung

Verwirrung allenthalben. Aber ist es denn ein Wunder?

Am 18. Oktober 1993 verkündete *USA Today,* daß die Golden State Warriors dem zwanzigjährigen Chris Webber einen mit 74,4 Millionen Dollar dotierten Fünfzehnjahresvertrag anboten, obwohl er bis dahin noch keine einzige Minute als Basketballprofi absolviert hatte. Am selben Tag wies die *Financial Times* mit ihrer Überschrift auf die starke Gefährdung von 400 000 Arbeitsplätzen in der europäischen Autoindustrie hin. Drei Monate später, im Januar 1994, veröffentlichte *Business Week* die Ergebnisse einer Meinungsumfrage, derzufolge 90 Prozent der Manager im Jahresverlauf einen Umsatzanstieg erwarteten. Trotz dieser Zuversicht planten mehr als die Hälfte der Manager keine Veränderungen im Personalstand – oder sogar weitere Entlassungen.

Die Welt ist närrischer als je zuvor.

Beispiel gefällig? Binnen weniger Wochen im Sommer 1993 schließen MCI und British Telecom einen Riesenvertrag. Time Warner und U.S. West tun sich zusammen, kurz darauf Time Warner und Silicon Graphics. Dann reichen sich U. S. West, Microsoft und General Instruments die Hände. Als nächstes folgen Telecommunications Inc., Time Warner und Microsoft. Wie ein neues Sonnensystem aus galaktischem Staub entsteht eine ungeheure, Billionen Dollar schwere Computer-Software-Kabel-TV-Telekommunikations-Verlags-Unterhaltungs-Elektronik-Informations-Dienstleistungs-Megaindustrie – geboren im Cyberspace und auf meinem Fernsehbildschirm.

Unterdessen ist ein ganzer Kontinent, eine ganze Zivilisation – Asien – im Aufbruch begriffen. Die Volkswirtschaft Chinas verzeichnet 1992 ein Wachstum von 14 Prozent, das

sich aber 1993 auf 10 Prozent »verlangsamen« soll. Dennoch beträgt das Wachstum im ersten Quartal 15 Prozent. Das Pro-Kopf-Einkommen im hochentwickelten Singapur übertrifft das von Großbritannien. Und wenn schon von Hochentwicklung die Rede ist, dann darf man auch den Umstand nicht unerwähnt lassen, daß sich fortschrittlichste Konstruktionsarbeiten im Elektroniksektor mittlerweile weit über die Grenzen Japans hinaus erstrecken und auch in Taiwan, Korea, Malaysia, Thailand, China und Indien geleistet werden.
Wenn mehrere Delegierte zur Versammlung der Kommunistischen Partei in Guangdong 1993 im goldfarbenen Mercedes anreisen und die Chinesen Aufstände veranstalten, um Aktienrechte zu erwerben, ist es dann ein Wunder, daß die Präsidenten von General Motors, IBM, Westinghouse, American Express und Kodak innerhalb weniger Monate ihren Hut nehmen müssen?
Seit eines schönen Tages zu Beginn des Jahres 1992 der Börsenwert von Microsoft – mit Jahreseinnahmen von damals 2 Milliarden – an dem von General Motors mit Jahreseinnahmen von 120 Milliarden vorbeizog, konnte da noch jemand überrascht sein, wenn Boeing, Kodak, Digital Equipment, Compaq, Daimler-Benz und ... und ... ICI, Philips, Hyundai, Volkswagen und Bosch »revolutionäre« Umstrukturierungen angekündigt haben – die in vielen Fällen einen drastischen Stellenabbau mit sich bringen, der auch vor höchsten Positionen nicht haltmacht?
Wenn Hewlett-Packard die 9000 Beschäftigten im Unternehmensbereich Tintenstrahldrucker mit einem zentralen Stab von vier Leuten leiten kann und Unternehmen weltweit die Verflachung ihrer Hierarchien und das Outsourcing mit Lichtgeschwindigkeit vorantreiben, wen kann es da noch erstaunen, daß Manpower Inc., Amerikas größtes Unternehmen für Zeitarbeit, schon mehr als eine halbe Million Menschen auf der Gehaltsliste hat? Oder daß der Anteil von Zeitarbeitern in den USA seit 1982 um 250 Prozent gestiegen ist, während die Gesamtzahl der Beschäftigten nur um 20 Prozent gewachsen ist? Oder daß manche Zeitarbeit-

firmen in einem atemberaubenden Tempo wachsen, weil sie »Netzwerk«-Unternehmen, die ein Verharren als geschäftliche Todsünde betrachten, temporäre Unternehmensleiter, Bereichsleiter und Projektmanager zur Verfügung stellen?
Wenn jeden Tag durchschnittlich 300 neue elektronische Programmschaltwerke auf den Markt kommen und meine neue Minolta 9xi-Kamera über mehr »Intelligenz« verfügt als mein Apple II-Computer von 1982, wird sich dann noch jemand verblüfft darüber zeigen, daß Nintendo mit lediglich 892 Mitarbeitern 1992 einen Umsatz von 5,5 Milliarden Dollar (6 Millionen pro Mitarbeiter) und damit den dritthöchsten Gewinn aller japanischen Unternehmen erzielte?
Nintendo setzt neue Maßstäbe, und Internet gewinnt Monat für Monat eine Million neue Mitglieder hinzu. Brauche ich mich dann noch darüber wundern, daß ich neulich auf einer Flugreise blättern konnte in der Zeitschrift *Online Access: The Magazine that Makes Modems Work* und in der ersten Ausgabe von, ungelogen, *Going Bonkers?*

Aufbruch ins Jenseits

Die Überschriften der neun folgenden Kapitel beginnen jeweils mit dem Wort »Jenseits«: »Jenseits des Wandels«, »Jenseits der Dezentralisierung« und so weiter. Jedes »Jenseits« spricht ein derzeit beliebtes Managementmodell an.
Trotz ihrer vielfach nur oberflächlichen oder mangelhaften Umsetzung sind Wert und Nutzen dieser Modelle (z. B. des Delegierens) unstrittig. Mit meinen Seminaren und mit diesem Buch ziele ich jedoch weit über den Wert und Nutzen von heute hinaus und blicke auf den von morgen.
Sie glauben also an die Idee des Delegierens (wer täte das nicht?) und sind in Ihrer Kfz-Werkstatt mit neun Beschäftigten oder in Ihrem Telekommunikationsunternehmen mit 19 000 Mitarbeitern um die Umsetzung dieser Idee bemüht (wer wäre das nicht?). Schön. Zumindest, was das Delegieren angeht. Aber in Kapitel 3 dränge ich Sie weiter. Sie sollen Ihre

Mitarbeiter zu vollendeten Geschäftsleuten machen. Genau, ein Unternehmen, das nur aus Unternehmern besteht.
In gewissem Sinne stellt jedes »Jenseits« ein eigenes Organisationsmodell vor. Andererseits bauen die einzelnen Kapitel auch auf den vorangehenden auf, bis sich daraus am Ende ein umfassender Organisations- und Managementansatz ergibt.
Ein umfassendes Modell? Ja. Mühelos zu erfassen? Bestimmt nicht. Eigentlich kommt es sogar darauf an, daß es Mühe macht.
»Aber«, werden Sie sagen, »mein Unternehmen hat sich noch nicht einmal auf die Managementanforderungen der achtziger Jahre eingestellt. Das ist einfach zuviel.«
Wollen wir wetten?

1. KAPITEL

Jenseits des Wandels

Alles aufgeben

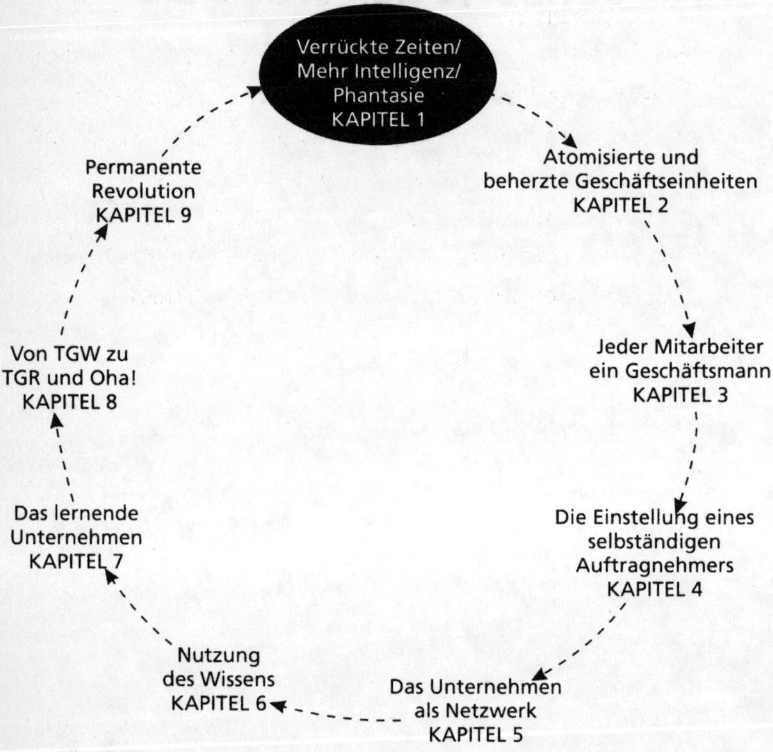
Verrückte Zeiten/
Mehr Intelligenz/
Phantasie
KAPITEL 1
Atomisierte und
beherzte Geschäftseinheiten
KAPITEL 2
Jeder Mitarbeiter
ein Geschäftsmann
KAPITEL 3
Die Einstellung eines
selbständigen
Auftragnehmers
KAPITEL 4
Das Unternehmen
als Netzwerk
KAPITEL 5
Nutzung
des Wissens
KAPITEL 6
Das lernende
Unternehmen
KAPITEL 7
Von TGW zu
TGR und Oha!
KAPITEL 8
Permanente
Revolution
KAPITEL 9

Wandel, Wandel, Wandel. Wir müssen damit umgehen, davon profitieren lernen. So hört man es heute von allen Seiten. Aber die Botschaft ist falsch. So abenteuerlich es klingen mag, wir müssen noch über den Wandel hinausgehen und uns mit dem Gedanken vertraut machen, alle Konventionen, auf die wir uns bisher verlassen haben, einfach aufzugeben. *Streichen Sie das Wort »Wandel« aus Ihrem Wortschatz.* Ersetzen Sie es durch »Alles aufgeben« oder durch »Revolution«.

»Es wird nur zwei Typen von Managern geben: die Schnellen und die Toten.«

David Vice, Northern Telecom

Verrückte Zeiten

Verrückte Zeiten brauchen verrückte Unternehmen.

Mit diesem Satz und dem darin liegenden gewaltigen Anspruch an Manager, Stabsmitarbeiter und Außendienstkräfte werden wir uns in diesem Buch auseinandersetzen.

Kein Zweifel, die Zeiten sind verrückt und werden immer verrückter – das gilt für Banker, Software-Produzenten, Gastronomen und Beamte gleichermaßen. Und was sollte in verrückten Zeiten mehr Sinn ergeben als verrückte Organisationen und Unternehmen? Aber wenn Sie mir diese Prämisse zugestehen, dann müssen Sie mit mir auch den Schluß ziehen, daß das Hauptproblem heutiger Unternehmen in ihrem Mangel an Verrücktheit zu suchen ist. Kurz gesagt, wir bauen auf rationale Unternehmen, um uns in einer irrationalen Geschäftswelt zurechtzufinden.
Dabei möchte ich behaupten, daß meine These alles andere als verrückt ist. Auch wenn das Wort selbst zweimal darin vorkommt, ist der Eingangssatz dieses Kapitels nüchtern und logisch: Verrückte Zeiten → verrückte Unternehmen. Seitdem ich 1992 das Buch *Liberation Management* veröffentlicht habe, treibt mich die wachsende Erkenntnis um, daß die meisten Unternehmen furchtbar öd und langweilig sind. Dennoch werden Kreativität und Elan von den meisten neueren Managementtheorien beharrlich ignoriert. Nicht wenige dieser Theorien laufen sogar auf eine Strangulierung von Kreativität und eine Unterdrückung von Elan hinaus, und das zu einer Zeit, da diese Faktoren zur Hauptquelle für Wirtschaftswachstum geworden sind.

Der neue Stoffwechsel

»Die neunziger Jahre werden ein Jahrzehnt der Geschwindigkeit sein, eine Nanosekundenkultur«, sagt David Vice von Northern Telecom. »Es wird nur zwei Typen von Managern geben, die Schnellen und die Toten.«
Mit diesem Zitat erziele ich bei meinen Seminaren immer einen Lacherfolg, aber ich glaube, daß darin nicht so sehr gute Laune zum Ausdruck kommt als Angst und Entsetzen. Leichen pflastern den Weg von Angestellten und Arbeitern, von Vorstandsvorsitzenden und Pförtnern. Und trotz einer allmählich sich erholenden Wirtschaft ist ein Ende des Blutvergießens noch nicht abzusehen. Im Gegenteil.

> **Wahrheit in Zahlen**
>
> **Von der Tragödie zum Film**
>
> Jonstown, 1978: 513 Tage
> Waco, 1993: 34 Tage

»Kürzlich«, so schreibt Toyoo Gyohten, der ehemalige stellvertretende Finanzminister Japans, in *Changing Fortunes,* seinem gemeinsam mit dem früheren amerikanischen Zentralbankchef Paul Volcker verfaßten Buch, »kürzlich sprach ich mit einem der erfolgreichsten japanischen Devisenhändler. Ich fragte ihn, welche Faktoren er beim Kauf und Verkauf berücksichtigt. Er antwortete: ›Viele Faktoren, manche davon sehr kurzfristig, einige mittelfristig und andere langfristig.‹ Ich fand es sehr interessant, daß er auch langfristig dachte, und wollte wissen, was er darunter verstand. Er zögerte kurz und sagte dann vollkommen ernst: ›Vielleicht zehn Minuten.‹ Mit diesem Tempo bewegt sich heutzutage der Markt.«
Die wenigsten sind wohl im Devisenhandel tätig, aber mir scheint fast, das spielt gar keine Rolle. Auch in anderen Branchen hat der Stoffwechsel des Marktes ein rasendes, nicht mehr kontrollierbares Tempo erreicht. »Neuentwicklungen in der Fernmeldetechnologie kommen so ungefähr zweimal am Tag«, erzählte mir Dick Liebhaber, der Leiter für Strategie und Technologie von MCI, Ende 1992. Und ich glaube nicht, daß er scherzte. »Seit 1979 Sony den Walkman erfand«,

schreibt Steven Brull in der *International Herald Tribune* vom 26. März 1992, »hat die Firma 227 verschiedene Modelle entwickelt, das heißt alle drei Wochen eines.« Klar, daß es die Konkurrenz da nicht leicht hat.
Devisenhandel, Telekommunikation, Unterhaltungselektronik, Spaghettisauce (in den USA allein 1991 64 neue Sorten) und alles andere bewegen sich mit zunehmender Geschwindigkeit. Erst kürzlich wurde im Harper's Index festgestellt, daß vom Kool-Aid-Massaker in Jonestown 1978 bis zum ersten Fernsehfilm darüber 513 Tage vergingen; 1993 betrug der Abstand zwischen dem Flammentod der Davidianersekte in Waco, Texas, und dem ersten Fernsehfilm nur noch 34 Tage (die Vorbereitungen für den Film liefen schon vor dem tragischen Ende der Ereignisse). Das ist eine Beschleunigung um das Fünfzehnfache.
Wie wenig ich mir selbst über das wachsende Wirtschaftstempo im klaren war, wurde mir im Juni 1993 auf unmißverständliche Weise vor Augen geführt, als ich einen Laptop-Computer kaufte. (Ich wollte nicht mehr als einziger Geschäftsmann wie ein Hinterwäldler ohne solch ein Spielzeug im Flugzeug sitzen.) Nach einiger Überlegung entschied ich mich für ein Apple PowerBook 165 c. Zu Hause zeigte ich die Neuerwerbung voller Stolz meinem siebenundzwanzigjährigen Schwiegersohn.
»Aber«, mokierte er sich, »das ist doch der alte. Den gibt es doch schon seit vier oder fünf Monaten.« Im selben Moment bemerkte er das Komische an seiner Aussage und lachte über sich selbst. Aber er hatte recht. Es war ein altes Modell – eine 120 Tage alte Antiquität. (Offiziell lief es im Dezember 1993 aus.)

Es ist völlig gleichgültig, welche Branche man sich ansieht. Bei einem Seminar in Philadelphia Ende 1992 sagte Hal Rosenbluth, der Vorstandsvorsitzende des Reiseunternehmens Rosenbluth International: »Unsere Branche befindet sich jenseits der Revolution.« Der Umsatz seines Unternehmens stieg in einem noch vor kurzem unfaßbaren Tempo in weniger als zehn Jahren von 40 Millionen auf 1,5 Milliarden Dollar. Zu verdanken war dieser Erfolg zum Teil der mitunter (Vorbild Sony) monatlichen Einführung exklusiver Software-Pakete. Und ab ging die Post!

Oder werfen wir einen Blick auf den PC-Bereich von IBM in Austin, Texas. Laut *Economist* hat dieser ohnehin bereits sehr modern operierende Geschäftsbereich in den letzten drei Jahren seinen durchschnittlichen Produktzyklus von siebeneinhalb auf eineinhalb Tage und die Entwicklungszeit für Neuprodukte von 24 auf acht Monate reduziert, das Produktsortiment von 19 auf 85 Posten erhöht und gleichzeitig die Belegschaft von 1100 auf 423 Beschäftigte verringert.

Doch der Sog der Beschleunigung erfaßt nicht nur High-Tech-Unternehmen. Nur wenige Industrien blicken auf eine längere Tradition zurück als der Bergbau, aber dennoch hat die australische Kalgoorlie Consolidated Gold Mines zwischen 1989 und 1992 ihre Produktion verdoppelt. Im selben Zeitraum schrumpfte die Zahl der Arbeiter von 1500 auf 720.

Revolution? Das Wort ist nicht zu stark. Und es meint nicht dasselbe wie Wandel.

Wandel? Wandel! Stimmt, fast alle haben sich inzwischen an den Gedanken gewöhnt, daß das einzig Unveränderliche der Wandel ist. Aber leider ist das Wort zu schwach. »Revolution« trifft die Sache viel besser. Wenn Ihnen das Wort nicht so recht über die Lippen will, dann haben Sie vielleicht ein Wahrnehmungsproblem – und bald schon, wer weiß, ein Geschäfts- oder Karriereproblem.

Was wir tun, was wir machen, wie wir arbeiten: In all diesen Bereichen ist die Revolution nicht mehr aufzuhalten.

Das körperlose Unternehmen

Erinnern Sie sich noch an die Zeiten, als alle für ein Projekt erforderlichen Leute zusammen in einem Gebäude arbeiteten? Als man ganz selbstverständlich davon ausging, die besten Leute für jede beliebige Aufgabe bereits auf der eigenen

Icons/Mark Fisher

Gehaltsliste zu haben? Als man monatelang an keiner Konferenz teilnahm, bei der Außenstehende zugegen waren? Wie überholt und einfältig uns das heute erscheint! Aus Lewis Perelmans Buch *School's Out* stammt folgende Beschreibung der Entstehung von Musikaufnahmen im Jahre 1992:

> Die meisten Aufnahmen sind nicht mehr nur Tonaufzeichnungen von einer Gruppe von Musikern, die in einem Raum zusammenspielen. Heutzutage werden Aufnahmen aus Einzelteilen gebildet, die in der ganzen Welt entstehen. Die Stücke werden von einem Gitarristen in London, einem Schlagzeuger in New Orleans, einem Keyboardspieler in Tokio, einer Sängerin in Toronto eingespielt – vielleicht noch unter Beteiligung eines südafrikanischen Jive-Chors und eines tschechischen Kammerorchesters. Die Einzelteile können überall zusammengefügt werden, in einem Hollywood-Studio oder in einer Scheune in Schönkirchen.

Perelman, der für »das Ende der Erziehung« (wie wir sie kennen) plädiert, schildert in der Folge voller Bewunderung das neue Lernen auf Lebenszeit. Die National Technological University in den USA, so erklärt er, ist:

> ... eine elektronische technische Hochschule ohne Campus und ohne Vollzeit-Lehrkörper, die ihre 12000 Kursstunden aus der Zentrale in Fort Collins, Colorado ausstrahlt. Empfänger sind über 5000 Ingenieure in Videoräumen vieler teilnehmender Unternehmen aus allen Ecken des Landes. Die Telekurse der NTU werden von Spitzenkräften der mehr als vierzig beteiligten Universitäten erstellt. Die Studenten – meist Ingenieure, die im Rahmen ihrer beruflichen Karriere eine Fortbildung machen –können die Kurse entweder am Arbeitsplatz in Echtzeit oder als Bandaufzeichnung verfolgen. Mit den Professoren stehen sie über Telefon oder E-Mail in Kontakt. Dank der neuen Technologie zur digitalen Signalkomprimierung kann, so der Universitätspräsident Lionel Baldwin, die NTU inzwischen jedem Besitzer einer Satellitenschüssel zu einem Viertel der üblichen Collegegebühren Kurse anbieten.

Wir haben also körperlose Unternehmen zur Produktion von Dingen (Tonaufnahmen) und zur Auseinandersetzung mit der Wissensrevolution an sich (individuelle Bildungsangebote wie von der NTU). Tatsächlich werden verstreute Ad-hoc-Netzwerke zum neuen, wenngleich kurzlebigen Rückgrat des wissensgestützten Unternehmens. Von wem und woher das Wissen stammt, spielt keine Rolle, wenn sich daraus nur umgehend ein Angebotspaket schnüren läßt, das die unbeständigen Bedürfnisse der Kunden befriedigt. In der Ökonomie von morgen dreht sich nicht mehr alles um Muskelkraft, sondern um den innovativen Einsatz von Geisteskraft.

Der Stoff, aus dem die Träume sind

»Wir versuchen, immer mehr Intellekt und immer weniger Material zu verkaufen.« Diese Worte von George Hegg, einem (inzwischen pensionierten) strategischen Planer von 3M, sind kennzeichnend für die folgenden Ausführungen.
3M ist von Geburt an und aus Tradition ein Materialunterneh-

Stoff → Intellekt

men. Dennoch möchte es sich der Last des Stofflichen entziehen und in die unstofflichen Bereiche des Intellekts vordringen. Ein Marketingmitarbeiter aus der Elektronikdivision des Unternehmens in Austin sagte mir: »Unsere Vertreter haben keine Musterkoffer mehr. Jetzt heißt es, unser Flußdiagramm gegen das der anderen. Das heißt, können wir anhand unseres Prozesses schneller als unsere Konkurrenten eine Lösung [Produkt in der Sprache von gestern] erarbeiten, die den spezifischen Bedürfnissen des Kunden entspricht?« Flußdiagramme und Intellekt. Das ist der Kern der Sache, auch wenn letzten Endes ein materieller Gegenstand (im Falle von 3M in Austin also vielleicht ein Verbindungskabel) den Besitzer wechselt. Meine neue Minolta 9xi ist durchaus stofflich, aber ich bin mir ziemlich sicher, daß ich für das Plastikgehäuse ungefähr 10, für die feingeschliffene Linse weitere 50 und den Rest von 640 Dollar ausschließlich für den Intellekt bezahlt habe: das Innenleben aus Mikroprozessoren und Software mit einer Leistungsfähigkeit, die noch vor wenigen Jahren völlig undenkbar gewesen wäre.

Die Welt wird immer weicher. Das Schuhunternehmen Nike erscheint in der *Fortune*-Liste der 500 erfolgreichsten Dienstleister, aber nicht in der Liste der Industrieunternehmen. Nike läßt seine modischen Sportschuhe in Fabriken der ganzen Welt herstellen, schafft jedoch seinen enormen Marktwert durch exzellentes Design und vor allem durch außerordentliches Marketinggeschick. Tom Silverman, der Gründer der aufstrebenden Tommy Boy Records, sagt, Nike habe zuerst begriffen, daß man in der Lifestyle-Branche tätig sei. Wie sonst läßt es sich erklären, daß das Schuhunternehmen eine Vertragsprämie von einer Million Dollar und einen Fünfzehnjahresvertrag mit einem garantierten Jahressalär von 375 000 plus Aktienbezugsrecht auslobt, um den Duke-Basketballtrainer Mike Krzyewski dazu zu bewegen, seine Adidas-Schuhe in die Ecke zu werfen? Schuhe? Nie und nimmer! Lebensstil. Zeitgeist. Tempo. Mehrwert durch Intellekt und Image.

Es lebe die Phantasie!

»Microsofts einziges Fertigungskapital ist die menschliche Phantasie«, schreibt Fred Moody im *New York Times Magazine.* In meinen Seminaren habe ich das Dia mit diesen Worten mindestens schon hundertmal gezeigt, aber trotzdem jagt mir dieser einfache Satz immer noch Schauer über den Rücken. »Einzig«, »Fertigungskapital«, »menschliche Phantasie« – eine ziemliche Breitseite. Zumindest scheint es so in einer Ära, in der sich viele Unternehmen trotz ihrer New Age-Fassade immer noch an die Managementlehren der Industriellen Revolution klammern.

»Weiß jemand, was es heißt die menschliche Phantasie zu *managen*?«

Nachdem ich meinen Seminarteilnehmern das Zitat über Microsoft vorgesetzt

116 / 129 . . . .

habe, stelle ich immer folgende Frage: »Weiß jemand hier, was es heißt, die menschliche Phantasie zu managen?« Bezeichnenderweise hat sich bislang noch niemand zu Wort gemeldet, auch ich selbst nicht. Ich weiß nicht, wie ein Management der menschlichen Phantasie aussehen könnte, aber ich weiß, daß die Phantasie die Hauptquelle für einen Wertzuwachs in der neuen Ökonomie ist. Und deshalb sollten wir eine Antwort auf die Frage finden – und zwar schnell.

Hegg von 3M: *mehr Intellekt ... weniger Material.*

Microsoft: *einziges Kapital ... menschliche Phantasie.*

Die diesen zwei »einfachen« Sätzen zugrundeliegenden Gedanken stellen die Welt auf den Kopf.

Bruchteile

Werfen wir einen quantitativen Blick auf die neue Verrücktheit. Dazu brauchen wir drei Brüche. Der erste lautet 116/129.

Vor einigen Jahren übernahm Philip Morris für eine Kaufsumme von 12,9 Milliarden Dollar das Unternehmen Kraft. Angesichts der späteren Erfolge von Kraft ein durchaus angemessener Preis. Als die Rechnungsprüfer ihre Arbeit abschlossen, stellte sich heraus, daß Philip Morris für 1,3 Milliarden Dollar Sachwerte und für 11,6 Milliarden »sonstige« Vermögenswerte erworben hatte. Aber was sind diese sonstigen 116/129?

Als ich Buchführung lernte, zählte nur der »Buchwert«: der Schmelzwert des Stahls in den Fabrikschlöten von Kraft und der Wert des eingelagerten Velveeta-Käses. Heute läuft es genau andersherum. Man schneit mal eben bei seinem Bankier rein, leiht sich 13 Milliarden Dollar, und wenn die Rechnungsprüfer die Lichter ausmachen und nach Hause gehen, erfährt man, wofür man 1 Milliarde hingeblättert hat. Den Rest hat man in »Sonstiges« investiert. Nennen wir es immaterielle Werte, goodwill (der amerikanische

..... 97 / 100 .....

Ausdruck für Geschäftswert), Markenwert oder einfach die Ideen in den Köpfen von Zehntausenden Kraftmitarbeitern auf der ganzen Welt.
Willkommen in einer Welt, in der die Worte eines Managers aus meiner Bekanntschaft gelten: »Wenn man es berühren kann, dann ist es nicht real.« Ich weiß nicht, wie es Ihnen damit geht, aber für einen alten Tiefbauingenieur wie mich ist das ein harter Brocken.
Viele Firmenleitungen haben Probleme mit dieser Vorstellung. Es scheint, als würde man in den Führungsetagen der meisten Unternehmen immer noch den größten Teil der Zeit mit dem Management der berührbaren 13/129 – der Sachwerte – zubringen. Die »sonstigen« 116/129 bleiben so ziemlich sich selbst überlassen. Unternehmensmanager befassen sich in einem halben Dutzend Konferenzen mit einem Investitionsangebot von 50 000 Mark, doch Ausbildungsfragen streifen sie nur am Rande. Und das ganze Jahr verschwenden sie kein Wort auf eine ernsthafte Erörterung der Phantasie, die all diesen immateriellen Werten zugrunde liegt.
Auch folgender Bruch gibt zu denken: 97/100.
ABB Asea Brown Boveri ist ein klassischer Gigant der Schwerindustrie mit Hauptsitz in Zürich, der unter anderem auf den Gebieten Kraftwerke, Stromübertragung, Stromverteilung, Transport und Umweltschutz aktiv ist. Dieses Unternehmen mit einem Jahresumsatz von 30 Milliarden Dollar möchte innerhalb weniger Jahre die Zykluszeit all seiner Tätigkeiten um 50 Prozent reduzieren. Ein Erfolg würde sich äußerst positiv auf die Geschäftsergebnisse auswirken.
Im Zuge dieses sogenannten T50-Programms analysierte ABB sorgfältig die Zykluszeit vom Verkauf bis zur Lieferung (Verkauf, Auftragseingang, Konstruktion, Entwicklung der technischen Daten, Planung, Fertigung, Lieferung). Dabei stellte sich heraus, daß nur 3 Prozent der Zykluszeit auf die Fertigung entfielen. Die verbleibenden 97 Prozent könnte man als »Sonstige« bezeichnen. Ein ABB-Manager faßte es so zusammen: »Beim Management der 3 Prozent hängen wir uns voll rein

....94 / 100

»Reiseunternehmen? Unsere Branche ist jenseits der Revolution.«
Hal Rosenbluth, Vorstandsvorsitzender, Rosenbluth International

und schaffen damit einen ›Superschnellweg‹ für die Fertigung. Aber den Rest überlassen wir ziemlich sich selbst.«
Daß diese Perspektivverzerrung durchaus allgemeiner Natur ist, erfährt man bei einem Besuch im Buchladen. Die Regale quellen nur so über vor Literatur zur Umstrukturierung der Fabriken. Ein gutes Buch über das Management der technischen Abteilung oder die Labororganisation hat dagegen Seltenheitswert.
Zum Abschluß der Bruch 94/100.
Ein Kenner der Materie schätzt, daß rund 6 Prozent der im kontinuierlichen Schwinden begriffenen Belegschaft von IBM in der Fabrik arbeiten. Die restlichen 94 Prozent beschäftigen sich mit »Sonstigem«, das heißt mit immateriellen, intellektuellen Dienstleistungen wie Konstruktion, Buchhaltung, Personal, Logistik, Design und Finanzen. Doch selbst die 6 Prozent in der Fabrik müssen zumeist Dienstleistungen erbringen. Fabrikarbeiter sind inzwischen vielfach mit Außenstehenden in Multifunktionsgruppen tätig, deren Aufgabe es ist, Prozesse zu rationalisieren, die Qualität zu verbessern oder Produkte nach Sonderwünschen anzufertigen. Auch für sie sollte also wie für die anderen 94 Prozent die Devise gelten: den Verstand nutzen, die Phantasie spielen lassen.

Den Verstand nutzen (denn sonst ...)

Immer mehr Intellekt, immer weniger Material. Das einzige Fertigungskapital die menschliche Phantasie. Willkommen in der Welt der Software, der Welt der grauen Zellen. Und ziehen Sie sich warm an, wenn Sie einen Arbeiter immer noch nach seiner Kraft bewerten.
Forschungsergebnisse von Isabel Sawhill vom Urban Institute jagen Seminarteilnehmern auf der ganzen Welt Angst und Schrecken ein. Sawhill fand heraus, daß das Durchschnittseinkommen einer US-Familie zwischen 1968 und 1977 (inflationsbereinigt) um 20 Prozent gestiegen ist. Nach alter amerikanischer Tradition trug der Aufschwung alle gleichermaßen

in die Höhe: Leute ohne Highschoolabschluß konnten ihr Einkommen um 20 Prozent vermehren, Collegeabsolventen um 21 Prozent. Dann schlug das Informationszeitalter zu. Im Lauf des nächsten Jahrzehnts, von 1978 bis 1987, wuchs das durchschnittliche inflationsbereinigte Familieneinkommen abermals um 17 Prozent, doch diesmal erlitten Menschen ohne Highschoolabschluß einen vierprozentigen Verlust, während die Collegeabsolventen um satte 48 Prozent zulegten. Grund genug für eine Revolution? Zweifellos.
Eine frühere ökonomische Umwälzung (die Industrielle Revolution) bescherte uns Karl Marx. Das Zeitalter der Informationen und der Phantasie hat seinen Marx noch nicht gefunden. Bis jetzt.

Alles aufgeben!

»Jedes Unternehmen muß sich darauf vorbereiten, all seine Tätigkeiten aufzugeben«, schreibt Peter Drucker in der *Harvard Business Review.* Drucker neigt eigentlich nicht zu Übertreibungen, aber er sagt nicht: »Die meisten Unternehmen sollten sich angesichts großer Veränderungen auf einen umfassenden Wandel vorbereiten.« Nein, er spricht nicht von Wandel. Er redet davon, daß alle alles aufgeben müssen.
Ich habe zu meinen Seminarteilnehmern gesagt: »Vergessen Sie heute mal Ihre detaillierten Aufzeichnungen. Nehmen Sie statt dessen ein Blatt Papier zur Hand und schreiben Sie einfach die Wörter ›alle‹, ›aufgeben‹ und ›alles‹ darauf. Nicht mehr. Wenn Sie wieder zu arbeiten anfangen, sollten Sie das Blatt unter die Glasplatte auf dem Schreibtisch schieben. Und jede Stunde einen Blick darauf werfen.« Wenn ich das sage, meine ich es vollkommen ernst. Ein nicht zu unterschätzender Teil der vor uns liegenden Herausforderung besteht darin, mit unmißverständlichen Worten wie »Aufgeben« statt »Wandel« zu Rande zu kommen.
Ich habe es bereits erwähnt und werde es wieder erwähnen: Die Welt steht kopf. Es handelt sich um eine Umwälzung, wie sie nur alle zwei Jahrhunderte stattfindet. Schier unvor-

»Neue und aufregende Vorreiter-Produkte sind absolute Mangelware.«

David Glass, Vorstandsvorsitzender

stellbar für Menschen, die fünfundzwanzig, fünfunddreißig oder auch fünfzig, sechzig Jahre alt sind. Die technologische Revolution gewinnt immer mehr an Fahrt, und schon nimmt das Bild eines *global village*, der Welt als Dorf, immer deutlichere Züge an. Es gibt keinen Ort zum Verstecken, keine Nische, in der man das Vorüberziehen dieses Orkans abwarten könnte.

Wo sind unter den 16.143 neuen Produkten, die 1991 in die Regale gelangten, die Pendants zum Mikrowellenherd, zum Videorecorder oder zum Walkman ...?

Auf meinen letzten Reisen nach Asien, Ozeanien, Europa, Lateinamerika und in den Nahen Osten stellte ich immer wieder fest, daß jede entwickelte und sich entwickelnde Ökonomie exakt die gleiche Strategie verfolgt: Wertschöpfung durch Schaffung einer wissensgestützten und exportorientierten Wirtschaft.

Diese oder ähnlich lautende Worte habe ich in Argentinien gehört und in Brasilien, in Irland, Singapur, Malaysia, Korea, Australien, Neuseeland und in den Vereinigten Arabischen Emiraten – ebenso wie in den USA, in Japan und in Deutschland. Auch in Thailand und in Indonesien. Und in Indien und China. Überall.

Viele scheinen zu glauben, daß Menschen, die nicht in Nordamerika, Westeuropa oder Japan leben und arbeiten, immer noch Sandalen herstellen. Weit gefehlt. Samsung aus Korea, noch vor einem Jahrzehnt keine nennenswerte Größe im Markt, ist schnell zum weltweit bedeutendsten Hersteller von Halbleiter-Speicherchips (DRAMs) für den Massenmarkt geworden. Und in Penang, Malaysia, vertrauen führende amerikanische und spanische Elektronikunternehmen den Arbeitern nicht mehr nur die Montage an: Die Beschäftigten bauen nach eigenen Entwürfen. Bangalore in Indien gilt mittlerweile als Brennpunkt für Software-Design. (Einige Spaßvögel erkennen darin bereits die Software-Metropole in dreißig Jahren.) Und Singapur, die selbsternannte »intelligente Insel«, ist eine weltweit bedeutende Drehscheibe für Banken, Telekommunikation und Logistik.

Höchste Zeit

Wir verflachen unsere Unternehmen, entledigen uns bürokratischer Exzesse. Das ist richtig so – und schon lange überfällig. Aber wenn es um den Eintritt ins Zeitalter der Phantasie geht, stehen wir immer noch zaudernd auf der Schwelle.
Im Oktober 1992 sprach ich mit David Glass, dem Vorstandsvorsitzenden des Kaufhauses Wal-Mart. »Neue und aufregende Vorreiter-Produkte sind absolute Mangelware«, klagte er. Mangelware?
1981 kamen 2689 neue Produkte in die Lebensmittelläden und Drugstores der Vereinigten Staaten. Zehn Jahre später, 1991, war die Zahl bereits auf 16.143 hochgeschnellt. Jede halbe Stunde wurde in diesem Jahr ein neues Produkt eingeführt. Wovon redete Glass überhaupt?
Sehen wir uns seine Aussage noch einmal an: »Neue und aufregende Vorreiter-Produkte sind absolute Mangelware.« Er hat recht. Unter all den neuen Produkten, die in die Regale von Wal-Mart gelangen, wo sind da die Pendants zum Mikrowellenherd, zum Videorecorder oder zum Walkman – also zu jenen Produkten, die laut Glass die Leute scharenweise auf die Beine brachten und wie Magneten in seine Läden zogen?
Aus allen Ecken der Welt prasseln immer mehr neue harte und

Treffende Wörter

- ✎ **Revolution**
- ✎ **irre**
- ✎ **verrückt**
- ✎ **prickelnd**
- ✎ **bizarr**
- ✎ **Wahnsinn**
- ✎ **packend**

weiche Produkte auf uns nieder, aber haben sie auch etwas Besonderes, Verzauberndes und Erregendes? Bestehen sie den Oha!-Test (siehe Kapitel 8)? »Man kann noch so viele königliche Hochzeiten abhalten und eine noch so gute Informationsinfrastruktur aufbauen«, sagte der Multimediaexperte Gerry O'Connell zu *Advertising Age* Ende 1993, »aber für etwas Neues und Aufregendes braucht man dennoch echte Kreativität«. Der frühere Apple-Präsident John Sculley schließt sich dem an: »Was bedeutet schon eine höhere Leistungsfähigkeit? ... Das ist doch wie Rocky IV oder der Pate V.«

Verrückt? Nein.

Also was tun?

Alles aufgeben.

Fazit: Stürmische Zeiten

Wir stehen vor dem größten ökonomischen Wandel seit zwei Jahrhunderten. Das dürfte mittlerweile jedem klargeworden sein. Aber was heißt das für Sie? Es heißt, daß Sie bei Verstand sind, wenn Sie ihn vor Angst verlieren. Es heißt, daß Sie Selbstmord begehen, wenn Sie bequem werden.

»Die zwanghafte Produktionssteigerung«, schrieb Roger Swardson im Herbst 1993 im San *Francisco Chronicle,* »hat zu einem starken Auseinanderdriften in der arbeitenden Bevölkerung Amerikas geführt. Bei dem einen floriert das Geschäft, ständig ist er auf Achse, gibt neue Parolen aus und sieht keine Probleme, außer vielleicht einer mangelhaften Einstellung; ein anderer fürchtet bei der Arbeit jeden Tag, daß es sein letzter sein wird; und ein Dritter schließlich wird zum Opfer einer Versetzung und drastischer Lohnsenkungen.«

Es sind verrückte Zeiten. Und schwere Zeiten. Dieser Ausdruck erinnerte mich an ein Buch, das ich zuletzt in meiner

Werden wir in 20 Jahren alle ...

☛ **Lernpensum**

- ✔ Verrückte Zeiten ... verrückte Unternehmen
- ✔ Neuer Stoffwechsel im Unternehmen (ab die Post!)
- ✔ Das körperlose Unternehmen
- ✔ Ständig im Vorübergehen lernen
- ✔ Mehr Intellekt ... weniger Material
- ✔ Einziges Kapital ... menschliche Phantasie
- ✔ Komische Brüche (116/129, 97/100, 94/100)
- ✔ »Alle Unternehmen«, »alles«, »aufgeben«
- ✔ Oha! (und ein diesbezüglich sehr verbreiteter Mangel)

Jugend gelesen hatte: Charles Dickens' 1854 erschienener Roman *Hard Times.* Letzten Sommer habe ich mir die Zeit genommen, um ihn noch einmal zu lesen. Alles verändert sich. Die Menschen verlassen die Bauernhöfe und strömen in Fabriken, sie wohnen nicht mehr in Dörfern, sondern in übelriechenden Elendsvierteln. Ich wollte sehen, wie die Menschen damals zurechtkamen. Nicht besonders gut. Marx hat es beschrieben, wenn auch nicht so unterhaltsam wie Dickens. Die Bolschewiken haben etwas unternommen. Aber auch sie waren nicht gerade unterhaltsam.

Der Wandel ist wieder da. Und was unternehmen wir?

Der frühere Präsident von Citicorp, Walter Wriston, und der Autor George Gilder predigen Technologie: Sie wird uns befreien. Wahrscheinlich haben sie recht, aber ein neues Versprechen ist das nicht. Verfechter des Wandels wie Tocqueville waren es, die zum letzten Mal eine politische Befreiung verkündeten. Und letztlich stellten sich ihre Anschauungen zumeist auch als richtig heraus. Aber es brauchte sechs Generationen, die Umgestaltung uralter Gesellschaftsformen und zwei Weltkriege, um die demokratische Verheißung der Industrialisierung zu verwirklichen. Wenn sich die Geschichte wiederholt – und die verstärkte

Hinwendung der Wähler zu extremen Kandidaten überall auf der Welt scheint dies zu bestätigen –, dann müssen wir damit rechnen, daß zwar die neue technologische Entwicklung weitestgehend in den nächsten 25 Jahren abgeschlossen sein, daß aber die soziale Anpassung noch ein weiteres Jahrhundert dauern wird.
Was zum Beispiel unternehmen wir gegen die immer weiter sich öffnende Einkommensschere zwischen Arm und Reich in unserer Gesellschaft? Und wie steht es mit den armen und reichen Nationen?
Aber auch wer sich von einer Revolution nicht schrecken läßt, muß sich auf atemberaubende Umwälzungen einstellen. Wie soll der durchschnittlich gebildete Mensch seinen Vorrat an Wissen erneuern, wenn dieses alle sechs Jahre veraltet? Was bringt uns das Ende der Arbeitsplatzsicherheit? Werden wir in zwanzig Jahren alle für Manpower Inc. arbeiten?
Angenommen, meine Argumentation leuchtet Ihnen im großen und ganzen ein, und Sie stellen Detailfragen erst einmal zurück. Was bekommen Sie dafür, daß Sie sich der Verrücktheit verschreiben? Ich glaube, Sie können die Zukunft besser einschätzen.
Sie gestatten sich also eine Prise Wahnsinn. Sie finden sich damit ab, daß es heute auf viele Fragen keine sicheren Antworten gibt. Sie begreifen, daß wir nicht einmal wissen, welche Fragen wir stellen sollen. Denn auf nicht abzusehende Zeit wird für Außendienstmitarbeiter, Unternehmensleiter, Selbständige und auch Politiker die Fähigkeit, Ungewißheit zu ertragen, zum Schlüssel des Erfolgs werden.
Auch das Versteckspielen mit dem Wandel führt zu nichts, das haben Sie eingesehen. In einer Ansprache zum Truppenabbau äußerte sich Präsident Clinton sehr erstaunt darüber, daß eine besonders betroffene Gemeinde die Schließung eines Stützpunkts ohne staatliche Hilfe überstanden hatte. Er fragte sich, ob es den Leuten mit einer Unterstützung besser ergangen wäre. Ich bin mir nicht sicher, ob die Antwort nicht gelautet hätte: schlechter. Trotz bester Absichten führen die meisten staatlichen Hilfsanstrengungen in der Praxis nur zu einem Aufschub, ehe die Menschen dann doch mit dem

Unvermeidlichen konfrontiert sind. Wenn die Gelder auslaufen, sind sie auch nicht besser vorbereitet – und sie sind weiter zurück. Je mehr wir uns vor dem Unvermeidlichen »schützen« wollen, desto mehr berauben wir uns der kollektiven Fähigkeit zur Anpassung an erdbebenartige Veränderungen in unserer ökonomischen Struktur.
Wenn Sie mir bis hierher gefolgt sind, dann stimmen Sie auch der Notwendigkeit zur Selbsterneuerung zu. Unternehmen und Regierungen müssen sich verändern, und wir müssen es auch. Gewinner werden die Neugierigen sein, die leicht Verrückten, Menschen mit unstillbarem Wissensdurst und Tatendrang.
Und Sie haben erkannt, daß wir in stürmischen Zeiten leben, die uns große Veränderungen bringen werden. Vielleicht bereitet allein schon diese Einsicht viele von uns besser auf die heranrollenden Schockwellen vor.

Gefragt – getan

1. Sehen Sie sich fünfundzwanzig Kataloge durch, von Produkten für Haustiere bis Personalcomputer. Dick sind sie ja, aber sind sie auch interessant? Wie viele der neuen Angebote sind atemberaubend (genau das richtige Wort)? Versuchen Sie jetzt dasselbe mit Ihrem eigenen Katalog. Wenn Sie Stabsmitarbeiter sind, erstellen Sie eine Liste Ihrer »Produkte«. Sind sie faszinierend? Fesselnd?
2. Führen Sie sich die Verschiebung vom Material zum Intellekt und zur Dienstleistung vor Augen. Sehen Sie sich die zugkräftigen »Produkte« in Ihrer Branche an. Wächst der Anteil an Dienstleistung und Intellekt? Wie stark? (Stellen Sie nach dem Beispiel der Minolta-Kamera eine Rechnung auf.) Sprechen Sie und Ihre Kollegen über diese Verschiebung und ihre Auswirkungen? Finden die »weichen« Aspekte dieser Produkte angemessene Berücksichtigung in Ihren Prioritäten?
3. Setzen Sie sich ernsthaft mit der »Pflege« menschlicher Phantasie auseinander (jenseits des Delegierens – davon spä-

ter mehr)? Ist das für Sie überhaupt ein Thema? Wenn nicht, werfen Sie dieses Buch in den nächsten Papierkorb.

4. Arbeiten Sie die meiste Zeit im Büro mit Ihren alten Kollegen? Oder sind Sie ständig auf Achse und arbeiten einmal hier, einmal dort, über elektronische Netze, immer wieder mit anderen Menschen? Blicken Sie erst nach außen statt nach innen, wenn Sie über die erforderlichen Ressourcen (Leute) für den Start oder die Durchführung eines Projekts nachdenken? Wenn nicht, weshalb? (Sind Sie so arrogant, zu glauben, daß die in allen Bereichen Besten und Klügsten ausgerechnet in Ihrem Haus arbeiten?)
5. Sind Sie (Sie selbst, Ihre Gruppe, Ihr Unternehmen) bereit, »alles aufzugeben«? Sehen Sie sich um und versuchen Sie eine neutrale, quantifizierende Einschätzung: Wie viele Prozesse und Produkte sind in den letzten zwölf Monaten über Bord geworfen (nicht »verändert«) worden? Wenn es gar keine oder nur eine Handvoll sind, wo liegen die Gründe?
6. Was heißt es für Sie, eine Umwälzung mitzuerleben, wie sie nur einmal in zwei Jahrhunderten vorkommt? Fühlen Sie sich seltsam? Wenn nicht, sollten Sie aufpassen.
7. Verwenden Sie und Ihre Kollegen regelmäßig eine »lebendige« Sprache, also Ausdrücke wie »Revolution«, »irre«, »verrückt«, »prickelnd«, »bizarr«, »Wahnsinn« oder »packend«? Überprüfen Sie Ihre Sprache. Wie heiß oder kalt sind Sie im Gespräch, in Ihren Notizen?
8. Sind Sie bereit, das Wort »Wandel« zu vergessen und fortan »Revolution« zu sagen? Wenn nicht, weshalb? Weil ich ein Extremist bin? Oder weil Sie keiner sind?
9. Wie »verrückt« würden Sie a) sich selbst, b) Ihre Gruppe, c) Ihr Unternehmen, d) Ihren innovativsten Konkurrenten auf einer Skala von 1 bis 10 einschätzen? Freuen Sie sich, wenn Sie am Montag zur Arbeit gehen? Macht Ihnen Ihre Arbeit Spaß? Wie langweilig würden Sie auf einer Skala von 1 bis 10 a) Ihre Gruppe, b) Ihr Unternehmen, c) Ihren stärksten Konkurrenten einschätzen? Wie langweilig sind Sie selbst?

Denken Sie an das Motto dieses Buches:
»Nur die Paranoiden überleben«

Andy Grove, Intel

Im neuen Zeitalter wird Paranoia keine Krankheit mehr sein, sondern der erste Schritt zur Sicherheit des Arbeitsplatzes und für gesunde Unternehmensergebnisse. Wie wäre es mit dem Paranoiden Unternehmen? Keine schlechte Idee und vielleicht sogar eine sehr gute, wenn man an die Zeiten denkt. In diesem ersten Kapitel gibt es nur eine wichtige Botschaft: Wir gehen weit über alles hinaus, was wir uns früher und auch in jüngerer Zeit unter Wandel vorgestellt haben. Jetzt muß es heißen: *alles aufgeben.*

2. KAPITEL

Jenseits der Dezentralisierung

Desorganisation zur Befreiung der Phantasie

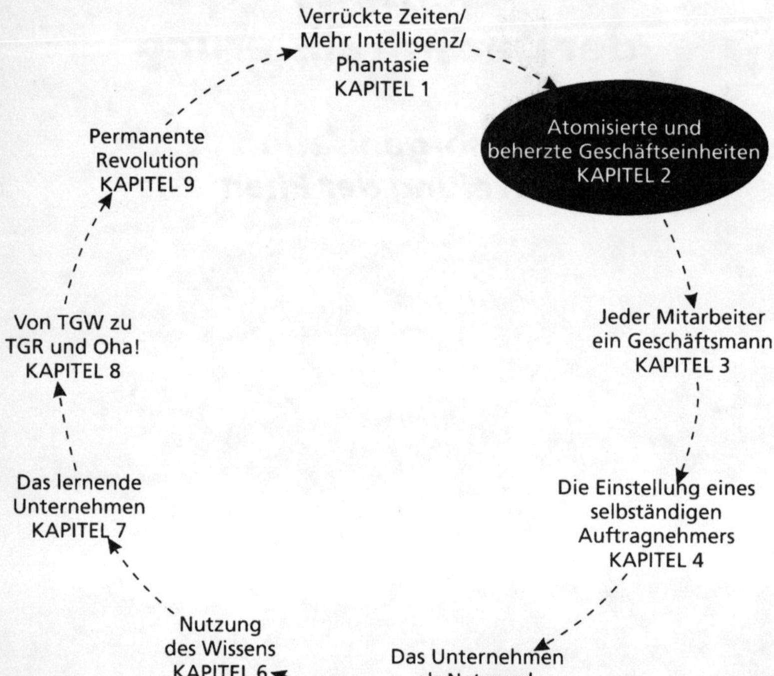
Verrückte Zeiten/
Mehr Intelligenz/
Phantasie
KAPITEL 1
Atomisierte und
beherzte Geschäftseinheiten
KAPITEL 2
Jeder Mitarbeiter
ein Geschäftsmann
KAPITEL 3
Die Einstellung eines
selbständigen
Auftragnehmers
KAPITEL 4
Das Unternehmen
als Netzwerk
KAPITEL 5
Nutzung
des Wissens
KAPITEL 6
Das lernende
Unternehmen
KAPITEL 7
Von TGW zu
TGR und Oha!
KAPITEL 8
Permanente
Revolution
KAPITEL 9

Dezentralisierung und immer mehr Dezentralisierung ist durchaus vernünftig, wenn ein Unternehmen mit einer Flut unbekannter Faktoren fertigwerden muß. Aber wenn es um die Freisetzung wirklich selbständiger und mitunter recht verschrobener Kräfte geht, die den Herzschlag untergeordneter Unternehmenseinheiten ausmachen, dann scheitern auch 1994 noch die meisten Maßnahmen zur Dezentralisierung kläglich. Daher die Idee, jenseits der Dezentralisierung anzusetzen und die *Desorganisation* anzustreben, die *Selbstzerstörung*, wie es ein Unternehmensleiter sehr plastisch bezeichnet. Das ist der erste logische Schritt zur Umsetzung der »revolutionären« Botschaft aus Kapitel 1.

»Wir haben die gesamte Organisationsstruktur abgeschafft. Wir verfügen über einen enormen Wettbewerbsvorteil, weil wir uns nicht um Formalitäten kümmern.«

Lars Kolind, Präsident von Oticon

Desorganisation

Es geschah am 8. August 1991 um 8.00 Uhr morgens in Kopenhagen. Lars Kolind, der Präsident von Oticon, machte etwas Außergewöhnliches. Er verwandelte sein Unternehmen in ein Konstrukt ohne Zentrum, in eine von ihm selbst so bezeichnete Spaghetti-Organisation.

Das 1904 gegründete Unternehmen Oticon, einer der weltweit führenden Hersteller von Hörhilfen, hatte starke Rückschläge verzeichnet. Der Marktanteil war im letzten Jahrzehnt um die Hälfte zurückgegangen. Kolind riß Wände ein, beseitigte Sekretärinnenstellen, strich Arbeitsplatzbeschreibungen und Privilegien, um eine hundertprozentig projektorientierte Geschäftseinheit zu schaffen, in der die Mitarbeiter ihre Aufgaben selbst finden und in Selbstverantwortung erledigen.

Einen Monat später, am 8. September, versteigerte das Unternehmen das gesamte alte Büromobiliar an seine Mitarbeiter. Dieser Schachzug unterstrich die Unwiderruflichkeit der Umstrukturierung. Jetzt verstauen die Mitarbeiter ihre Sachen in persönlichen Rollcontainern, die sie in der weiträumigen Halle jeweils dorthin schieben können, wo es für die Arbeit mit verschiedenen Kollegen erforderlich ist.

Nach überraschend wenigen Umstellungsschwierigkeiten verzeichnete Oticon Rekordgewinne und begann, verlorene Marktanteile zurückzugewinnen. Trotz eines scharfen Konkurrenzkampfs mit Giganten wie Philips führte man in der Hälfte der normalen Zeit ein neues Produkt ein, das weltweit Furore machte. Auf die Frage, ob er dieses Wunder an Kreativität und Schnelligkeit auf seine verschwommene und wilde neue Organisationsform zurückführe, antwortete Kolind:

»Unbedingt. Wir haben uns dafür entschieden, uns von der früheren Struktur zu trennen. Keine Abteilungen mehr. Keine Managertitel mehr. Und damit auch kein Bürokram mehr. Keine Sekretärinnen mehr, um uns zu schützen. Wir haben die gesamte Organisationsstruktur abgeschafft. Wir verfügen über einen enormen Wettbewerbsvorteil, weil wir uns nicht um Formalitäten kümmern. Wir kümmern uns nur um Leistung und Ergebnisse.«

Die »gesamte Organisationsstruktur« beseitigen. Starker Tobak. Was Kolind machte, geht weit über Dezentralisierung – selbst in der Praxis besonders fortschrittlicher Unternehmen – hinaus. Kolind hat sehr viel mehr erreicht, als nur den unteren Rängen ein paar wertvolle Befugnisse abzutreten. Er hat alles in die Hände der unteren Ränge gelegt und ihnen aufgetragen, kreativ zu sein, zu organisieren und neu zu organisieren und ihre eigene Show zu veranstalten.

Die Managementberater Charles Handy und Jim O'Toole nennen diese Organisationsform »föderal«. Im Gegensatz zu einer »dezentralisierten« Struktur, wo das Zentrum einen Teil der Macht an die Außenstellen abgibt, überlassen in einer föderalen Organisation die Außenstellen dem Zentrum (widerstrebend) Macht. Wenn Ihnen das zu jenseitig erscheint, dann haben Sie und Ihr Unternehmen allen Grund dazu, sorgenvoll in die Zukunft zu blicken.

Die Wertvernichter

Werfen wir einen kurzen Blick in die Vergangenheit, und zwar auf das Jahr 1986. Ein Streckeninspekteur der Union Pacific Railroad entdeckt ein Problem auf einem Rangiergleis in Kundenbesitz. Was macht er? Er gibt die Nachricht an seinen Boß weiter, den Rangiermeister, der sie seinem Chef meldet, dem Bahnmeister, der sie dem Divisionssuperintendenten für Verkehr übermittelt, der sie an den Divisionssuperintendenten weiterleitet. Dieser wiederum reicht das heiße Eisen weiter an den Regionalsuperintendenten für Verkehr, der die Sache eine Ebene höher zum stellvertretenden

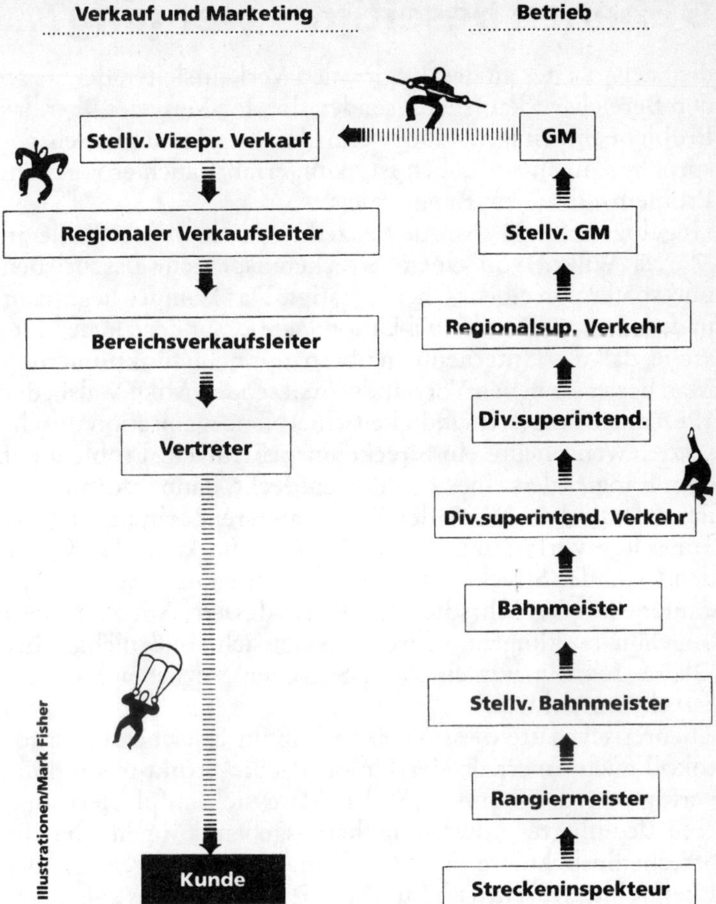

Illustrationen/Mark Fisher

Generalmanager schickt, der sie schließlich die letzte Stufe hinauf zum Generalmanager befördert. Das Problem am Rangiergleis hat nun endgültig die Spitze der massiven Betriebshierarchie von Union Pacific erreicht.

Als nächstes überquert es die riesige Kluft zum Verkauf und Marketing, wo es wahrscheinlich auf dem Schreibtisch des stellvertretenden Vizepräsidenten für Verkauf landet. Er gibt die Sache weiter an den Regionalen Verkaufsleiter, der sie an den Bereichsverkaufsleiter sendet, der den Vertreter über das Problem informiert. Und wenn der Kunde, statistisch gesprochen, noch am Leben ist, dann erfährt auch er von dem Problem auf seinem Rangiergleis.

Ungelogen! Diese absurde Prozedur wurde meiner Kollegin Marcia Wilkof von einem Streckeninspekteur beschrieben und später von einem Chef bestätigt. Das Wunder liegt nicht in dem Durcheinander bei Union Pacific, sondern in der Tatsache, daß das Unternehmen überhaupt noch funktionierte.

Man berief als neuen Vorstandsvorsitzenden Mike Walsh, der 1987 mit Blitzgeschwindigkeit eine Neuorganisation durchsetzte. Wenn heute ein Streckeninspekteur ein Problem auf dem Rangiergleis eines Kunden entdeckt, dann informiert er ihn sofort selbst. Wenn der Kunde anderer Meinung ist (was nur selten vorkommt, wie ich höre), dann kann der Kunde den Chef des Streckeninspekteurs anrufen, den Superintendenten für Verkehrsdienste. Aber dessen Antwort wird ungefähr so klingen: »Ehrlich gesagt, ich weiß nichts über Gleise. Ich bin nur ein Boß. Sprechen Sie lieber mit dem Streckeninspekteur.«

Theoretisch hätte diese Veränderung im Entscheidungsprotokoll auch innerhalb der Union Pacific-Struktur vor 1987 verfügt werden können. Walsh hätte sich aufplustern und eine detaillierte Anweisung herausgeben können, die die Streckeninspekteure im Problemfall zur Umgehung der Hierarchie ermächtigt hätte. Aber jeder weiß, was solch eine Anweisung bewirkt hätte – null. Wer möchte sich schon mit einem Alleingang den Zorn des Chefs (und des Chefs vom Chef des Chefs) zuziehen?

Also mußte Walsh zur Ausschaltung der komplizierten Verfahrensordnung, die das Unternehmen zu erdrücken drohte, die alte Hierarchie zerschlagen. In genau 120 Tagen eliminierte er zwei Drittel, das heißt sechs Ebenen der Betriebsorganisation von Union Pacific.

In dieser Geschichte geht es jedoch nicht um Bahnunternehmen, sondern um das Management allgemein. Viele moderne Managementtechniken wurden von Bahnunternehmen wie Union Pacific erfunden, den ersten transkontinental arbeitenden Gesellschaften. Doch im späten 20. Jahrhundert waren sie wie viele andere Unternehmen aufgrund ihres schwerfälligen Überbaus nicht mehr konkurrenzfähig. Das System, das zur Koordinierung der Geschäfte riesiger Gesellschaften erfunden worden war, strangulierte sie jetzt, weil es keine Bewegung zuließ.

Frage: Wer waren die Leute in den sechs von Mike Walsh eliminierten Managementebenen?

Antwort: Die Besten und Klügsten der Eisenbahngesellschaften.

Natürlich kommt es in jedem Unternehmen vor, daß aufgrund taktischer Winkelzüge ein Trottel in eine wichtige Verantwortungsposition gehievt wird. Aber in den allermeisten Fällen darf man davon ausgehen, daß die richtigen Leute auch die richtigen Stellen erhalten. In den sechs bei Union Pacific dementierten Ebenen saßen keine Dummköpfe, sondern gute, intelligente Manager. Und für den unwahrscheinlichen Fall, daß sich in Zukunft ähnliche Aufgabenbereiche ergäben, würde sie das Unternehmen bestimmt liebend gerne wieder einstellen.

Aber, verehrter Leser, Sie möchten bestimmt wissen, wieviel diese unleugbar kompetenten Leute zum Bruttsozialprodukt der Vereinigten Staaten beitrugen? Diese Frage stelle ich gerne meinen Seminarteilnehmern. Einige lachen. Andere sagen: »Reichlich wenig.« Ein paar meinen: »Null.«

Sie haben alle unrecht.

Die richtige Antwort lautet: einen *negativen* Wert.

Ich übertreibe nicht. Diese zusätzlichen sechs Managementebenen machten es den erfahrenen Streckeninspekteuren fast unmöglich, ihrer Aufgabe nachzukommen – die Abklärung von Problemen mit Gleisbenutzern. Damit trugen sie nicht nur nichts Positives

Mittelmanagement → Negativer Wert

zu den Geschäften des Unternehmens bei, sondern sie behinderten sie.
Keiner will die unangenehme Wahrheit hören, daß das Mittelmanagement – nicht die netten Leute, aber ihre Funktion – die Unternehmen nicht nur bremsen, sondern sie tatsächlich zurückwerfen. Das Mittelmanagement verstopft die Arterien der Unternehmen. Wenn die mittleren Manager planvoll und gemäß der Hauspolitik ihre Arbeit leisten, dann vernichten sie Wert. Und zwar nicht wenig.

Loslassen

Wenn eine Dezentralisierung im Vorgartenmaßstab die Antwort auf die Probleme des Streckeninspekteurs und auf das, was die Unternehmen heute generell bedrückt, bringen würde, dann wäre IBM das Leitbild. IBM hat reorganisiert, reorganisiert und wieder reorganisiert, aber zumeist ohne Erfolg. Man hat sich auch von einigen Blindgängern getrennt, von Teilen des Unternehmens, die nach Meinung des oberen Managements keine Zukunft hatten. Dazu gehört Lexmark, das die gefeierte IBM Selectric-Schreibmaschine entwickelte, aber heute fast nur noch Drucker herstellt. Lexmark wurde Anfang 1991 an seine Manager verkauft. In der kurzen Zeit von 16 Monaten ereignete sich dann folgendes:

- Die Managementposten wurden um 60 Prozent gekürzt.
- Die Autonomie der Linienmanager wurde drastisch verstärkt.
- Man schuf autonome strategische Geschäftseinheiten.
- Die Verfahrensordnung wurde wesentlich vereinfacht, vor allem bei Budgetfragen.
- Man verkleinerte die Belegschaft der Zentrale und verflachte die Hierarchie.
- Im Zuge einer radikalen Desintegration wurden viele Tätigkeiten nach außen vergeben.
- Die Fertigung wurde vollkommen reorganisiert.

Ergebnis: Das vorher lahmende Unternehmen verzeichnete bereits im ersten Jahr der Selbständigkeit einen Gewinn vor Steuern von 100 Millionen Dollar und einen Umsatz von 2 Milliarden.
Diese Geschichte liegt mir im Magen. Weshalb nur konnten diese an sich naheliegenden Veränderungen nicht durchgeführt werden, solange Lexmark noch am Rockzipfel von IBM hing? Die Sache läßt mich nicht los, weil ich eigentlich keine vernünftige Antwort weiß. Immer wieder hat es IBM mit einer »Dezentralisierung« versucht. Aber man konnte einfach nicht loslassen. Erst als für die Lexmark-Manager etwas auf dem Spiel stand (man denke nur an ihre Verschuldung), erst als das Unternehmen ihnen gehörte und erst als sie nicht mehr unter der Knute der IBM-Kultur waren, konnten sie sich wirklich loslösen.
Sehen wir uns die Maßnahmen von Lexmark noch einmal an. Zusammengenommen sicherlich eindrucksvoll, aber ist auch nur eine davon wirklich erstaunlich? Wohl kaum. Es handelt sich um Standardstrategien der achtziger und neunziger Jahre, um mit der schnellen Konkurrenz Schritt zu halten. Dennoch war die Voraussetzung dafür die vollständige Abnabelung von IBM.

Die Stunde der Pygmäen?

Der *Economist* gibt sich angesichts dieser Entwicklung überrascht: »Neue Technologien haben sich auf der ganzen Welt verbreitet, Handelsbarrieren sind gefallen, Finanzmärkte wurden dereguliert, und der Geschmack der Konsumenten hat sich über die Grenzen hinweg angenähert. Früher hätte man erwartet, daß all diese Veränderungen den großen Firmen nur noch mehr Gelegenheit bieten, ihre Muskeln spielen zu lassen. Statt dessen haben sie Tausenden von kleinen und mittleren Unternehmen Marktchancen eröffnet und bewiesen, daß viele Unternehmensgiganten reichlich Fett angesetzt haben ... 1993 bedeutet ›groß‹ nicht mehr wie einst ›Erfolg‹; und es wird wohl nicht mehr lange dauern, bis es ›Mißerfolg‹ bedeutet.«

Wahrheit in Zahlen	
1987–1992	
Größte Unternehmen:	–2,3 Mio Arbeitsstellen
Kleine bis mittlere Unternehmen:	+5,9 Mio Arbeitsstellen

In *Time* formulierte es Essayist Lance Morrow im März 1993 so: »Der Aufstieg der Wissensökonomie bringt in weniger als zwanzig Jahren den Wandel von einem überkonstruierten System großer, langsamer Wirtschaftseinheiten zu einer Vielzahl kleiner und weitverstreuter ökonomischer Zentren, von denen einige nur noch aus dem Chef bestehen.«

Beleg dafür ist das Zeitalter der Pygmäen in den Vereinigten Staaten. Die Maschinerie zur Beschaffung von Arbeitsplätzen verlangsamte sich in den späten achtziger Jahren, aber sie kam nicht völlig zum Stillstand. Die größten amerikanischen Unternehmen bauten zwischen 1987 und 1992 2,3 Millionen Stellen ab. Doch dem steht die erfreuliche Tatsache gegenüber, daß die weniger großen Unternehmen im gleichen Zeitraum 5,9 Millionen Arbeitsplätze schufen. Insgesamt also ein Plus von 3,6 Millionen. Darüber hinaus und entgegen der landläufigen Meinung stellten diese mittleren und kleinen Firmen genauso viele hochdotierte Jobs bereit, wie die Giganten verloren hatten. Zudem waren die meisten der von den weniger großen Unternehmen geschaffenen anderen Arbeitsstellen zumindest durchschnittlich bezahlt. Der Anteil an Niedriglohnjobs betrug nur 16 Prozent (das heißt 900 000 von 5,9 Millionen).

Trotzdem hält sich hartnäckig die Vorstellung, Größe sei ein absolutes Muß. Zum Beispiel: Bei neuen Technologien läßt sich nur mit großem Geld etwas bewegen. Richtig? Falsch. Die Liste der 500 schnellstwachsenden Unternehmen des *Inc.*-Magazins enthält zwar einige Hamburger-Ketten, aber sie ist auch voll von Expreßzustelldiensten, Biotechnologieunternehmen und fortschrittlichen Neulingen in den Bereichen Computer und Informationstechnologie. Das wirklich Aufregende daran ist, daß 34 Prozent der *Inc.*-500 mit weniger als 10 000 Dollar, 59 Prozent mit weniger als 50 000 Dollar und 75 Prozent mit weniger als 100 000 Dollar gegründet wurden.

Wir leben zwar in einem Zeitalter äußerst differenzierter Ansprüche, doch mit einem relativ geringen Geldbetrag – den man durch eine zweite Hypothek auf das Haus oder ein Gespräch mit Tante Edith bestimmt zusammenkratzen kann – ist es möglich, in praktisch jede Branche einzusteigen.

Aber vielleicht können die großen Alten doch noch ein paar Tricks lernen, um im Geschäft zu bleiben oder sogar wieder neue Lebensgeister zu zeigen. Auch wenn der *Economist* tönt, daß »die Demütigung der großen Unternehmen erst begonnen hat«, sieht der Vorstandsvorsitzende von General Electric, Jack Welch, gute Chancen für die Zukunft.

Percy räumt auf

In seinem oft zitierten Jahresbericht von 1992 schreibt Welch: »Wir verfolgen schonungslos das Ziel, dem großen Unternehmen die Seele – und die Geschwindigkeit – des kleinen Unternehmens einzupflanzen.«

Niemand hat dieses Ziel aggressiver verfolgt als Percy Barnevik, der Leiter von ABB Asea Brown Boveri. Seine Strategie: Das Zentrum (fast gänzlich) beseitigen; die Verantwortung kleinen Einheiten übertragen.

1980 gab Barnevik den Posten als Chef der US-Filiale von Sandvik (unter anderem Karbidschneidewerkzeuge) auf und übernahm die Leitung des ebenfalls schwedischen Industriegiganten Asea. Er erbte eine Stabsbelegschaft von 1700 Leuten, die er binnen 100 Tagen auf 200 zurückstutzte. Diese Leistung wiederholte er noch mehrmals. Beim Zusammenschluß von Asea mit dem Schweizer Unternehmen Brown Boveri et Cie 1987 verkleinerte er den Hauptverwaltungsstab von ursprünglich 4000 Mitarbeitern auf 200. Beim finnischen Arm von ABB, ABB Stromberg, saßen 880 Mitarbeiter in der Zentrale, als Barnevik auf den Plan trat. Heute sind es noch 25.

Ungefähr ein Drittel der abberufenen Stabsleute wurde arbeitslos; ein weiteres Drittel trat in eine operative Einheit des Unternehmens ein; und der Rest schloß sich selbständigen Einheiten (wie zum Beispiel Marketing) an, die Geld verdienen sollten. Im dritten Fall konnten die ehemaligen Stabsmitarbeiter ihre Dienstleistungen auf Wettbewerbsbasis an neue, kleine Einheiten oder auch an externe Kunden verkaufen – oder kündigen.

Barnevik führt sein Unternehmen von 210 000 Beschäftigten mit einem zentralen Stab von 150 Mitarbeitern: 100 hochqualifizierte Experten und 50 Verwaltungskräfte. Die Hierarchie der Zentrale, die in einem unscheinbaren Gebäude in der Nähe des Züricher Hauptbahnhofs untergebracht ist, ist auf das Notwendigste beschränkt. Nur drei Managementebenen trennen Barnevik und sein kleines Verwaltungsteam von den rund 190 000 Mitarbeitern, die die wirkliche Arbeit verrichten.

Doch Barneviks beeindruckendste Leistung liegt darin, daß

er das Unternehmen in 5000 Teile aufgegliedert hat: allesamt Profit Center, die im Durchschnitt 40 Mitarbeiter beschäftigen.

Jedes Profit Center verfügt über weitgehende Autonomie. In der Regel steht es unter der Leitung eines Chefs und seiner vier Kollegen (die für Finanzen, Konstruktion, Betrieb und Marketing/Verkauf zuständig sind.) Fast alle Profit Center erstellen unabhängige Gewinn-und-Verlust-Rechnungen und Bilanzen und betreuen »ihren« Kundenstamm.

Barnevik würde nach eigenem Bekunden am liebsten jedes Profit Center als eigenständige Firma eintragen lassen, wenn sich der dadurch drohende lawinenartige juristische Papierkrieg vermeiden ließe. Damit würde er die kleinen Einheiten zu echten Unternehmen und die Leiter zu gestandenen Unternehmern machen. Das ist sein Ziel.

Die Logik des ABB-Chefs ist sehr einfach. In den heutigen überfüllten Märkten gibt es »alles im Überfluß,«, meint er. Erfolg, so fügt er hinzu, ist nur denjenigen Unternehmen beschieden, die schnell zupacken und den Kunden durch Qualität, Service, Innovationen und Kooperation gewinnen. Solche Tugenden sind seiner Ansicht nach nur in Einheiten zu verwirklichen, die »beherzt, begeistert und energisch« bei der Sache sind. Und somit auch: nicht zu groß. Haben Sie schon mal von einer beherzten, begeisterten und energischen Einheit mit 3729 Mitarbeitern gehört? Oder mit 729? Ich nicht. Und Barnevik auch nicht.

Wie lautet demnach die magische Zahl für eine Geschäftseinheit in der intellektorientierten Ökonomie? Nach Barneviks Erfahrungen scheinen ungefähr 50 sinnvoll, auch in der Schwerindustrie. Richard Branson, der Gründer der Virgin Group (Unterhaltung, Immobilien, eine Fluggesellschaft) denkt genauso. »Wenn man die Leute im Haus nicht mehr kennt und es unpersönlich wird«, meinte er gegenüber *Success,* »dann ist es an der Zeit, ein Unternehmen aufzuteilen. Ich würde sagen, die Grenze liegt bei 50 oder 60 Beschäftigten. Die Leute sollten sich nicht in den Korridoren der Macht verlaufen.«

Immer wieder stoße ich in den verschiedensten Unterneh-

»Kopfarbeit leistet man nicht in Gruppen von tausend ... Leuten. Man leistet sie zu viert, zu acht in Gruppen von zehn ... Leuten.«

Anonymer Manager

men auf ideenreiche Führungsebenen, die sich etwas Originelles einfallen lassen, um ihre ausufernden Betriebe in überraschend kleine Einheiten aufzuteilen. Bei manchen liegt die magische Zahl ein wenig höher als 50. Bei anderen ein wenig darunter. Oder weit darunter.

Titeflex, ein hochmoderner Schlauchhersteller und Tochter der britischen TI Group, dümpelte eigentlich nur so vor sich hin, als 1988 Jon Simpson das Kommando übernahm und reorganisierte. Er baute Hierarchiestufen ab und reduzierte das Verwaltungspersonal. Der größte Einschnitt bestand jedoch darin, daß er große Teile der 500köpfigen Belegschaft in kleine sechs bis zehn Mitarbeiter starke sogenannte *Business Development Teams* (BDTs) aufgliederte.

Arbeiten diese Teams in Eigenregie? Ja, aber nicht nur das. Sie sind im Grunde genommen kleine Unternehmen wie Barneviks Einheiten. Das durchschnittliche BDT enthält fast alle Stabsfunktionen der alten Organisationsform: Rechnungswesen, Konstruktion, Produktionsplanung, Qualitätsbewertung und Personal. Die Teams arbeiten direkt mit Kunden und Händlern zusammen, sind unmittelbar an den Kapitalausgaben beteiligt und suchen nach neuen Auftraggebern. Jedes Team ist ein echtes Profit Center. Die BDTs von Titeflex sind daher weit mehr als eigenverantwortliche Teams; sie sind »90-Prozent-Unternehmen«, um einen meiner Ansicht nach sehr treffenden Begriff zu gebrauchen.

Wir leben in einem Zeitalter – ich darf mich hier wiederholen –, in dem es »immer mehr Intellekt und immer weniger Material« gibt. Eine Ära, in der »das einzige Fertigungskapital die menschliche Phantasie« ist. Wie sagte doch ein Manager im Gespräch mit mir so schön: »Es liegt doch auf der Hand, oder? Kopfarbeit leistet man nicht in Gruppen von tausend oder auch nur hundert Leuten. Man leistet sie zu viert, zu

acht, in Gruppen von zehn, fünfzehn oder vielleicht fünfundzwanzig Leuten.«
Oder zu zweit.

Magische Zahl = 2?

Im Gesundheitswesen der USA bahnt sich ein radikaler Wandel an. Auch ohne staatlichen Auftrag findet eine umfassende Reform hoffnungslos veralteter Krankenhausstrukturen statt. Von besonderer Bedeutung ist die Idee »des Krankenhauses, das den Patienten in den Mittelpunkt rückt«, die von Phil Lathrop, dem Vizepräsidenten von Booz, Allen Healthcare, vorgestellt und getestet wurde. Der Wandel, so meint er, muß sich radikal vollziehen, nicht schrittweise. (Kennen wir das nicht irgendwoher?)
Und weshalb?
In einem typischen Krankenhaus mit seinen absurden Formen von Überspezialisierung und Papierkram kommt buchstäblich auf jeden Patienten eine Verwaltungskraft. Genausogut könnte man, so Lathrop, gleich jedem Patienten seinen eigenen Sachbearbeiter zuweisen.
Aber das ist noch nicht alles. Das typische Krankenhaus beschäftigt zudem auch noch einen Verwaltungsleiter pro drei oder vier Patienten. Weshalb also nicht, fährt Lathrop fort, das Krankenhaus in Einheiten mit drei oder vier Patienten aufteilen, die alle ihren Vorstandsvorsitzenden haben?
Tatsächlich werden in den USA von einem Dollar lediglich 20 Cents für die direkte Krankenpflege aufgewendet. 30 Prozent ihrer Zeit verbringen Krankenhausmitarbeiter damit, irgendwelche Dinge aufzuschreiben. Und trotz der hochgradigen Spezialisierung (bis zu 600 Stellenbeschreibungen in einem großen Krankenhaus, unter anderem verschiedene Bodenreinigungsarbeiten) sind die meisten Tätigkeiten reine Routine.
Um die Krankenhaus-Revolution auszulösen, schrieb Lathrop in *Restructuring Health Care: The Patient-Focused Paradigm:* »Wir müssen die Parade von Spezialisten mit eng

definierten Arbeitsbereichen aus dem Krankenzimmer verbannen.« Wir werden gleich sehen, was er damit meint.

Eines der Musterbeispiele für Lathrops Vorstellungen ist das Lakeland Regional Medical Center in Lakeland, Florida. Dieses große Krankenhaus mit 897 Betten ist auf dem besten Wege, sich in fünf Mini-Krankenhäuser aufzuteilen, von denen jedes über eine eigenständige chirurgische Abteilung mit eigenem Kleinlabor, diagnostische Röntgenräume, Versorgungslager und Verwaltungsbereich verfügt. Doch damit nicht genug. Das Mini-Krankenhaus besteht im Grunde aus Mikro-Krankenhäusern. Der Schlüssel dazu: Die *Care Pairs* von Lakeland.

Pflegepaar = Mikrokrankenhaus

- **Übernimmt 80–90% der Betreuung für 4-7 Patienten**
- **Koordiniert die verbleibenden 10–20% mit Spezialsoftware**

Diese Pflegepaare sind Teams mit zwei Personen, einer staatlich geprüften Krankenschwester und einem Techniker, die beide vielseitig ausgebildet sind. Nach einem nur sechswöchigen Spezialkurs können Pflegepaare bei vier bis sieben Patienten vor und nach der Operation 80 bis 90 Prozent der medizinischen Betreuung übernehmen. Man stelle sich nur vor: Nach einer alles andere als aufwendigen fachübergreifenden Ausbildung können zwei Leute in einem Krankenhaus, in dem die Spezialisierung nach industriellem Vorbild bis ins Extrem getrieben worden ist, den Laden praktisch alleine schmeißen. Kurz gesagt, die Lakeland-Duos bewältigen die für ein halbes Dutzend Patienten notwendige Betreuung bis auf wenige Ausnahmen ohne Hilfe Dritter. Leistungen, die sie nicht erbringen können, koordinieren sie für ihre Patienten mit Spezialsoftware an einem Computer, der sich in jedem Krankenzimmer befindet.

Aber funktioniert das Ganze auch? Urteilen Sie selbst. Schon im ersten Jahr patientenorientierter Arbeit sank die Bearbeitungszeit für Routinetests von 157 auf 48 Minuten. Diagnostische Radiologieverfahren, die in 40 Schritten abgewickelt wurden und 140 Minuten dauerten, erfordern jetzt nur noch 28 Minuten. Im Pilotversuch verzeichnete man bei den Patienten weniger Stürze als zuvor und in der Medikation die niedrigste Fehlerquote im gesamten Krankenhaus. Auch die Fluktuationsquote der staatlich geprüften Krankenschwestern im Pilotprojekt war niedriger als im restlichen Krankenhaus. Und die stationären Kosten gingen ebenfalls deutlich zurück. Bei Ärzten und Patienten wuchs die Zufriedenheit gleichermaßen.

Am aufschlußreichsten jedoch sind zwei Zahlen aus dem zwischenmenschlichen Bereich. Zum einen begegnet der Durchschnittspatient bei seinem Krankenhausaufenthalt nicht mehr 48, sondern nur noch 13 Mitarbeitern; zum anderen verbringt die Krankenschwester jetzt mehr als die Hälfte ihrer Zeit – 53 Prozent statt wie bisher 21 Prozent – mit dem Patienten.

Müde, aber ohne Tränen

Aber laufen die Pflegepaare in solchen Krankenhäusern (und auch die Mitglieder ähnlich organisierter Einheiten in anderen Bereichen, die Aufgaben erledigen, an denen früher Dutzende von Leuten arbeiteten) nicht Gefahr, herumzurennen wie Figuren aus einem Chaplin-Film? In gewisser Hinsicht mag das zutreffen. Aber wie die meisten Menschen haben die Pflegepaare nichts gegen harte Arbeit, wenn sie sinnvoll ist. Lathrop beschreibt die Erfahrungen einer bewährten Krankenschwester mit der Arbeit in einer patientenorientierten Abteilung:

> An arbeitsreichen und anstrengenden Tagen bemerkt sie den Unterschied besonders stark. Wenn alles drunter und drüber geht, ist sie nach der Arbeit körperlich noch müder als früher. Sie muß mehr Dinge bewältigen. Aber sie geht nicht nach Hause und weint. Das passierte ihr früher, wenn sie vor Arbeit nicht mehr ein und aus

wußte. Sie saß den ganzen Tag am Telefon und versuchte andere Leute dazu zu bewegen, ihre Patienten zu versorgen. Dabei staute sich eine ungeheure Frustration an.

Acht Stunden am Tag mit Leuten herumstreiten, ihnen gut zureden, sie anschreien oder ihnen sogar etwas vorlügen – das war alles andere als befriedigend. Jetzt muß sie sich zwar vielleicht beeilen, aber sie und ihre Kollegen können alles Notwendige bewältigen, und es steht in ihrem Ermessen, weniger wichtige Dinge aufzuschieben. Dazu kommt, daß die Patienten ihren Einsatz sehen und zu schätzen wissen.

Können Sie bereits einen Trend erkennen?

Der turbulente Markt verlangt heute ein sofortiges Eingehen auf Kundenbedürfnisse, Produkte und Dienstleistungen individuellen Zuschnitts – und Phantasie von allen Beteiligten. Vor dem Umbruch konnten die unbeweglichen Bürokratien von Union Pacific Railroad, ABB Asea Brown Boveri, Titeflex und Lakeland Regional Medical Center keiner dieser Anforderungen gerecht werden. Gleiches gilt trotz aller Dezentralisierungsversuche für IBM, ebenso wie für General Electric vor der Ära Welch.

Muß-Einheiten

Die Aufgliederung riesiger Unternehmen in kleine und wirklich unabhängige Einheiten geht demnach weit über die Intentionen herkömmlicher Dezentralisierungen hinaus. So manche Unternehmen, auch von eher bescheidenen Ausmaßen, werden auf dem Papier dezentralisiert, bleiben jedoch im Grunde genommen ihrer zentralistischen Einstellung treu.

Niemand versteht diesen Unterschied besser als Ben Lytle. 1987 wurde er zum Geschäftsführer der Associated Group in Indianapolis, eines Finanzdienstleisters mit einem Jahresumsatz von 3 Milliarden Dollar. Dem Gebot der Stunde folgend spaltete er das nach Funktionsbereichen organisierte Unternehmen in fünf strategische Geschäftseinheiten auf. Aber zu seiner Überraschung mußte er feststellen, daß sich mit diesem Eingriff nur für fünf Leute das Leben geändert hatte: die Leiter der fünf Einheiten.

»Ich werde einen Wortwechsel im Fahrstuhl nie vergessen«, erzählte er. »Ich fand es ganz großartig, daß wir uns aus einer funktionalen Organisation in fünf große Einheiten verwandelt hatten. Eine Sachbearbeiterin für Schadensfälle fuhr mit mir im Aufzug, und ich fragte sie: ›Wie gefällt Ihnen die Arbeit in unserer neuen Unternehmensstruktur?‹ Sie antwortete: ›Gut.‹ Ich fragte sie: ›Und wo arbeiten Sie?‹ Ich erwartete eine Antwort wie: ›Ich arbeite in der Wirtschaftsabteilung [eine der fünf SGEs].‹ Und was sagte sie? ›Vierzehn.‹ Alles was sich für sie geändert hatte, war der Stock, in dem sie arbeitete! Und sonst nichts!«

(Die meisten leitenden Manager kennen diese Geschichte, auch wenn sie keine Lehre daraus ziehen. Wenn ich diese Anekdote zum Besten gebe, dann erziele ich bei meinen Seminaren auf der ganzen Welt einen Lacherfolg, und fast alle Anwesenden nicken wissend.)

Nach diesem Offenbarungseid entschloß sich Lytle zu einem innovativen nächsten Schritt. Er fächerte die Abteilungen Produktentwicklung, Marketing und Dienstleistungen in kleine Einheiten von 50 bis 200 Mitarbeitern auf, die sogenannten Acordia-Gesellschaften. »Nach diesem Erlebnis im Aufzug begann ich intensiv darüber nachzudenken, wie man eine Unternehmenskultur von Grund auf ändern kann. Dazu muß man ändern, was die Menschen sehen, wo sie leben, wie sie bezahlt werden – einfach alles. Als wir die horizontale Aufteilung in die Acordia-Gesellschaften unternahmen, änderten wir tatsächlich sehr viele Dinge im Leben unserer Mitarbeiter. Einer der wichtigsten Schritte war die Dezentralisierung in räumlich getrennte Gebäude. Die Mitarbeiter mußten sich sogar ganz offiziell um eine Stelle bei einer Acordia-Gesellschaft bewerben. Wir stellten unsere Vergütungsordnung um und zahlten nunmehr nach Leistung, also entsprechend den erzielten Ergebnissen.«

Die Acordia-Gesellschaften, im Handelsregister als Acordia Inc. eingetragen, arbeiten völlig selbständig. Jede einzelne verfügt nicht nur über ein eigenes Gebäude, sondern hat auch

»Ich glaube, ich weiß, warum diese kleinen Unternehmen funktionieren – sie müssen.«

Aussage über die Acordia-Gesellschaften

einen eigenen Vorstand, dem auch mehrere Außenstehende angehören. Jede dieser Gesellschaften ist also auf Gedeih und Verderb auf den Erfolg in dem ihr zugewiesenen kleinen Nischenmarkt angewiesen.

Nach Lytles Vorstellung sollen diese eigenständigen Einheiten Himmel und Hölle in Bewegung setzen für kleine Kunden, die das riesige Unternehmen auch nach seiner Aufteilung in fünf Geschäftseinheiten links liegen gelassen hätte.

Acordia Business Benefits, eine der neuen Einheiten, operiert in elf Kreisen in Indiana. Als Indian Industries auf Acordia zuging und um ein speziell auf das Unternehmen mit seinen 300 Beschäftigten zugeschnittenes Versicherungsprogramm bat, sagte Russ Sherlock, der Vorstandsvorsitzende von Acordia Business Benefits, spontan zu. Er ist der erste, der einräumt, daß er innerhalb der früheren Organisation keinen Gedanken daran verschwendet hätte. Aber das war auf einem anderen Stern. Jetzt mußte das neue Unternehmen den Wünschen der örtlichen Industrie nachkommen oder sterben.

Meine Kollegin Andrea Meyer besuchte Acordia Business Benefits und stellte in gewohnt professioneller Manier ihre Interviewnotizen zusammen. Am unteren Rand der letzten Seite befand sich der handschriftliche Vermerk: »Ich glaube, ich weiß, warum all diese kleinen Unternehmen funktionieren – sie müssen.« Aus dieser Notiz entstand die Idee der »Muß-Einheiten«.

Eine Muß-Einheit ist klein und gehört vielleicht einem größeren Verbund (der Associated Group) an. Sie erledigt routinemäßig das Unmögliche, nicht weil ihre Mitarbeiter Bücher (wie meine) über Kundennähe lesen, sondern aus dem gleichen Grund, aus dem der Tante-Emma-Laden fast alles (und noch mehr) tut, um die Wünsche seiner Stammkunden aus der Nachbarschaft zu erfüllen. Ohne diese Anstrengungen kann sich die Einheit nicht halten. Sie macht es, weil sie muß.

Virgin
ZK-
»Wenn es unpersönlich wird, dann ist es an der Zeit, ein Unternehmen aufzuteilen.«
Richard Branson

Die Umsetzung des Muß-Konzepts läuft praktisch auf eine Festschreibung der Begeisterung hinaus, da die Einheit darauf angewiesen ist, beherzt auf jede Kundenanfrage einzugehen.

Der Zwang zur Symbiose (Teil 1)

Holen Sie tief Luft!
Frage: Warum muten sich Unternehmen diesen radikalen (und überaus schmerzvollen) Wandel zu?
Antwort: Weil Kunden schnelle und direkt auf sie zugeschnittene Lösungen für ihre Probleme erwarten, und weil clevere Unternehmen sich entsprechend selbst erneuern.
Die Versicherungsgesellschaft Zürich (15 Milliarden Dollar an Vermögenswerten) fühlte sich, so der *Economist,* bei »Produkten von der Stange einem ruinösen Preiskrieg« ausgesetzt. Als Reaktion darauf reorganisierte Zürich in kleine spezialisierte Unternehmen, das heißt »man verkaufte nicht mehr Standardprodukte (wie Unfall- oder Sachversicherungen) an irgend jemand, der sich dafür interessiert, sondern stellte eigene Versicherungspakete für spezifische Gruppen zusammen«. Seele und Geschwindigkeit des kleinen Unternehmens im großen Unternehmen? Zürich bezeichnet sich als »Spezialversicherer weltweiten Maßstabs«.
Auch CSR, ein riesiger australischer Baukonzern, denkt klein, um die Verflechtung mit den Kundenunternehmen zu vertiefen, berichtet die *Business Review Weekly* (Australien). Zum Beispiel werden sich neue kleine CSR-Einheiten stärker an der Einrichtung und dem Vertrieb der Bauprodukte des Unternehmens beteiligen. Eine Einheit für Straßenbauprodukte bietet den Kunden einen Straßenbelagsservice an, der Subunternehmer überwacht und für sie geradesteht. Nach Berechnungen von CSR, so schreibt das Magazin, führt das normale Baugeschäft in eine Sackgasse mit minimalen Erträgen, und daher wendet man sich jetzt lukrativeren Tätigkeiten im Kleinunternehmensbereich zu.
Ganz allgemein kommen Unternehmen immer mehr auf den

Dreh, daß Dienstleistungs-»Extras« besonders einträglich sind – vorausgesetzt, man kann eine passionierte und lokal orientierte Kundendienstkultur entwickeln. (In traditionellen Firmen nicht gerade ein leichtes Unterfangen, wie wir gesehen haben.) Alles in allem erwartet uns jenseits der damals noch revolutionären Vorstellung der Kundennähe aus meinem Buch *Auf der Suche nach Spitzenleistungen* so etwas wie eine Symbiose, eine bedingungslose und nahtlose Verflechtung mit Kunden und anderen Mitgliedern der Wertschöpfungskette. Das ist der Grundgedanke von Barnevik bei ABB und Lytle bei der Associated Group; so liegt es in der Natur der Business Development Teams von Titeflex und der Pflegepaare im Lakeland Regional Medical Center. Später wird noch einmal die Rede davon sein.

Die Sache mit der Autokorrelation

Ansätze nach dem Muster der Associated Group und von CSR haben immer noch Seltenheitswert. Die meisten sogenannten Dezentralisierungsprogramme dezentralisieren überhaupt nichts. Ein besonderer Dorn im Auge ist für mich in diesem Zusammenhang der »Autokorrelationseffekt«*. Ich möchte das kurz erklären.

Stöhnend, aber mit sich selbst zufrieden erklärt ein Unternehmen, daß es dezentralisiert hat. Vielleicht räumt es den Leitern der Einheiten sogar einen großzügigen Ausgabenspielraum ein. Aber wenn man nur ein wenig am Lack der Dezentralisierung kratzt, kommt man darauf, daß alle Divisionsleiter den Laden immer noch genauso führen wie in den »guten alten Zeiten«. Auf dem Papier sind die neuen Einheiten selbständig, aber eigentlich wollen sie von der Unabhängigkeit nichts wissen. (Man denke an Lexmark vorher und nachher.) Was machen sie also? Sie setzen sich in Autokorre-

* Absichtliche Vermischung von »Autorelation« und »Korrelation«, die auf witzige Art die Verfehltheit eines solchen Vorgehens unterstreichen soll. (Anm. d. Übers.)

lation zueinander – jeder sieht jedem über die Schulter, um zu sehen, was er macht, und jeder blickt gebannt auf das Mekka des Stammhauses.
So lief es jedenfalls bei IBM. Dort untergliederte man zwar in Produktbereiche, aber die Großrechnermentalität blieb auch für die Sparten Personalcomputer, Kleincomputer und Minicomputer weiterhin bestimmend. Und selbst bei Procter & Gamble, wo traditionell ein scharfer Wettbewerb zwischen den einzelnen Marken herrscht (die Unterstützung für das neue Produkt der einen Marke geht auf Kosten der umsatzstarken anderen), läuft die Dezentralisierung auf wenig mehr hinaus als auf haarspalterische Debatten. Im Gegensatz dazu sind Unternehmen wie die Associated Group der Versuchung der Autokorrelation nicht erlegen und lassen ihren Divisionsleitern genügend Freiraum, um echte Autonomie zu entwickeln. Leider gibt es noch immer weit mehr Unternehmen nach dem Beispiel IBM als nach dem der Associated Group.

Nichts Oberflächliches haftet freilich der Dezentralisierung bei Random House an, einem Verlagshaus mit einem Umsatz von 1 Milliarde Dollar, das aus mehr als zwei Dutzend aggressiven kleinen Geschäftseinheiten besteht. (Random House selbst ist ein erstaunlich unabhängiger Bestandteil der S. I. Newhouse Advance Group.) Sonny Mehta ist Chef einer dieser Einheiten, des Alfred A. Knopf-Verlags. Trotz einer mit 78 Mitarbeitern ziemlich kleinen Belegschaft ist Knopf das wahrscheinlich angesehenste Verlagshaus der Vereinigten Staaten, das auch weltweit einen sehr guten Ruf genießt. Mehta selbst gehört sicherlich zu den einflußreichsten Leuten im Verlagswesen. Im Gespräch erwähnt er nur selten Random House oder dessen Vorstandsvorsitzenden Alberto Vitale. Er verfolgt seine eigenen Ziele, und genau deshalb kann Vitale ganz beruhigt sein. Mit nahezu grenzenloser Autonomie, mit dem Zugang zu reichlich fliegenden Finanzquellen und zu einem vortrefflichen Vertriebssystem kann Vitale Freigeister wie Mehta anlocken und an sich binden und dennoch den Autokorrelationseffekt fast ganz vermeiden. Mehta geht seinen eigenen Weg und hat Knopf nach seinem Gutdünken geformt. Punktum.

Der abgesetzte IBM-Chef John Akers hätte sich von den Leitern seiner Tochtergesellschaften bestimmt das gleiche gewünscht. Sein Nachfolger Lou Gerstner sucht den ganzen Planeten nach Leuten wie Mehta ab, die Teile von IBM auf ihre eigene unverwechselbare Art führen können. Beispielsweise hat er bei dem Unternehmer und Politiker Ed Zschau angefragt, ob der nicht IBM Storage Systems leiten möchte, die für Massenspeicher zuständige Einheit des Unternehmens.

In dieser verrückten Welt hängt der gesunde Schlaf eines Vorstandsvorsitzenden von der Neigung seiner Untergebenen ab, ihm eine Nase zu drehen. Er sollte stets an die Worte des früheren Journalisten und jetzigen Managers Bob Woodward denken: »Jede gute Arbeit wird dem Management zum Trotz geleistet.« Dies mag nach einem Gemeinplatz klingen, bringt aber gerade in diesen Zeiten eine ganz wesentliche Wahrheit zum Ausdruck.

Die kleine Schuhschachtel

Einige Großunternehmen finden inzwischen Gefallen daran, klein zu sein. Meine Tante Dorothy schickte mir 1992 eine besonders raffinierte Weihnachtskarte, hergestellt von der Firma Shoebox Greetings. Es handelt sich dabei um eine kleine, kreative Geschäftseinheit von Hallmark. Woher ich das weiß? Die Rückseite der Karte und der in feierlichem Weihnachtsrot gehaltene Umschlag ist mit einem Aufdruck versehen: »Shoebox Greetings (ein winzig kleiner Geschäftsbereich von Hallmark).« Damit weist mich Shoebox darauf hin, daß ich die Karte nicht nur wegen ihres Designs mögen soll, sondern auch weil sie von einem selbständigen, kreativen, nichtbürokratischen und nichttraditionellen Abkömmling von Hallmark stammt. Es ist Hallmark und doch nicht Hallmark. Es ist eine raffinierte Karte und mehr.

Dabei kann man bei der Einführung unabhängiger Geschäftseinheiten so vieles falsch machen, was die Kreativität im Keim erstickt.

Vor einiger Zeit wurde Xerox mit großem Trara in neun selbständige Geschäftszweige dezentralisiert. Aber man behielt einen zentralen Verkaufsstab bei. Die *Financial Times* schreibt, daß »dieses Arrangement« nach den Worten des stellvertretenden Vorsitzenden Wayland Hicks »die finanzielle Verantwortlichkeit der neun Geschäftsbereiche nicht geschmälert hat«.

Selbständige Geschäftszweige? Daß ich nicht lache. Ein sogenannter selbstverantwortlicher Chef, dessen neue (und natürlich auch alte) Produkte das Nadelöhr eines nicht ihm unterstehenden Verkaufsstabs passieren müssen, ist kein unabhängiger Unternehmer. Tut mir leid, vielleicht klappt es ja beim nächsten Mal besser.

An kleinen Maßstäben orientiert sich auch Pat McGovern, Gründer und Vorstandsvorsitzender der International Data

Verkaufsargument:
»Shoebox Greetings . . . .

Group, die viele Zeitschriften über die Informationstechnologiebranche wie zum Beispiel die *Computerworld* herausgibt. Er ist sogar bereit, dafür zu bezahlen. Jedes Magazin kann zum Beispiel seine eigenen Verträge mit Papierlieferanten aushandeln. Vielleicht, so McGovern, könnte er durch einen zentralen Papiereinkauf ein paar Pfennige sparen. Aber dann wären seine Chefs am Ende des Monats auch nicht mehr hundertprozentig rechenschaftspflichtig.

McGovern möchte von seinen Leuten nicht hören: »Ich hätte mein Soll eingehalten, aber die Hohlköpfe in der zentralen Beschaffung wollten ein besonders gutes Geschäft machen und haben uns deshalb das Papier zwei Tage zu spät geschickt. Damit haben sie mir mein Veröffentlichungsdatum vermasselt und das Marketingprogramm und die Rentabilität gleich mit dazu.« Wenn die Leiter selbständiger Einheiten ihr Soll nicht einhalten, dann möchte er ihnen mit reinem Gewissen vorhalten können: »Sie haben eine Zusage gemacht, die sie nicht eingehalten haben. Sie haben ein Problem.« (Ganz abgesehen von der Tatsache, daß die »guten Geschäfte« des zentralen Einkaufs meistens schlechte Witze sind. McGoverns aggressive Verleger können durch Eigeninitiative sehr wahrscheinlich ohnehin einen günstigeren Papierpreis durchsetzen. Das liegt einfach in der Natur des »Muß«-Unternehmertums.)

Naiv müßte man sein

Wie wird man zu einem beherzten Unternehmer? Wie vermeidet man die Autokorrelationsfalle? Dem einzelnen stellt sich das Problem ebenso wie dem Unternehmen.

In einem Fernsehinterview im August 1993 beschrieb Barry Diller, der Leiter des Heimkauf-Fernsehsenders QVC, die Freuden eines Neuanfangs. Er sagte, man beginne einen

.... (ein winzig kleiner Geschäftsbereich von Hallmark)«

neuen Job in einer neuen Branche »ohne Vorbelastung«. Man handelt »instinktiv und baut regelmäßig Mist«.
Und genau darin liegt das Erfolgsgeheimnis. Aber sehr bald, so klagte Diller, »wird man routiniert und hört auf die Marktforschung«. Man läßt sich »vom Prozeß gefangennehmen«. Anders ausgedrückt: je mehr man weiß, desto weniger kreativ wird man.
Diese Worte sollte sich jeder zu Herzen nehmen, der heutzutage eine Geschäftstätigkeit ausübt. Schlangen werfen ihre Haut ab, um zu überleben. Entweder man erneuert sich laufend, oder man stirbt.

Nur eine Strategie

Vielleicht ist die Frage des Wandels zeitlos. (Die Prinzipien dahinter sind es bestimmt.) Aber darauf will ich nicht hinaus. Mir geht es um die besondere Bedeutung von Veränderungen für den aufgewühlten Markt. »Für Unternehmen heute«, so schreibt Unternehmensberater James Morse in der *Harvard Business Review,* »gibt es nur einen beständigen Wettbewerbsvorteil: die Konkurrenz an Innovationsgeschwindigkeit übertreffen.« »*Nur einen beständigen* Wettbewerbsvorteil«: eine ebenso unmißverständliche wie gerechtfertigte Formulierung.
In ihrem Buch *Schöpfung auf Raten* schreiben Carl Sagan und Arm Druyan: »In ruhigen und stabilen Zeiten neigen aktive Veränderer zum Absterben. Die Selektion wirkt sich gegen sie aus. Doch in ähnlicher Weise wirkt sich die Selektion in Zeiten schnellen Wandels gegen zögerliche Veränderer und zögerlich mutierende Arten aus.« Heute sind die meisten Unternehmen immer noch zögerliche Veränderer, und wir leben in Zeiten schnellen Wandels. Die Selektion wirkt sich gegen sie aus.
Das Letzte, was man 1955 an der Spitze von General Motors oder General Electric hätte brauchen können, wäre ein exzentrischer »aktiver Veränderer« gewesen. Die Zeiten waren stabil und erforderten solide Strategien und Führungskräfte. (Keine Chance für Barry Diller.) Heute sind die Zeiten instabil, und das Gegenteil ist der Fall. Die Letzten, die man heute

als Leiter nachgeordneter Geschäftseinheiten (oder an der obersten Spitze!) brauchen kann, sind ultrasolide Typen. Unternehmen wie Random House setzen auf Leute wie Sonny Mehta, die zu 90 Prozent verrückt und unternehmerisch selbständig sind, um sich durch aktive Veränderung an einen aktiven Markt anzupassen. Wie wär's mit Straßen-Rap als Unternehmenshymne?
Letztlich läßt sich das Problem auch in nackten statistischen Zahlen ausdrücken. Wenn in einem sogenannten dezentralisierten Unternehmen alle gleich denken, dann zeigen die 14 Innovationsversuche der 14 »autonomen« Divisionen statistisch gesehen keinerlei Eigenständigkeit. In Wirklichkeit handelt es sich um einen Versuch, der dreizehnmal wiederholt wird. Autokorrelation. Keine Vielfalt.

Das Ziel heißt Vielfalt

Kürzlich stieß ich auf ein Buch mit dem Titel *Understanding Variation: The Key to Managing Chaos (Vielfalt verstehen: der Schlüssel zum Management des Chaos).* Das ist ein gutes Buch darüber, wie man mit statistischen Methoden die Prozeßvielfalt vermindert und dadurch die Qualität verbessert. Den Titel des Buches jedoch finde ich alles andere als gelungen. Er ist nicht nur völlig falsch, sondern auch gefährlich.
Wir leben in einem chaotischen Zeitalter, soviel steht fest. Um damit fertig zu werden, gilt es jedoch nicht, das Chaos zu managen (und abzuwürgen), sondern die Vielfalt vorbehaltlos anzustreben. Das Durchschnittsunternehmen, ob groß oder klein, hat bestimmt mehr unter einem Übermaß an Langeweile als an einem Übermaß an Exzentrizität zu leiden.

> **»Es gibt nur einen beständigen Wettbewerbsvorteil: die Konkurrenz an Innovationsgeschwindigkeit übertreffen.«**
> *James Morse*

Wer in Zukunft überleben will, wird lernen müssen, sich selbst zu zerstören.

Wunder der Selbstzerstörung

Technologie-Papst George Gilder schreibt in *Forbes ASAP*, einer zweimonatlich erscheinenden Fachzeitschrift: »In einer Ära immer rasanterer Umbrüche wird die Selbstvernichtung zum Schlüssel des Erfolgs.« Ganz ähnlich erklärt ein Wall Street-Analytiker den phänomenalen Aufschwung von Intel mit der Fähigkeit des Unternehmens zur Selbstzerstörung. Höchstes Ziel eines Intel-Mitarbeiters ist es, eines der unverschämt profitablen Produkte des eigenen Unternehmens durch ein neues, noch erfolgreicheres zu verdrängen. Bei Intel vertritt man die Ansicht, daß man die Spitzenprodukte des Hauses selbst übertreffen muß, um nicht von anderen übertroffen zu werden. (»Nur die Paranoiden überleben«, erinnern Sie sich?)

Auch das innovative Druckunternehmen Quad/Graphics hat sich bedingungslos dieser Philosophie verschrieben. Erst in jüngster Zeit stand eine Reihe von Strategiekonferenzen des Unternehmens (an denen alle Mitarbeiter teilnahmen) unter dem Thema: »Quad/Graphics muß sich selbst zerstören, sonst wird es von anderen vernichtet.« Entsprechend sieht dann auch die neue Devise des Unternehmens aus, das schon jetzt seine fortschrittlichsten Technologien an die Hauptkonkurrenten lizenziert, um sich selbst unter Druck zu setzen (und dabei noch ein paar Mark zu verdienen).

Und Phil Knight, der stets unzufriedene Vorstandsvorsitzende von Nike, verkündete jüngst: »Das Ziel heißt jetzt, ein neues Spiel zu erfinden.« Wenn sich die Gelegenheit bietet, muß man zupacken, wieder loslassen und nach der nächsten greifen. Und zwar schnell.

12-Stunden-Tage allein reichen nicht

Greifbar wurde das alles für mich bei einem Gespräch mit alten Freunden, die im Norden von San Francisco ein Geschäft führen. Das Trio gründete das Unternehmen ungefähr vor sechs Jahren. Mit ihrem Sportgeschäft für betuchte Kunden schockten sie die Konkurrenz und veränderten das Bild einer bis dahin eher ärmlichen Ladengegend.

Schmunzelnd nahmen sie gelegentlich Besuche von Neugierigen entgegen, die das Geheimnis ihres Erfolgs ergründen wollten. Dann eröffnete vor ungefähr eineinhalb Jahren ein energischer Herausforderer sein Geschäft in ungefähr einer Meile Entfernung – und überflügelte meine Freunde. Im Augenblick verlieren sie immer mehr Kunden an den Neuling. (Ich hatte vermutet, daß die beiden Betriebe in verschiedenen Märkten arbeiten, aber ich hatte unrecht.)

Meine Freunde haben immer noch Spaß an ihrer Arbeit; sie haben sich in erster Linie aus Neigung dafür entschieden und erst in zweiter Linie wegen der kommerziellen Aussichten. Im Lauf der Jahre haben sie ständig neue Finessen hinzugefügt. Und sie möchten damit auch noch weitermachen.

Aber sie sind nicht bereit, ihr bewährtes Rezept aufzugeben und mit einem Riesensprung nach vorne in eine andere Größenordnung vorzudringen.

Ich bin mir ziemlich sicher, daß sie das nötige Kapital für eine umfassende Neupositionierung aufbringen könnten. Aber es fehlt am emotionalen Engagement. Sie verschließen die Augen vor der Situation.

Erstaunlich, daß sie (alle drei sind sehr intelligent) es nicht zu begreifen scheinen. Sie haben sich abgerackert, um ihr Unternehmen aufzubauen und zu sichern (und sie haben mehr erreicht, als sie zu träumen wagten). Lange Arbeitstage schrecken sie noch immer nicht. Weshalb sollten sie sich also von ihrem Lieblingsprojekt trennen und etwas ganz Neues anfangen?

Ich bin nicht auf sehr viel Gegenliebe gestoßen mit meinen unerbetenen Vorschlägen am Ende eines letztlich eher bedrückenden Abendessens. Ich sah nur drei Möglichkeiten: 1. mindestens sechs Monate Urlaub machen und etwas Verrücktes anstellen, um zu sehen, ob dadurch die Lust an einer echten Revolution wächst; 2. einen möglichst branchenfernen Teilhaber ins Geschäft holen, auch wenn man dadurch den sauer verdienten Kapitalanteil vermindert; oder 3. das

Geschäft verkaufen und damit zukünftige emotionale und finanzielle Verluste zu vermeiden. Jede dieser Strategien ist ziemlich drastisch, aber würde denn eine schwächere Medizin helfen?

All diese Strategien verlangen Mut, sicherlich. Aber wenn man sich umsieht, stellt man fest, daß Unternehmenseigner und Manager, die den Kopf eingezogen oder nur mit schrittweisen Verbesserungen herumgespielt haben, in letzter Zeit herbe Rückschläge einstecken mußten. Und die Kräfte, die diese Schläge austeilen, sind noch gar nicht richtig losgebrochen. Ob man darin nun eine bittere Pille erblickt oder eine tolle Herausforderung – was für eine Alternative gibt es denn zu den radikalen Veränderungen, wie ich sie meinen Freunden vorgeschlagen habe?

Ich weiß nicht, ob ich die Notwendigkeit zur Selbstzerstörung noch überzeugender darstellen könnte, es sei denn, ich ließe jeder Ausgabe dieses Buches einen Hammer beilegen. Ich wollte in diesem Kapitel weit über die konventionelle Dezentralisierung hinaus. Auch ich muß erst mit der Vorstellung ins reine kommen, daß sich Unternehmen oder Geschäftseinheiten mit einem Jahreseinkommen von nur 2 Millionen Dollar (aber auch viel kleinere Unternehmen und sogar selbständige Auftragnehmer sollten sich nicht allzu sehr in Sicherheit wiegen) selbst zerstören und wieder erneuern müssen.

Und zwar häufig. Das wiederum bedeutet Fehlschläge, und nicht nur Fehlschläge, sondern Fehlschläge mit Flair. Nehmen Sie den Hammer und schlagen Sie zu.

Verlieren heißt gewinnen

Ich möchte hier drei Stellen aus *Failure and Progress* von Dwight Lee und Richard McKenzie zitieren. Es handelt sich um eines der wichtigsten Bücher, die ich je gelesen habe. 1. »Die Schaffung einer Marktwirtschaft ... ist ein spontaner Entwicklungsprozeß, der nur aus Freiheit hervorgehen kann ... Freiheit ist immer destruktiv.« 2. »Wer für die

Marktwirtschaft eintritt, muß die aus dem Marktwettbewerb resultierenden Fehlschläge nicht nur akzeptieren, sondern begrüßen.« 3. »Das mangelnde Verständnis für die entscheidende Rolle ökonomischer Fehlschläge bildet das größte politische Hindernis für Wohlstand in den ehemaligen sozialistischen Ländern.«

Diese Passagen verdeutlichen noch einmal, was ohnehin schon offenkundig ist: ohne Fehlschläge kein Fortschritt. Aber leider begreifen die meisten Menschen und Unternehmen (auch Länder – und nicht nur sozialistische) die Botschaft nicht.

»Außenstehende stellen sich Silicon Valley als eine einzige Erfolgsgeschichte vor«, schreibt der Silicon Valley-Experte Mike Malone, »aber in Wirklichkeit ist es ein Friedhof. Fehlschläge ... sind die größte Stärke von Silicon Valley. Jedes gescheiterte Produkt oder Unternehmen geht als Erfahrung in das kollektive Gedächtnis ein. Fehlschläge werden bei uns nicht angeprangert und oft sogar bewundert. Kapitalanleger wissen Fehlschläge in den Resümees der Unternehmer sogar zu schätzen.« Man beachte, mit welcher Unzweideutigkeit Malone das hohe Lied der Fehlschläge singt. Seiner Meinung nach sind sie die größte Stärke dieser in ihrer Wirtschaftskraft weltweit unübertroffenen 1300 Quadratmeilen.

Der Kapitalanleger (und Bewohner von Silicon Valley) Don Valentine schließt sich dem an: »Zu Washington sage ich, bitte helft uns nicht. Die Welt der Technologie ist komplex, veränderlich und unstrukturiert; sie gedeiht am besten dort, wo Menschen den Freiraum haben, anders, kreativ und ungehorsam zu sein.«

Was Silicon Valley recht ist, das muß auch Durchschnittsunternehmen billig sein, seien sie nun winzig oder riesig. 1993 trat PepsiCo auf den Philippinen voll ins Fettnäpfchen. Eine Verfahrenspanne bei einem Wettbewerb zu Reklamezwecken führte zu Zehntausenden von Schadenersatzforderungen in einer Gesamthöhe von mehreren Millionen Dollar. Einige Pepsi-Lastwagen und -Anlagen sahen sich sogar regelrechten Angriffen von empörten Bürgern ausgesetzt. Als man mich nach meiner Meinung zu den Vorfällen fragte und wissen wollte, wie sich das mit meinem Diktum von der maximalen Freiheit zusammenreime, antwortete ich: »Ein dreifaches Hoch auf PepsiCo!«

Das ist durchaus nicht schadenfroh gemeint. Aber die Stärke dieses couragierten, 25 Milliarden Dollar schweren (ich weiß, das ist normalerweise ein Oxymoron) Unternehmens liegt eben genau darin, daß es seinen Länderchefs, Divisionsleitern, Markenmanagern und fast allen anderen Mitarbeitern sehr viel Spielraum läßt. Und nach einem Fehler wird der Übeltäter zwar vielleicht nicht unbedingt befördert (obwohl auch das schon vorgekommen ist), aber es werden auch keine neuen zentralen Kontrollen eingeführt, die den Elan bremsen. Natürlich können da einige Fehler und bisweilen sogar Fiaskos nicht ausbleiben. Aber das ist ein geringer Preis im Vergleich zu dem, was dabei herausspringt: eine schier unübertreffliche Verrücktheit und Begeisterung in einem riesigen Unternehmen.

Oder sehen wir uns an, was seit dem Auseinanderbrechen des Bell Systems 1984 in der amerikanischen Telekommunikationsbranche passiert ist. Jetzt gibt es nicht mehr nur ein Unternehmen, sondern acht. Keines davon besteht nur aus zwei Leuten in einer Garage, wohlgemerkt. Jedes hat einen eigenen Strategieplan und strebt manchmal ziemlich ungestüm in seine eigene Richtung. Man versucht sich gegenseitig zu überbieten und scheut auch nicht vor regelmäßigem Wildern im Revier der anderen zurück. Wenn Menschen voller Energie in acht verschiedene Richtungen drängen, dann machen sie wahrscheinlich weit interessantere Fehler

»Silicon Valley ist ein Friedhof. Fehlschläge ... sind die größte Stärke von Silicon Valley.«

»Kapitalanleger wissen Fehlschläge in den Resümees der Unternehmer sogar zu schätzen.«

Mike Malone

und stolpern über mehr wertvolle Gelegenheiten als ein zentral gesteuerter Industriegigant wie die alte AT&T-Gesellschaft (oder der 94er-Jahrgang von IBM oder General Motors).

Der Nobelpreisträger für Wirtschaft F. A. Hayek beschreibt den Marktwettbewerb als »spontanen Entdeckungsprozeß«. Wettbewerb ist teuer. Er führt zur Verschwendung, das heißt zu Produkten und Dienstleistungen, die keine Abnehmer finden. Wenn wir das Kommende kennen würden, räumt Hayek ein, brauchten wir keinen Wettbewerb. Aber da wir die Zukunft besonders heutzutage nicht voraussehen können, wird nur ein gnadenloser Wettbewerb – und die zwangsläufig damit einhergehenden, mitunter großen und peinlichen Fehlschläge – zur Entdeckung von Produkten und Dienstleistungen führen, ehe ein anderer auf sie stößt. Das gilt für die einzelnen Staaten, für Silicon Valley, für HighTech-Fischer und Bäcker Müller, für dich und mich. »Mach so viele Fehler, wie du willst«, schreibt der Autor Tom Robbins. »Aber mach sie mit Verstand, mit Grazie, mit Stil. Ein mittelmäßiger Fehlschlag ist genauso unerträglich wie ein mittelmäßiger Erfolg. Mach dir die Fehler zu eigen. Suche danach. Lerne, sie zu lieben.« Amen.

Ein dreifaches Hoch auf die Pannen von PepsiCo!

Desorganisation oder Untergang

»Die Welt der Technologie gedeiht am besten dort, wo Menschen den Freiraum haben, anders, kreativ und ungehorsam zu sein.«

Don Valentine

»Die Leute glauben, der Präsident muß der Hauptorganisator sein«, bemerkte Harry Quadracci, der Vorstandsvorsitzende von Quad/Graphics mir gegenüber. »Nein, der Präsident ist der Hauptdesorganisator.

Als ›Manager‹ kommen alle klar; und wenn etwas falsch läuft, handeln sie sofort, damit nicht noch einmal etwas falsch laufen kann. Das Problem besteht jedoch darin, daß so auch nie etwas Neues passiert.«
Pat McGovern von der International Data Group teilt Quadraccis Ansicht. Für seine neuen Zeitschriften sucht er nach Verlegern, die ihre geistige Unabhängigkeit unter Beweis gestellt haben. Er fungiert nur als Kapitalgeber, sie müssen selbst zusehen, wie sie mit ihrem neuen Spielzeug das Klassenziel erreichen. McGovern faßt es so zusammen: »Wenn die Leute die volle Kontrolle über ihr Unternehmen haben, dann führt das auch zur bestmöglichen emotionalen Beteiligung.« Deutlichere Worte lassen sich wohl kaum finden. Nichts würde mich glücklicher machen als der Gedanke, daß 10 Prozent der Leser dieses Buchs sich fortan als »Hauptdesorganisatoren« begreifen würden, als Verfechter haarsträubender Fehler, die bereit sind, ihren Mitarbeitern die »volle Kontrolle« zu überlassen. Loslassen heißt die Devise!

Wem schlägt die Stunde?

Dieses Kapitel scheint sich mehr als alle anderen an Spitzenmanager zu richten. Das stimmt auch.
Doch es wendet sich auch an kleine Unternehmen. Alle Symptome der alten Union Pacific-Gesellschaft zeigen sich auch in der durchschnittlichen, von zehn Personen betriebenen Weinkellerei am Ende ihres zweiten Jahres. Die Abneigung gegenüber Selbsterneuerung und Fehlschlägen ist in einer vier Jahre alten Firma oft viel schlimmer als in einem Unternehmen, das schon 44 Jahre besteht.
Jedes Wort meiner Ausführungen betrifft jedoch ebensosehr den Leiter einer Finanz- oder Personalabteilung mit 14 Mitarbeitern.
Desorganisation, »Pflegepaare«, Selbsterneuerung, Umstellung, statistisch unabhängige Versuche, das Begrüßen von Fehlschlägen: sie alle sind heute das Gebot der Stunde.

Lernpensum

- ✔ Die formale Organisation abschaffen (Oticon)
- ✔ Mittleres Management vernichtet Wert
- ✔ Lexmark schaffte es erst, als die Nabelschnur durchtrennt war
- ✔ Das Zeitalter der Pygmäen?
- ✔ Die Seele des Kleinunternehmens
- ✔ Kleine magische Zahlen – zum Beispiel zwei
- ✔ Müde, aber keine Tränen (patientenorientierte Krankenhäuser)
- ✔ Muß-Einheiten
- ✔ Klein = Symbiose (potentiell)
- ✔ Achtung, Autokorrelation
- ✔ Groß und zugleich klein (Hallmark)
- ✔ Selbsterneuerung (naiv muß man sein)
- ✔ Innovation, Innovation, Innovation (Punktum)
- ✔ Wehe den »zögerlichen Veränderern« in Zeiten des Wandels
- ✔ Selbstzerstörung (und Wiederauferstehung)
- ✔ Fehlschläge begrüßen (je größer, desto besser)
- ✔ Desorganisation zum Spaß und für den Erfolg

Fazit 1: Die Falle der Kernkompetenz

Eine der populärsten Geschäftsphrasen der neunziger Jahre ist die »strategische Kompetenz«. Man soll herausfinden, was man wirklich gut beherrscht, sich aller nichtwesentlichen Bestandteile (Produkte, Prozesse, Geschäftseinheiten) entledigen und auf Teufel komm raus an seiner Hauptfähigkeit feilen. Und man soll sich nur auf einige wenige Schlüsseltalente konzentrieren. Sicherlich keine schlechte Idee für Unternehmen mit großer Streubreite – und zu denen gehören die meisten Großkonzerne. Daß man es mit der strategischen Kompetenz auch übertreiben kann, steht auf einem anderen Blatt. Die Zeiten ändern sich, und mit ihnen muß sich natürlich auch die strategische Kompetenz ändern.

Ein Unternehmen nach dem anderen (mir fallen sofort IBM und Sears ein) müssen einsehen, daß ehedem vernünftige Kernwerte zu ernsthaften Hindernissen werden können. Intel schaffte den Sprung an die Spitze, weil man die eigenen Kernkompetenzen richtig einschätzte und laufend daran feilte. Man schnappte zwar hauseigenen Produkten Marktanteile weg, aber nur mit verbesserten Versionen der Angebote von gestern. IBM hingegen bleibt ein warnendes Beispiel. Binnen eines Jahrzehnts entwickelte sich der Großrechner aus der Vorherrschaft in die Bedeutungslosigkeit. IBM stellte immer noch die besten Großrechner her. Aber was half es? Intel jedenfalls möchte nicht an der Spitze eines Komposthaufens stehen.
Die sich anbahnende Verschmelzung von Software, Verlagswesen, Unterhaltung, Computertechnik, Telekommunikation etc. zu einer neuen riesigen Multimediaindustrie zwingt Intel dazu, eigene Strategien zu überdenken und zu entscheiden, ob die alten Kernkompetenzen noch brauchbar sind. »Wir müssen alle wieder in die Schule gehen«, sagte der Vorstandsvorsitzende Andy Grove zum *Economist.* Er fügte hinzu, daß das Unternehmen »seinen strategischen Fokus weniger scharf einstellen und sich alle möglichen neuen Computer- und Kommunikationstechnologien aneignen muß«.
Einerseits an der Kernkompetenz feilen. Andererseits den strategischen Fokus weniger scharf einstellen. Welches von beiden darf es denn sein? Das ist keine 64 000 Mark-Frage. Es ist eine 64 Milliarden-Mark-Frage.
Wer Erfolge erzielen will, der muß sich konzentrieren, seinen Fokus schärfer einstellen. Das wiederum heißt jedoch, daß man für neue Entwicklungen sehr leicht blind sein kann. Also muß man sich nicht nur konzentrieren, sondern auch bereit sein, Selbstmord zu begehen. Man muß bereit sein, seinen Fokus weniger scharf einzustellen, und lernen, die ominösen Kräfte der Veränderung zu tolerieren und sogar zu begrüßen.
Ein fruchtbarer Wandel ergibt sich aus der Auslösung »selbsterzeugter Katastrophen«, meint George Bennett, der Vorstandsvorsitzende von Symmetrix. »Wir müssen ein Treibhaus schaffen, in dem wir die neue Ordnung heranziehen, die neuen Organisationsformen und den kreativen Ge-

brauch neuer Technologien testen, die Regeln durchbrechen und die Zukunft erfinden können. Das Treibhaus wird dann ermuntert, im Lauf der Zeit den Kundenstamm und das Personal der alten Organisation für sich zu gewinnen.«
Um noch einmal Carl Sagan und Arm Druyan zu zitieren: »Es ist, als ob auf eine Million unverfälscht konservativer Organismen nur ein Revolutionär käme, der darauf aus ist, Dinge zu verändern … Von all diesen Revolutionären weiß nur einer von einer Million tatsächlich, wovon er redet – er bietet wirklich einen erkennbar besseren Überlebensplan als den, der gegenwärtig in Mode ist. Und doch wird die Entwicklungsgeschichte des Lebens durch diese Revolutionäre bestimmt.« Die Entwicklungsgeschichte des Lebens. Und auch die der Unternehmen – falls überhaupt eine stattfindet.

> **OKAY?**
>
> ✎ **Jedes Mittelmanagement vernichtet Wert**
>
> ✎ **Spezialisten sind nichts Besonderes**

Fazit 2: Die Rolle der Zentrale?

Wir haben jetzt des langen und breiten über die Rückständigkeit der Unternehmen philosophiert und sogar den Sinn und Zweck der Kernkompetenz in Frage gestellt. Gibt es da überhaupt noch eine legitime Rolle für die Zentrale?
Eine gute Frage. Vielleicht ist ein Unternehmen mittlerer Größe, das sich je nach den Erfordernissen mit anderen Firmen aller Größen zusammenschließt, der beste Erfolgstip für die verrückte Zukunft. Andererseits hat die Zentrale noch nicht völlig ausgedient. Die Zentrale kann zum Beispiel:

- Wichtige Stoßrichtungen vorgeben (3M, einer der seltenen wendigen Giganten wie PepsiCo, hat immer wieder enorm von Initiativen aus der Zentrale profitiert, die auf Zeitwettbewerb, Qualität, Umweltbewußtsein und Internationalisierung zielten – aber das Zentrum setzt diese Initiativen nicht rücksichtslos durch)

- Der ganzen Organisation bis weit unter die Ebene der Divisionen oder autonomen Einheiten Unternehmergeist einimpfen und vor allem aufsässige Vielfalt fördern (mehr Sonny Mehtas)
- Die Entwicklung und das Management des Netzwerks und der Allianzen überwachen (siehe Kapitel 5)
- Bei der Schaffung und Entwicklung von Wissen im internen und externen Netzwerk eine Führungsrolle übernehmen (siehe Kapitel 6)
- Dem Unternehmen die Neugier erhalten (siehe Kapitel 7)
- Bei der Einstellung und Ausbildung von Mitarbeitern eine Vorbildfunktion übernehmen (Phantasten und Anarchisten, die das Unternehmen über einen holprigen, aber mit Gold gepflasterten Weg in eine aufregende Zukunft führen)
- Einer regelmäßigen Selbsterneuerung das Wort reden

Mit dem Hinweis auf diese möglichen Aufgabenbereiche will ich jedoch nichts von dem bisher Gesagten zurücknehmen: Die Hierarchie muß abgebaut werden. Doch, ich könnte mir schon neue Positionen für Führungskräfte vorstellen. Wie wär's zum Beispiel mit Ressortleitern für Kundennähe, Investitionsprojekte (darunter könnte auch die traditionelle Rolle des Finanzleiters fallen), die Einstellung verrückter Genies (früher Aufgabe der Personalabteilung), strategische Allianzen, Informationstechnologie, Wissenstransfer, Innovation und Internationalisierung? Doch nach meiner Vorstellung müßten diese neuen Impresarios Solisten sein. Keine Mitarbeiter. Keine Sekretärin. Und auch – in meiner idealen Welt – kein Büro. Die Aufgabe dieser Führungskräfte besteht darin, in kritischen Fällen für die Zentrale Flagge zu zeigen und eine Führungsrolle zu spielen beim Austausch und bei der Nutzung von Wissen zwischen weit verstreuten, nahezu autonomen Einheiten. Und das ist im übrigen gar nicht so weit entfernt von der Rolle der rastlos umherziehenden Stabsmitarbeiter aus der kargen ABB-Zentrale.

Gefragt – getan

1. Haben Sie den Mut, sich einzugestehen, daß die meisten (alle?) mittleren Manager nichts zum Geschäftsergebnis beitragen? Daß die meisten »Spezialistenarbeiten« nichts Besonderes sind? Können Sie sich ein Unternehmen ohne Hauptverwaltung vorstellen? (Buchstäblich.) Ein Riesenunternehmen mit nur zwei Managementebenen? Eine vollkommen (oder fast) flache Struktur? Lassen Sie sich diese Ideen durch den Kopf gehen. Überlegen Sie sich, wie radikal Sie und eine Gruppe Gleichgesinnter werden könnten. Denken Sie an Kolind von Oticon: »Wir haben einfach die gesamte Organisationsstruktur abgeschafft.«
2. Können Sie sich vorstellen, die meisten Aktivitäten der Zentrale auf eigenständige Einheiten mit zwanzig Mitarbeitern zu verlagern? Mit fünfzehn? Zehn? Acht? Vier? Zwei? (Leuchtet Ihnen der Pflegepaar-Ansatz ein?) Stellen Sie sich vor, daß Ihr gesamtes Unternehmen, und sei es noch so groß, auf praktisch unabhängigen Gruppen von zwei, drei oder vier Mitarbeitern aufgebaut ist. Möglich? Wie schlank könnte die verbleibende Stabsbelegschaft sein? (Hinweis: sehr schlank, fürs erste.)
3. Wenn wir schon von Kolind reden, haben Sie Sekretärinnen in Ihrer Firma? Wenn ja, weshalb? Können »die Jungs« nicht tippen oder nur keinen Kaffee machen? Sie brauchen wirklich Sekretärinnen? Wer sagt das?
4. Sind Ihre Geschäftseinheiten (Franchiseunternehmen, Tochtergesellschaften etc.) beherzt? Haben sie Charakter und Stil? Leiden ihre Chefs kollektiv am Autokorrelationseffekt? Sind sie zu 90 Prozent Unternehmer? Bestehen sie den Mehta-Test für Querdenkerei? (Wenn ja, machen Sie den Test noch einmal. Fragen Sie zum Beispiel Außenstehende wie Zulieferer, Kunden und Wirtschaftsfachleute.)
5. Sind Ihre Einheiten so klein, eigenständig und konzentriert (die »Muß«-Größe), daß sie fast automatisch eine Symbiose mit den Kunden eingehen? Sind sie bereit, in ihrer Marktnische zu reüssieren oder unterzugehen? (Lassen Sie sie un-

tergehen, wenn sie nicht reüssieren?) Sind Sie darauf eingeschworen, auch für sehr kleine Kunden jedes Produkt nach Wunsch anzufertigen?

6. Denken Sie an Barry Dillers Bemerkungen. Haben Sie oder Ihre Kollegen sich vom System gefangennehmen lassen? Wie bewerten Sie auf einer Skala von eins bis zehn Ihren (den Ihrer Kollegen, Ihrer Einheit) Naivitätsquotienten? Eins gleich schlecht (»Das haben wir schon probiert«). Zehn gleich gut (»Das hat noch kein anderer probiert? Super! Legen Sie los, um die Details kümmern wir uns später«).
7. Sind Sie besessen vom Gedanken an schrittweise Veränderungen (für den Anfang nicht schlecht – aber nicht gut genug)? Oder an Selbsterneuerung (gut)? Oder an ständige Selbsterneuerung (noch besser)? Kommen Sie emotional und intellektuell mit Ideen wie der »Selbstzerstörung« zu Rande?
8. Wie wär's, wenn auf Ihrer Visitenkarte stünde:

Claudia Wild
Leitende Desorganisatorin

Können Sie sich das vorstellen? Schicken Sie mir eine Kopie, wenn Sie es in die Tat umsetzen.

9. Schockiert es Sie, Ihre Einheit, Ihr Unternehmen, (große, mitunter sehr peinliche) Fehlschläge mit offenen Armen zu begrüßen? »Jeder Erfolg ist das Ergebnis von Fehlschlägen«, sagt der Ökonom Jude Wanniski. Stimmen Sie ihm zu? Was denken Sie über die Pepsi-Panne auf den Philippinen? Hatten Sie in letzter Zeit eine Philippinen-Panne? (Nein? Und wie steht es mit traumhaften Erfolgen?)

In Kapitel 1 habe ich das Paranoide Unternehmen vorgeschlagen. In diesem Kapitel habe ich mich für das Atomisierte Unternehmen mit passionierten, oft winzigen Einheiten mit eigenem Charakter und unter der Leitung von respektlosen Chefs ausgesprochen. Jede dieser Kleinsteinheiten führt uns weiter hinaus über die traditionelle Dezentralisierung. Und bringt uns den verrückten Unternehmen in verrückten Zeiten immer näher. *Glauben Sie, in diesem Kapitel geht es um Dezentralisierung? Dann sollten Sie es noch mal lesen oder Ihr Geld zurückverlangen.*

3. KAPITEL

Jenseits des Delegierens

Ein Unternehmen, das nur aus Unternehmern besteht

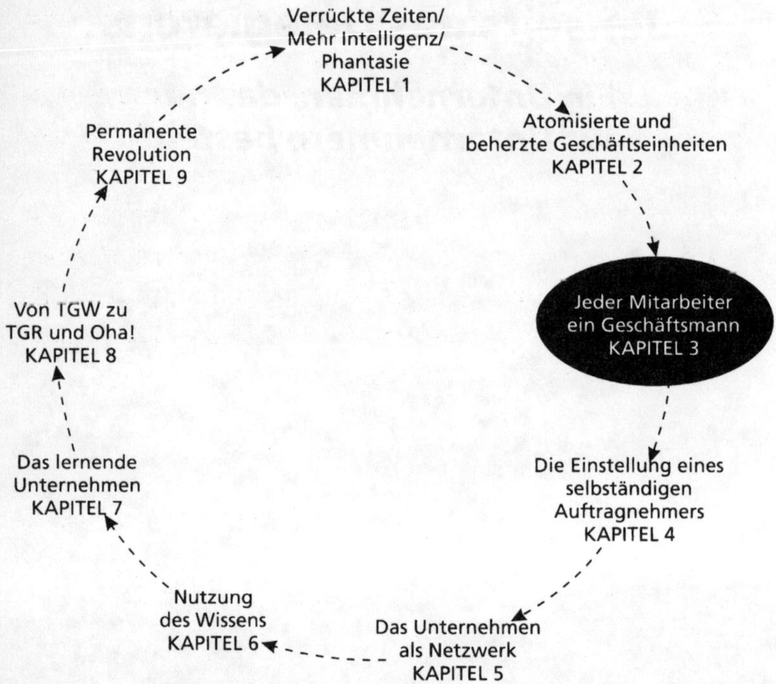
Verrückte Zeiten/
Mehr Intelligenz/
Phantasie
KAPITEL 1
Atomisierte und
beherzte Geschäftseinheiten
KAPITEL 2
Jeder Mitarbeiter
ein Geschäftsmann
KAPITEL 3
Die Einstellung eines
selbständigen
Auftragnehmers
KAPITEL 4
Das Unternehmen
als Netzwerk
KAPITEL 5
Nutzung
des Wissens
KAPITEL 6
Das lernende
Unternehmen
KAPITEL 7
Von TGW zu
TGR und Oha!
KAPITEL 8
Permanente
Revolution
KAPITEL 9

Um Agilität, Kreativität und eine fast automatische Symbiose mit dem Kunden herbeizuführen, kann man einen weiteren Schritt tun. Und zwar einen sehr großen Schritt: *die unternehmerische Gestaltung jedes Aufgabenbereichs.* Ich behaupte, daß die Verwandlung sämtlicher Mitarbeiter in echte Geschäftsleute keine Phantasterei ist. Ein Kinderspiel natürlich auch nicht. Wenn jedoch das atomisierte Unternehmen das dezentralisierte hinter sich läßt, dann übertrifft auch die Organisation der Unternehmer und Geschäftsleute das delegierende Unternehmen bei weitem.

»Berufen Sie sich nie auf Anweisungen von oben als Entschuldigung für falsches Handeln.«

Roger Meade

Jeder ein Unternehmer

Wegen einer unerwarteten Änderung meiner Pläne mußte ich eines Morgens früh ein Hotel anrufen, um ein Zimmer zu reservieren. Die Leitung wurde zunächst unterbrochen, dann ließ man mich warten. Schließlich erreichte ich doch noch eine lebende Person am Empfang. Der Betreffende erklärte mir rundheraus, er könne mir nicht helfen. Als ich (ruhig) nach dem Grund fragte, antwortete er mir (gleichfalls ruhig): »Für Reservierungen bin ich nicht zuständig.«

Solche Alltagsbeispiele erklären vielleicht, weshalb ich mir im Geschäftsleben kaum schlimmere Schimpfwörter vorstellen kann als »Befehlsempfänger« und »Platzhalter«. Und dennoch ist der Durchschnittsmitarbeiter eines Durchschnittsunternehmens noch immer ein Befehlsempfänger, der einen Platz in der Unternehmensstruktur besetzt. Die meisten Beschäftigten folgen eigentlich nur den Zwängen einer absurd engen Arbeitsplatzbeschreibung. Es ist höchste Zeit, daß sie aus diesem Käfig ausbrechen.

»Wir wollen, daß alle Mitarbeiter Geschäftsleute sind«, meint Ralph Stayer, der Vorstandsvorsitzende von Johnsonville Foods. Eine harmlose Aussage? Mitnichten. Stayer hat es vorzüglich verstanden, sein überaus erfolgreiches, 130 Millionen Dollar schweres Unternehmen mit Sitz in Wisconsin in kleine und erstaunlich selbständige Teams aufzugliedern und große Vollmachten an seine Außendienstmitarbeiter zu delegieren. Aber mit seiner Absicht, alle Mitarbeiter zu Geschäftsleuten zu machen, möchte er die Möglichkeiten des Delegierens, der Mitbestimmung und der Teilautonomie drastisch erweitern.

Geschäftsleute sind das genaue Gegenteil sturer Befehlsempfänger, die für Reservierungen »nicht zuständig« sind. Sie sind Unternehmer (zumindest zu 90 Prozent), die mit dem Engagement und Flair des Buchladens um die Ecke arbeiten. Geschäftsleute scheuen keine Mühe und setzen sich über alle Zwänge hinweg, um anstehende Arbeiten gut und schnell zu erledigen.

Stayer behauptet, daß alle Mitarbeiter eines Unternehmens zu Geschäftsleuten werden können. Darin liegt auch eine Bestätigung der Argumentation in den ersten zwei Kapiteln dieses Buches: In einer verrückten Welt (Kapitel 1) müssen Unternehmen nicht nur dezentralisieren, sondern desorganisieren (Kapitel 2), um im Konkurrenzkampf zu bestehen. Und die logische Grenze der Desorganisation ist natürlich der Unternehmer – das Ein-Mann-Unternehmen.

Wenn das stimmt, dann stellen sich zwei Fragen. Wie schafft ein Unternehmen Jobs (Mikro-Geschäftsbereiche), in denen die Beschäftigten wie Geschäftsleute arbeiten können? Und wie bewältigen Mitarbeiter den Übergang vom Befehlsempfänger zum entscheidungsfreudigen Businessman? Die erste Frage möchte ich in diesem Kapitel beantworten, die zweite im nächsten.

Tom und Joe

Sie erinnern sich noch an Jon Simpson, der beim Schlauchhersteller Titeflex die Arbeit des Unternehmens in kleine, sechs bis zehn Mitarbeiter starke sogenannte *Business Development Teams* (BDTS) aufgliederte. Die Auftragsvorlaufzeit für Sonderanfertigungen fiel daraufhin von rund zehn Wochen auf weniger als eine Woche. Aber Simpson führte noch ein weiteres Element ein: das *Rapid Deployment Team.*

Dieses »Schnelle Eingreifteam« – es gibt nur eines – besteht aus zwei Leuten: Tom Strange und Joe Tilli. Die beiden allein können eilige Spezialaufträge in drei bis vier Stunden abwickeln. Ja, Sie haben richtig gehört. In einem Unternehmen, über dem schon der Pleitegeier kreiste, reduzierten Simpson

und Co. einen Prozeß, der bis zu 2000 Stunden dauerte (keine 2000 Arbeitstagstunden, aber für die Kunden trotzdem 2000 bange Stunden) auf drei bis vier Stunden.
Tom und Joe sind für alles zuständig. Sie haben direkten Kontakt zum Kunden. Sie erledigen Planung, Sonderanfertigung und den Großteil der technischen Arbeiten in Eigenre-

Tom und Joe → Professionelles Dienstleistungsunternehmen

gie. (Wie die Pflegepaare des Lakeland Regional Medical Center, die für eine 90prozentige Patientenbetreuung keine siebenjährige akademische Ausbildung benötigen, können auch Tom und Joe ohne den Segen eines MIT-Abschlusses 90 Prozent der sogenannten Ingenieursarbeiten ausführen.) Sie stellen den Schlauch her und bringen ihn dann zum Verladen. Sie sind verantwortlich für das Management der Kunden- und Zuliefererbeziehungen. Ihre Arbeit besteht ausschließlich aus ertragreichen Einzelprojekten.
Die meisten Unternehmen könnten von den Herren Strange und Tilli einiges lernen. Erste und wichtigste Erkenntnis: Der durchschnittliche Mitarbeiter kann weit mehr, als sein aktueller Job verlangt – und auch mehr als Begriffe wie »Delegieren«, »Mitbestimmungsmanagement« und »vielseitige Fähigkeiten« zum Ausdruck bringen. Und wieviel mehr?
Tom und Joe sind eben Geschäftsleute. Sie schmeißen ihren eigenen Laden, Strange & Tilli Inc. Nur daß dieser zufällig einem Unternehmen namens Titeflex angehört, das wiederum zu einem Unternehmen namens TI Group zählt. Und trotzdem ist es Joes und Toms eigenes Reich. Sie haben regelmäßig mit Unternehmensangehörigen und auch mit Außenstehenden zu tun, aber das Management mischt sich nicht ein. Die Ausführung der erforderlichen Arbeiten ist ausschließlich ihrer Eigeninitiative überlassen, und davon brauchen sie meist sehr viel.
Doch was für Arbeiter sind Strange und Tilli? Eine knifflige Frage. Denken wir noch einmal zurück an den roten Faden dieses Buches: »mehr Intellekt, weniger Material«, »das einzige Kapital die menschliche Phantasie«. Tom und Joe sind

Wissensarbeiter. Sie verkaufen nicht nur Schläuche. Nein, sie verkaufen Beziehungsmanagement, Sonderanfertigungen und schnelles Reagieren. Mit einem Wort, sie verkaufen Brainware. Natürlich ist auch noch Material (ein Schlauch) im Spiel, aber der Mehrwert (und der Löwenanteil am Endpreis) erwächst aus dem Wissen und dem Service, die zur Erledigung eines Sonderauftrags nötig sind.

Als ich über Tom und Joe nachdachte, sah ich ein, daß es nicht den geringsten Unterschied zwischen dem Schnellen Eingreifteam von Titeflex und zwei McKinsey-Beratern gibt, die selbständig im Hause eines Klienten arbeiten. Tom und Joe sind die »Eigentümer« eines professionellen Zwei-Mann-Dienstleistungsunternehmens. Sie sind ein Außendienstteam aus Springfield, Massachusetts, aber sie sind auch Geschäftsleute, professionelle Dienstleister und Geistesarbeiter.

Diese Geschichte hatten wir ja schon einmal in ähnlicher Form in den reorganisierten patientenorientierten Krankenhäusern (Kapitel 2). Lesen wir Phil Lathrops Bericht über die Veränderungen im Arbeitsleben einer typischen Bürokraft:

> Vor der Umstrukturierung des Krankenhauses arbeitete sie in der Aufnahme. Jeden Tag begegnete sie vielen Patienten und erledigte die für deren Aufnahme nötigen Schreibarbeiten. Im Zuge der Reform wurde sie für die Mitarbeit in einem neuen Pflegezentrum umgeschult. Zu ihren Aufgaben gehören jetzt Aufnahme, interne Büroarbeiten, Auslastungskontrolle und einige Aufzeichnungstätigkeiten...
>
> In der alten Welt arbeitete sie gut, um ihren Chef zufriedenzustellen. In ihrem neuen Job arbeitet sie gewissenhaft und gut, um ihren Patienten Ärger mit Versicherungen und der Geschäftsstelle des Krankenhauses zu ersparen... Sie kontrolliert jetzt einen größeren Teil der anfallenden Schreibarbeit und hat daher den Überblick, ob alle für den Patienten erforderlichen Formulare genau und vollständig ausgefüllt worden sind. Im Interesse ihrer Patienten fühlt sie sich persönlich verantwortlich für ihre Arbeit.

F: Kann jeder Job zum »Unter-

Eine Idealisierung? Keineswegs, meint Lathrop und trägt Beweismaterial zusammen. Vielleicht sogar eine Untertreibung. Schön, wir wollen die grundlegende Frage also noch einmal stellen: Können durchschnittliche (alle) Jobs durchschnittlicher (aller) Mitarbeiter in Positionen für Geschäftsleute verwandelt werden?

Ja.

Mit ein wenig Phantasie (okay, mehr als ein wenig) kann der durchschnittliche und eigentlich jeder Arbeitsplatz zur unternehmerischen Herausforderung werden. Die Fälle von Tom, Joe und der Krankenhausangestellten sind da nur ein Anfang. Von anderen Menschen, die ähnliches leisten, wird in der Folge noch die Rede sein. Sie alle

- führen meist selbstinitiierte Projekte aus;
- lösen für einzelne interne oder externe Kunden spontan und umgehend Probleme;
- arbeiten in multifunktionalen Konstellationen und leiten Kontakte zu Experten innerhalb und außerhalb des Unternehmens selbst in die Wege; und
- sie werden an Geschäftsergebnissen gemessen, die sich im wesentlichen auf die Einschätzung durch Kunden und Teamangehörige, nicht aber auf das subjektive Urteil eines Chefs stützen.

Das »Unternehmen« Arbeit

Das Unternehmen Arbeit. Klingt vielleicht seltsam, aber es erfaßt den Kern am Fall Strange und Tilli. Arbeit als Unternehmen heißt, daß man den Laden selbst führt. Solch ein unternehmerischer Arbeitsplatz innerhalb eines Unternehmens umfaßt:

- Vielseitige Ausbildung: Schulung in praktisch allen Fähigkeiten, die für die vollständige Erledigung der Arbeit erforderlich sind

nehmen« werden? ... ... A: Ja.

- Budgetierung: Verantwortung für die Formulierung, Überprüfung und Angleichung der Etats
- Qualitätskontrolle: Prozesse zur Messung, Überwachung und Verbesserung der Qualität
- Autonomie: ein eigener »Laden« innerhalb einer abgemachten, neu gestalteten Organisation; Entscheidungsbefugnis einschließlich des Aufwands beträchtlicher Ressourcen (auch Geld) ohne Rücksprache mit höheren Rängen
- Zugang zu Experten: je nach Bedarf von umgehend erreichbaren Stabsspezialisten (die den Außendienstkräften voll und ganz zur Verfügung stehen) bis hin zu externen Beratern
- Eigene Kunden intern oder extern, die das Gefühl der Eigenverantwortlichkeit der »Geschäftsleute« stärken
- (Unbegrenzte) Reisespesen

Wie steht es mit diesem letzten Posten? Was hat er in dieser ansonsten so grandiosen Liste zu suchen?

Er enthält eine wichtige Botschaft. Mitarbeiter erwarten nicht, daß sie Reisespesen in Millionenhöhe angeben können. (Auch ich kann das nicht, obwohl ich die Aktienmehrheit meines Unternehmens halte.) Geschäftsleute erwarten allerdings, daß sie nötige Maßnahmen ergreifen können, um Projekte zu realisieren. Tom und Joe wird versichert, ihr Projekt sei wichtig für das Unternehmen. Aber wenn sie, sagen wir, mit einem anderen Teammitglied zu einem Händler in Oslo reisen oder einen weltweit führenden Experten aufsuchen müssen, der in den nächsten zwei Wochen nur in Osaka erreichbar ist, dann blockiert man sie mit einer Unternehmensvorschrift, die vier Unterschriften auf dem Reisebeleg verlangt. Man bremst sie mit einem Foulspiel, das nicht geahndet wird. Ein Foulspiel mit Folgen: Sie verabschieden sich von der Eigenverantwortung für das Projekt.

Noch etwas anderes (sehr Wichtiges) brauchen Außendienst-Unternehmer: Informationen. Shoshana Zuboff prägte in ihrem brillanten Buch *In the Age of the Smart Machine* den Begriff »informatieren«. Informatieren beschreibt den Gebrauch von Technologie, um die Mitarbeiter mit ausreichendem Wissen über ihren Arbeitsprozeß auszustatten, damit sie auf intelligente Weise die üblicherweise dem Management vorbehaltenen Rechte ausüben können. Es ist völlig sinnlos, Entscheidungsbefugnisse an Mitarbeiter zu delegieren, ohne ihnen die dafür nötigen Informationen zu geben. Arbeit wird erst zum Unternehmen, wenn sie auch informatiert ist.

Von welchen Informationen ist hier die Rede? Eigentlich ganz leicht. Fragen Sie sich als Manager oder Vorstandsvorsitzender einfach: Wenn ich dieses Projekt realisieren müßte, was würde ich dann gerne wissen?

Foldcraft, ein Hersteller von Restaurantmobiliar, macht es vor. 1974 kannte Steve Sheppard, einer von fünf leitenden Managern, die Jahresumsatzzahlen des Hauses nicht. »Wenn ich diese Information wollte«,

> **»Wenn ich Informationen wollte, dann mußte ich erst beweisen, daß ich sie brauchte.«**
> *Steve Sheppard*

erinnert er sich, »dann mußte ich erst beweisen, daß ich sie brauchte.«

Inzwischen hat sich das Blatt gewendet. Heute ist Sheppard Vorstandsvorsitzender, und sämtliche Mitarbeiter von Foldcraft sind über die Finanzzahlen des Unternehmens informiert. Jeden Mittwoch zum Beispiel werden in Abteilungsbesprechungen finanzielle Informationen der Abteilung und des gesamten Unternehmens erörtert. Und die täglichen Auftragseingänge und Warenauslieferungen werden am Haupteingang deutlich sichtbar bekanntgegeben.

»Wenn ein Posten [aus einer bestimmten Abteilung] der Ertragsbilanz ständig problematisch ist«, erzählt Sheppard, »dann wird der Leiter dieser Abteilung die Sache aufs Tapet bringen. Denn wenn er es nicht macht, dann macht es ein anderer. Wenn die Leute ihr Haus finanzieren, Autos kaufen und ihre Kinder erziehen können, dann sind sie auch in der Lage, jede Zeile einer Gewinn-und-Verlustrechnung zu verstehen.«

Um die Schulungen zur Kostenanalyse witziger und einfacher zu gestalten, legt der Schulungsleiter Chuck Mayhew seinen Berechnungen zu Arbeitskraft, Material, Gemeinkosten, Kosten und Umsatzzahlen ein Rezept für einen Schokoladenkeks zugrunde. Die Mitarbeiter können in einem Modell mit Preisgestaltung, Zutaten und Gewinnspannen herumspielen und dabei verschiedene Verkaufstechniken und Einsparungsverfahren erproben. Damit soll, so Sheppard, jedem Mitarbeiter beigebracht werden, »seine Tätigkeiten Stunde um Stunde auf eine Ertragsverbesserung auszurichten«.

Auch VeriFone schreibt Informatieren ganz groß. Das High-Tech-Unternehmen, das einen Jahresumsatz von 226 Millionen Dollar verzeichnet und 60 Prozent des US-Marktes für Kreditkartenzulassungen hält, geht noch weiter als Foldcraft. Alle Mitarbeiter sind über ein ausgetüfteltes elektronisches Netzwerk jederzeit füreinander erreichbar und haben Zugang selbst zu den vertraulichsten Daten des Unternehmens. Mehr darüber in Kapitel 6, in dem von Unternehmen als lernenden, sich selbst gestaltenden Netzwerken die Rede ist.

Wenn Sie ehrlich sagen können, daß sich alle Arbeitsplätze in Ihrem Unternehmen oder Ihrer Einheit durch die soeben angesprochenen Merkmale auszeichnen, dann sind Sie den meisten Unternehmen in Handhabung und Planung des Delegierens und der Selbstverwaltung um Lichtjahre voraus. Sie sind auf dem besten Wege, Ihre durchschnittlichen Mitarbeiter in 90prozentige Unternehmer und echte Geschäftsleute zu verwandeln. »Die Gestaltungsgrenze für die Wirtschaftsorganisation von morgen«, so schreiben Stan Davis und Bill Davidson in *2020 Vision*, liegt darin, daß »alle Mitarbeiter zu Geschäftsleuten werden ... Die Umwandlung einer ›Organisation‹ in ein ›Geschäft‹ stärkt IMMER die Unternehmensleistungen.« Ich muß sagen, die Großbuchstaben imponieren mir.

Tom und Joe als Metapher

Tom Strange und Joe Tilli sind für mich zur Metapher, ja sogar zum Wahlspruch geworden. Sie gehören zu den acht Menschen, denen ich *Jenseits der Hierarchien. Liberation Management* gewidmet habe. In dieser Liste erscheinen auch Nobelpreisträger F. A. Hayek und der Meisterdesorganisator Percy Barnevik. Doch wenn ich das Buch noch einmal schreiben müßte, dann würde ich mich vielleicht auf Tom und Joe beschränken, weil sie für mich der Inbegriff sind 1. der Befreiung, 2. der Verwandlung von proletarischer Arbeit in gewinnträchtige Geistesarbeit, 3. einer neu geweckten umfassenden Neugier und Phantasie und 4. einer kompromißlos zu Ende gedachten Dezentralisierung.

»Können Sie den Tom-und-Joe-Standard erfüllen?« ist womöglich die wichtigste Frage, die ich meinen Seminarteilnehmern stelle.

Die Hotelkette Ritz-Carlton, einer der wenigen Gewinner des Baldrige-Qualitätspreises aus dem Dienstleistungssektor, erfüllt den Standard. Zum Beispiel verfügt jeder Mitarbeiter, angefangen beim jüngsten Hoteljungen, sofort über bis zu 2000 Dollar, um das Problem eines Gasts zu beheben. Es werden keine Fragen gestellt.

Auch das Reiseunternehmen Rosenbluth International, das derzeit ein rasantes Wachstum durchläuft, hat es geschafft. Das in einer scheinbar so banalen Branche tätige Unternehmen wurde von den Autoren der Liste *The 100 Best Companies to Work for in America* unter den 10 besten Arbeitgebern aufgeführt – und zwar in erster Linie deshalb, weil man Mitarbeitern in besonders machtlosen Positionen große Entscheidungskompetenzen einräumt.

Sie müssen nur wollen

An Ohnmacht mußte ich denken, als ich an einem eisigen Tag das spektakuläre neue Kaufhaus Barney's in der Upper East Side von Manhattan betrat. Das Wetter war viel schlechter als die Vorhersage, und ich brauchte dringend einen Ohrenschutz. Eine Strickmütze, dachte ich. Und zu meiner großen Freude fand ich eine unter all den mondänen Kleidungsstücken bei Barney's. Sie war aus Kaschmir. Ich gebe es zwar nur ungern zu, aber in diesem Augenblick hätte ich für ein wenig Wärme fast jeden Preis bezahlt. (Und Army-Surplus-Läden gibt es in dieser Gegend auch nicht gerade viele.)

Ich trug also die Mütze, die kein Preisschild hatte, zur Kasse. Der Verkäufer war sich sicher, daß sie 45 Dollar kostete, aber ohne Preisschild konnte er sie nicht eingeben. Er schaute zu einer Kollegin hinüber und bat sie, nach dem Preis zu sehen. Sie ging zurück zum Hutregal, fand nichts und kam nach einiger Zeit wieder zurück. Sie behauptete, sie hätte einen Manager gebeten, sich um die Sache zu kümmern.

Weitere drei oder vier Minuten verstrichen. Nichts passierte. Ich ging. Dabei habe ich mich noch nicht einmal so sehr über den schludrigen Service (oder meine kalten Ohren) aufgeregt. Es war die verpaßte Gelegenheit. Ich weiß, es klingt abgedroschen, aber ich stellte ja kein Problem für diesen Verkäufer dar, sondern eine goldene Gelegenheit – wenn die Hauspolitik, die Ausbildung, die Einstellungsgrundsätze und der gesamte geistige Horizont bei Barney's gestimmt hätten.

Neues Szenario. Die Geschichte fängt genauso an, aber dies-

Virginia Azuelo hat gut lachen. Wenn ein Gast ein Problem hat, stehen ihr sofort bis zu 2000 Dollar zur Verfügung, um es zu lösen.
THE RITZ-CARLTON

mal ist der Verkäufer ein Jünger der Tom Strange-Schule. Ihm kommt es auf meine Zufriedenheit an. Er sagt: »Tut mir leid, daß kein Preisschild dran ist. Ich bin sicher, die Mütze kostet 45 Dollar. Beachtlicher Preis für eine Mütze, nicht wahr? Aber das Gefühl von Kaschmir ist ja auch unvergleichlich. Ich habe selbst schon so eine getragen. Ich möchte Sie nicht aufhalten, also gebe ich als Preis jetzt 45 Dollar ein, schreibe Ihre Adresse auf, und wenn ich mich zu Ihren Ungunsten vertan haben sollte, erstatten wir Ihnen den Differenzbetrag noch heute abend oder morgen mit der Post zurück. In Ordnung?«

In Ordnung? Natürlich. Statt sich jemand zum Feind zu machen (der in Seminaren und Büchern Geschichten über Barney's zum besten gibt), hätte der Verkaufsjünger seinem Unternehmen ein unschätzbares Juwel gewonnen: einen treuen Kunden (den man auch noch in die Versandliste aufnehmen kann).

Ich wette zehn zu eins, daß es nicht an dem jungen Mann lag. Es war das kleinkarierte Management von Barney's, das seinem Verkäufer keine Vollmachten à la Ritz-Carlton geben wollte.

Zwickmühle

Wer aus einem Arbeitsplatz ein Geschäft machen will, der begibt sich unweigerlich in eine Zwickmühle. »Die einzige Möglichkeit, einen Menschen vertrauenswürdig zu machen, besteht darin, ihm zu trauen«, erklärte Henry Stimson, der Kriegsminister der Vereinigten Staaten während des zweiten Weltkriegs. Kurz und bündig: Man kann jemandem nur vertrauen, wenn man ihm vertraut.

»Die einzige Möglichkeit, einen Menschen vertrauenswürdig zu machen, besteht darin, ihm zu trauen.«
Henry Stimson

Vertrauen.

In ihrem Buch *Das virtuelle Unternehmen* bieten Mike Malone und

Bill Davidow eine hervorragende Abhandlung über die wirren Organisationen (die genaugenommen gar keine mehr sind), die heute einen immer größeren Platz in der Ökonomie beanspruchen. Nach wilden futuristischen Erzählungen aus dem Cyberspace kehren die Autoren zu den Grundlagen zurück. Diese flachen, ätherischen Unternehmen funktionieren nur, so betonen sie, wenn man den Mitarbeitern im Außendienst vertraut.

Der erste Duke of Wellington (der Napoleon bei Waterloo besiegte) machte sich Sorgen über die Auswirkungen der neuen Eisenbahn. »My Lords«, verkundete er in einer Rede vor dem Oberhaus, »diese Stahlrösser werden es der Arbeiterklasse ermöglichen, sich fortzubewegen.« Und Mißtrauen gegenüber der Arbeiterklasse und die Reduzierung aller Arbeiten ins Bedeutungslose (Hyperspezialisierung) waren ja auch die Grundpfeiler der Industriellen Revolution.

Es ist längst an der Zeit, diesen Trend umzukehren. Natürlich sind auch Techniken wie Informatieren wichtig. Aber die Kernfrage des Jahrzehnts ist das Vertrauen. Denken wir an Tilli, Strange, die Lakeland-Pflegepaare, Hoteljungen und Zimmermädchen von Ritz-Carlton und die Mitarbeiter der Acordia-Gesellschaften. Ohne Vertrauen können wir keinen Wertzuwachs durch menschliche Phantasie erwarten.

»Halbes Vertrauen gibt es nicht. Der Fluglehrer kann bei deinem ersten Alleinflug nicht ›halb‹ neben dir sitzen.«

Dabei stehen wir vor zwei Grundproblemen. Zum einen gibt es – in der Nachfolge des Duke of Wellington – immer noch ein starkes Kontrollbedürfnis, das durch den Argwohn gespeist wird, unbeaufsichtigte Mitarbeiter würden Unfug anstellen. Ich kann dazu nur sagen, wer die menschliche Natur voller Pessimismus betrachtet, der wird sich schwer damit tun, die Zügel loszulassen. (Und aus diesem Grund brauchen wir auch 95 Prozent weniger Manager – siehe Kapitel 2.) Zweitens stellt sich uns das Problem des halben Vertrauens. Dazu

möchte ich die Worte eines Privatpiloten zitieren: »Halbes Vertrauen gibt es nicht. Der Fluglehrer kann bei deinem ersten Alleinflug nicht ›halb‹ neben dir sitzen.« Entweder die Aufgabe »gehört« mir, oder sie gehört mir nicht. Ja oder nein.
Alle Chefs würden liebend gerne »halb-delegieren«. Aber das klappt nicht. Nein, man muß ausbilden, ausbilden, ausbilden. Die Mitarbeiter müssen in einer Reihe immer anspruchsvollerer Projekte zur Eigenverantwortung finden. Und wenn es soweit ist, dann muß man loslassen. Je früher, desto besser. (Bei Hewlett-Packard, EDS und McKinsey werden neue Mitarbeiter schon am ersten Tag ins kalte Wasser geworfen.) Loslassen heißt, man läßt den Mitarbeiter seine eigenen Erfahrungen machen, damit er sein Reich in Besitz nimmt. Ohne das gibt es keine Identifizierung.
Der Vorstandsvorsitzende Rich Teerlink zählt die einfachen, aber wirkungsvollen offiziellen Grundsätze (Nachahmung empfohlen!) auf, die Harley Davidson vom Subventionsempfänger zum weltweiten Superstar machten:

- Die Wahrheit sagen
- Zusagen einhalten
- Fair sein
- Den einzelnen respektieren
- Neugier fördern

Das ist alles. Aber das reicht ja auch. Wie schneiden die Grundsätze Ihres Unternehmens (Ihres 10-Mann-Teams, Ihrer Division) dagegen ab? Theoretisch? Praktisch?

Jenseits des Vertrauens

Aber vielleicht geht auch die Vorstellung des Vertrauens nicht weit genug. Man muß die durchschnittlichen (alle) Mitarbeiter dazu ermuntern, einen Sturm zu entfachen. Ja, einen Sturm. Bei Marketing Services By Vectra in Columbus, Ohio (wo mehr als 13 000 Marketing- und Austellungsartikel für Einzelhändler und Franchiseunternehmen produziert und vertrieben werden) haben die Mitarbeiter Zugang zu sämtlichen Informationen über das Unternehmen. Und dieses Wissen nutzen sie auch, um die Führungsetage zu bearbeiten und in Verlegenheit zu setzen. Ein für Einsparungen zuständiges Spezialteam beispielsweise legte ein Veto gegen die geplante Teilnahme der Topmanager an einer Konferenz in San Francisco ein. Die Kosten von 5000 Dollar könne man sich nicht leisten, teilten sie ihren Chefs freimütig mit.

Nett.

Im Informationsunternehmen Scitor hat der Vorstandsvorsitzende Roger Meade die Herausforderung des Managements zu einem Teil des Hauscredos erhoben:

> Urteilen Sie stets nach bestem Wissen und Gewissen. Stellen Sie sich die Frage: Ist es fair und vernünftig? Ist es ehrlich? Ist es geschäftlich sinnvoll im Kontext unserer bestehenden Zielvorgaben? Wenn Ihre Antwort auf diese Fragen jedesmal ja lautet, dann können Sie weitermachen. Denken Sie jedoch daran, Sie sind vor dem Hintergrund dieser Politik für all Ihre Handlungen verantwortlich. Wenn Sie der Meinung sind, daß die Orientierung des Managements mit einer bestimmten Situation nicht in Einklang steht, dann liegt es in Ihrer Verantwortung, nach bestem Wissen und Gewissen zu handeln. Berufen Sie sich nie – und ich meine wirklich: niemals – auf Anweisungen von oben als Entschuldigung für falsches Handeln. Das hieße die Dummheit zu verstärken, und das wäre unverzeihlich.

☛ **Lernpensum**

- ✔ *Alle* Mitarbeiter zu Geschäftsleuten/professionellen Dienstleistern/90prozentigen Unternehmern machen
- ✔ Die Mittel fürs »Geschäftsleben« bereitstellen (unter anderem ein sattes Reisebudget und das Recht – sowie die Pflicht – 45-Dollar-Strickmützen ohne Preisschild einzugeben)
- ✔ Alle über alles informieren (Würden Sie es als Vorstandsvorsitzender brauchen? Dann brauchen »sie« es auch)
- ✔ Vertrauen (oder untergehen)
- ✔ Dem Boß widersprechen (Unternehmenspolitik) und seine Reisespesen überwachen

Alle würden liebend gerne »halb-delegieren«.

Noch einmal: Wie schneiden Sie im Vergleich zum Vectra-Scitor-Standard verordneter Aufsässigkeit ab?

Arbeit und Stolz

Jede Arbeit kann großartig sein. »Was ist falsch an der Vorstellung eines *Professionellen* Hausmeisters?« fragt Bob Argabright von der Firma Chesapeake Packaging, die ausdrücklich das Ziel verfolgt, ihre Mitarbeiter zu Geschäftsleuten zu machen. Oder nehmen wir den kuriosen Artikel in der *New York Times* über Melvin Reich, den führenden Knopflochhersteller Manhattans. (Viele Modedesigner kommen zu Reich, um sich von ihm Knopflöcher für ihre Vorführmodelle anfertigen zu lassen.) »Wir machen Knopflöcher«, erzählte Reich der *Times.* »Wir machen Knopflöcher und Knopf-

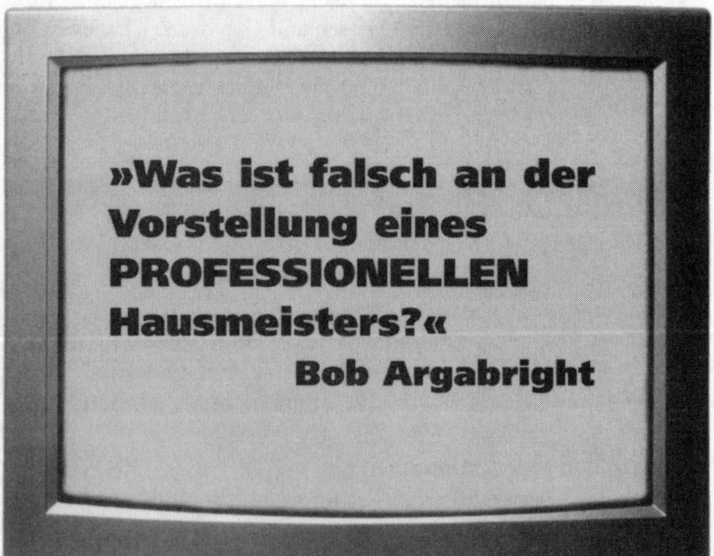

löcher und Knopflöcher. Ich bin ein Fachmann wie ein Arzt ... Man denkt, das ist nichts. Nur ein Knopfloch. Aber es ist etwas.« Auf die Frage, weshalb er sich nicht auch mit Reißverschlüssen befaßt, entgegnete er: »Reißverschlüsse sind doch etwas völlig anderes. Eine ganz andere Branche. Man könnte so viele verschiedene Dinge machen.«

Mir gefällt das. Genauso wie es mir gefällt, einen ausgezeichneten Maurer bei der Arbeit zu sehen. Eine handfeste, fachmännische Tätigkeit. Ich bin schon oft stehengeblieben, auch wenn ich in großer Zeitnot war, um solch einen meisterhaften Handwerker zu beobachten. Maurerarbeiten können genauso wie die Anfertigung von Knopflöchern olympisches Format erreichen. Und das ist noch das weniger Wichtige daran.

Ich erinnere mich an ein Fernsehinterview mit einer Serviererin einer Highschool-Cafeteria im Zentrum einer Großstadt. Daß Studenten und Arbeitgeber solchen Leuten nicht mit sehr viel Respekt begegnen, ist eine schamlose Untertreibung. Trotzdem blickte diese Frau dem Interviewer offen ins Gesicht und sagte: »Meine Arbeit ist wichtig. Manchmal ist dieses Essen die einzige warme Mahlzeit, die diese Kids den ganzen Tag bekommen. Was ich mache, ist wichtig.«

Das hat mir imponiert – die Würde, der Stolz. Das Servieren von Essen in einer Innenstadtschule ist wichtig. Und wenn die Chefs das Gefühl von Verantwortung und Stolz zu schätzen wüßten, das die Leute mit Tätigkeiten verbinden, die die meisten als banal abtun würden, könnten sie sich eine zentrale Quelle der Kraft erschließen.

Mitarbeiter bewirken oft wahre Wunder, und das trotz ihrer halbherzigen Chefs. Aber wenn wir es richtig anfangen, wenn wir zum Beispiel einem Zimmermädchen in einem Hotel Anlaß geben, ihre Arbeit voller Stolz zu verrichten – das wäre einfach toll!

Toll für den einzelnen. Toll für den Chef. Toll für das Unternehmen. Toll für den Kunden. Und toll für die gesamte Volkswirtschaft. Tatsache ist doch, daß Menschen – und gerade auch arbeitende Menschen – lieber einen guten Tag verleben als einen miesen. Sie würden sich lieber mit der Arbeit identifizieren, lieber etwas dabei lernen, als sich zu Tode langweilen. Es wäre beleidigend, das Gegenteil zu behaupten, zu behaupten, daß sich die meisten Leute nur drücken, daß sie nichts lernen und keine Verantwortung übernehmen wollen. Das zeigt sich immer wieder, wenn sie aus der Anfertigung von Knopflöchern – und dem Servieren des Mittagessens in einer Highschool-Cafeteria – eine Kunst machen.

Gefragt – getan

1. Führen Sie in den nächsten vierzehn Tagen eine Telefonumfrage bei 25 Kunden durch. Stellen Sie Fragen wie diese: »Wie ist es, mit uns Geschäfte zu machen?«, »Werden Kundenanfragen oft von Pontius zu Pilatus weitergereicht?« Und wozu das Ganze? Um herauszufinden, ob Sie »Platzhalter« auf der Gehaltsliste haben. Wenn ja, wer ist schuld, die Mitarbeiter oder das Management? (Kleiner Tip: Mitarbeiter ist die falsche Antwort.)
2. Können Sie sich j-e-d-e-n Arbeitsplatz als Tom & Joe-Job vorstellen? Jeden Mitarbeiter als wertschöpfenden Geistesarbeiter, einen professionellen Dienstleister? Wenn nein, warum nicht? (Wenn Sie es nicht können, versuchen Sie es noch einmal!) Heute: Nehmen Sie ein Stück Ihres Unternehmens und ein leeres Blatt Papier und machen Sie einen Tom & Joe-Job daraus. (Eliminieren Sie alle Nicht-Tom & Joe-Aufgaben. Teilen Sie langweilige Aufgaben auf, z. B. Briefe öffnen, den Kühlschrank auffüllen, Tippen, Dokumente ablegen.) Wie finden Sie die Idee eines »professionellen Hausmeisters« von Tom Argabright?
3. Denken Sie an das Beispiel der Krankenhausangestellten: Hat der Durchschnittsmitarbeiter identifizierbare Kunden? Verfügt er über einen breiten Bereich »ganzer« kundenorientierter Aufgaben?
4. Gehen Sie noch einmal die Liste des Unternehmens Arbeit auf S. 93 f. durch. Wie schneidet Ihr Unternehmen im Vergleich ab (bewerten Sie Manager und Nichtmanager glei-

chermaßen)? Doch Vorsicht: dies ist ein Alles-oder-nichts-Test. »Ziemlich gut« heißt hier soviel wie lausig. (Nicht zu vergessen die Frage nach den Reisespesen.)

5. Noch einmal Arbeit als Unternehmen: Welchen Wert erreichen Sie auf der Ritz-Carlton-Skala (wo jeder Mitarbeiter 2000 Dollar zur Verfügung hat, um ein Kundenproblem zu beheben)?
6. Bekommt jeder rechtzeitig und vollständig Zugang zu Geschäftsinformationen (Finanzen, anderes)? Könnten Sie den Job jedes Mitarbeiters mit den ihm zu Gebote stehenden Informationen adaquat verrichten? Bringen Sie allen die kaufmännischen Grundlagen bei, so wie zum Beispiel Foldcraft mit seinem Simulationsmodell anhand eines Backrezepts?
7. Vertrauen »sie« Ihnen? Und vertrauen Sie »ihnen«? Tip I: Es gibt eine teuflisch clevere Möglichkeit, das herauszufinden: Fragen Sie in einer vierteljährlichen vertraulichen Erhebung nach. Tip II: Machen Sie Managerbewertungen durch Mitarbeiter zum Grundpfeiler der Leistungsbeurteilung; damit lenkt man die Aufmerksamkeit der Chefs auf diese »Nebensache«.
8. Werden die Mitarbeiter aktiv (durch Anerkennung oder offizielle Grundsatzerklärungen à la Scitor) dazu ermuntert, dem Management je nach Lage der Dinge eine Nase zu drehen? Haben Mitarbeiter Ihres Unternehmens schon einmal den Verschwendungsdrang der Topleute gebremst?

Werden die Mitarbeiter aktiv dazu ermuntert, dem Management eine Nase zu drehen?

9. Ray Kroc, der Gründer von McDonald's, schwor, daß er in einem Hamburger Schönheit sehen konnte. Können Sie Schönheit im durchschnittlichen Außendienstjob erkennen? Können Sie sich Michelangelos der Hauswirtschaft vorstellen? (Ja, verdammt, ich meine es ernst. Und wenn Sie anderer Ansicht sind ...) Zeichnen Sie Bilder eines wunderschön ausgeführten Außendienstjobs, der einer Aufführung am Broadway würdig wäre. Wenn Sie das nicht können, dann haben Sie Grund zur Sorge. Zu großer Sorge.

Vom atomisierten Unternehmen (Kapitel 2) zur Organisation von Geschäfstleuten (dieses Kapitel). Unternehmer allesamt. Wirklich alle? Ja, jeder Job ein Tom & Joe-Job. Jeder ist kein Annäherungswert. Nicht für Hal Rosenbluth von Rosenbluth International. Und auch nicht für Sie, wenn Sie klug sind. Und wenn das Vertrauen fehlt (echter, uneingeschränkter Respekt), dann kann Ihnen, Ihrer Karriere und Ihrer Firma im Wandel der neunziger Jahre nur noch der Himmel helfen.

4. KAPITEL

Jenseits der Loyalität

Denken wie ein selbständiger Auftragnehmer

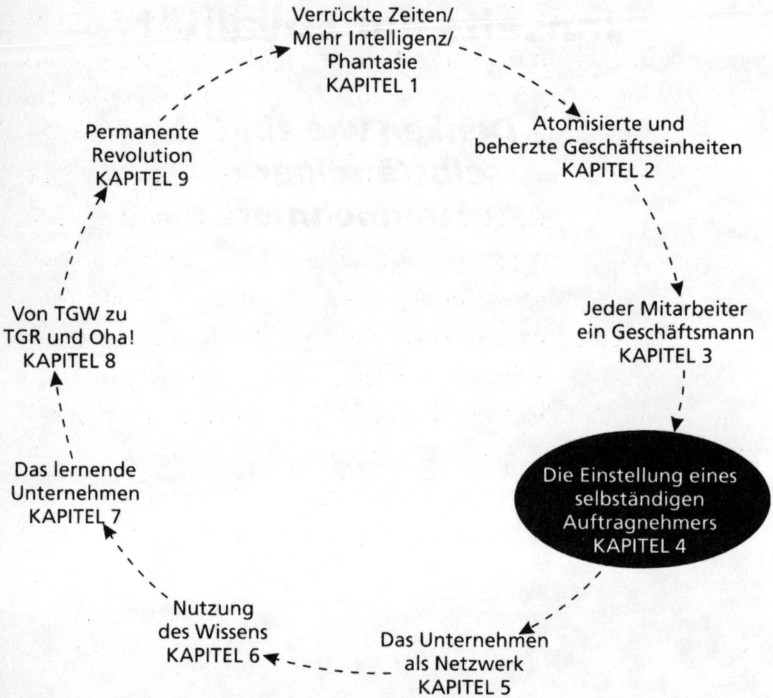
Verrückte Zeiten/
Mehr Intelligenz/
Phantasie
KAPITEL 1
Atomisierte und
beherzte Geschäftseinheiten
KAPITEL 2
Jeder Mitarbeiter
ein Geschäftsmann
KAPITEL 3
Die Einstellung eines
selbständigen
Auftragnehmers
KAPITEL 4
Das Unternehmen
als Netzwerk
KAPITEL 5
Nutzung
des Wissens
KAPITEL 6
Das lernende
Unternehmen
KAPITEL 7
Von TGW zu
TGR und Oha!
KAPITEL 8
Permanente
Revolution
KAPITEL 9

Vergessen Sie Loyalität. Oder zumindest die Loyalität zum eigenen Unternehmen. *Versuchen Sie es lieber mit der Loyalität zu Ihrem Netzwerk.* Angesichts verrückter Zeiten werden konsequent paranoide Unternehmen (Kapitel 1) atomisiert (Kapitel 2) und machen aus jedem Arbeitsplatz ein Geschäft (Kapitel 3). Wie kann der Durchschnittsmitarbeiter verhindern, daß er bei diesem neuen Brettspiel zum Bauern wird? Er muß denken wie ein selbständiger Auftragnehmer. Oder sogar einer werden. Aber ausgerechnet mit der Einstellung eines Freischaffenden erhöhen sich die Chancen beträchtlich, daß Sie Ihren Arbeitsplatz in einem Großunternehmen behalten (falls Sie das wünschen); und ganz abgesehen davon sollten nicht nur Sie, sondern auch Ihr Chef von einer neuen Unabhängigkeit träumen.

»Arbeitsplatzsicherheit gibt es nicht mehr. Der Antrieb für eine Karriere muß vom einzelnen ausgehen.«

Homa Bahrami

F. Was haben all diese Leute gemeinsam? Tom Strange und Joe Tilli. Pflegepaare am Lakeland Regional Medical Center. Russ Sherlock und seine Acordia Business Benefits-Bande. Der durchschnittliche Mitarbeiter eines ABB-Profit Centers. Ein Berater von Arthur Andersen.

A. Sie bieten mehr Intellekt und weniger Material; sie schaffen Mehrwert durch ihre Phantasie; sie bieten professionelle Dienstleistungen; unabhängig von ihrem jeweiligen Werdegang tun sie als Geschäftsleute das Nötige. Und wie machen sie das? Wichtiger noch, wie können Sie es ihnen nachtun?

Resümieren

Die Wirtschaft belebt sich wieder, aber Mittelmanager aus Unternehmen werden immer noch in Rekordzahlen entlassen. Tatsächlich werden die mittleren Ränge immer weiter zurückgestutzt, während die Geschäftsergebnisse der Unternehmen bereits einen deutlichen Aufwärtstrend zeigen. Den Unternehmen ergeht es mit kleineren Verwaltungsstäben sichtlich besser.

Ich fürchte, die Stabsmitarbeiter haben uns Sand in die Augen gestreut. (Nicht böswillig, oder zumindest nicht böswilliger als jeder hochqualifizierte Experte, der ehrlich davon überzeugt ist, bestimmte Arbeiten könnten nur er oder seine Fachkollegen leisten.) Aber ein Großteil ihrer Tätigkeiten stellt sich jetzt als sehr viel weniger anspruchsvoll heraus und

kann durchaus auch von Außendienstkräften wie Joe Tilli und Tom Strange übernommen werden.
Wie verhalten sich also die Stabsmitarbeiter oder Mittelmanager der Zukunft angesichts der unverkennbaren Bedrohung für ihre gesamte Spezies? Nach langem und ausführlichem Nachdenken über ihr Dilemma fällt mir nur eine befriedigende Antwort ein. Doch bevor ich darauf zu sprechen komme, möchte ich Ihnen eine Unternehmensberaterin vorstellen, die nach dreijähriger Tätigkeit für Arthur Andersen am 31. Dezember 1993 Bilanz zog über ihre beruflichen Errungenschaften. Sie kam in etwa auf folgendes:

- Drei abgeschlossene Projekte, die sie im abgelaufenen Jahr beschäftigt hatten
- Eine quantitative und qualitative Einschätzung der Leistungen, die sie für jeden ihrer Kunden erbracht hatte
- Referenzen ihrer Kunden, die ihre Leistungen in den letzten zwölf Monaten bezeugen
- Klarheit über das im vergangenen Jahr Erlernte und ihren gesteigerten Wert für das Unternehmen
- Ein deutlich ausgedehntes Netzwerk sowie neue Geschäftsbeziehungen (vor allem außerhalb ihres Unternehmens), die sie sorgfältig pflegt
- Ein Resümee für das Jahr 1993, das sich wesentlich von einem Resümee unterscheidet, wie sie es für 1992 erstellt hätte

Können Sie es ihr nachtun?

Wer als Mittelmanager oder als neuer und auch als erfahrener Stabsmitarbeiter überleben und noch vorankommen möchte, der sollte resümieren können. Er sollte sich am Ende eines Jahres wie die Arthur Andersen-Beraterin eine Reihe von resümeetauglichen Projekten ins Gedächtnis rufen können, die internen wie externen Kunden einen Mehrwert bescherten.
Resümee ziehen.

Was heißt das? Es heißt, daß man sich häufig diese sechs Fragen stellt:

1. Was mache ich eigentlich?
2. Was habe ich tatsächlich gemacht?
3. Wer von meinen Kunden wird das bezeugen?
4. Welche Beweise gibt es dafür, daß meine Fähigkeiten dem neuesten Stand entsprechen?
5. Welche neuen Leute weit außerhalb des Unternehmens kenne ich, die mir im Notfall weiterhelfen können?
6. Wird mein Jahresresümee anders aussehen als das vor Jahresfrist?

Es ist traurig, aber wahr, daß der durchschnittliche Mittelmanager oder Stabsmitarbeiter keine richtigen Antworten auf diese Fragen hat. Es gibt einen alten Witz über den Abschied eines Einkaufsmitarbeiters mit achtzehnjähriger Berufserfahrung. »Jammerschade um seine Erfahrung«, sagt ein Manager zum anderen. Darauf antwortet der andere: »Er nimmt nicht achtzehn Jahre Erfahrung mit, sondern nur ein Jahr, das er siebzehnmal wiederholt hat.« Für meinen Geschmack ist dieser Witz zu grausam und zynisch. Aber nur ein wenig. Denn oft genug entspricht er den Tatsachen.

Wer wird Ihre Leistungen in den letzten zwölf Monaten bezeugen?

Die meisten Stabsmitarbeiter entwickeln sich auf ihrem Posten kaum weiter. Natürlich leisten sie Jahr für Jahr einen Beitrag zum Wohlergehen des Unternehmens. Aber, noch einmal, können sie es der Arthur Andersen-Beraterin gleichtun? Können sie eine Liste zufriedener (interner und externer) Kunden erstellen, die sich voll des Lobs über ihre Leistungen und den daraus entstandenen meßbaren Mehrwert äußern? Können sie ein robustes Netzwerk von Außenstehenden vorweisen, die ihnen bei einem Jobwechsel (gerne) helfen werden?
»Wer nicht sagen kann, was er in seinem Unternehmen ver-

bessert hat«, bemerkte die Unternehmensberaterin Cynthia Kellams von Towers, Perrin, »der ist draußen.« Und das ist vielleicht auch gar nicht so verkehrt. Lange genug hat sich so mancher benommen, als schulde ihm die Welt seinen Lebensunterhalt und als stünden ihm die Pfründe eines Jobs in der Zentrale eines Großunternehmens mit einem Jahresgehalt von 100 000 Mark und regelmäßiger Gehaltserhöhung als Geburtsrecht zu. Ich halte es mehr mit dem selbständigen Auftragnehmer – dem Designer, Architekten, der Schreibkraft –, die von ihrem Instinkt leben, deren berufliche Existenz von der Mundpropaganda ihrer Kunden abhängt; die ihre Palette marktorientierter Fertigkeiten regelmäßig erweitern; die stets pünktliche und kreative Arbeit zu einem wettbewerbsfähigen Preis abliefern (denn sonst ...).

Vielleicht muß ich noch deutlicher werden. Ich schlage vor, daß jeder Stabsmitarbeiter oder Mittelmanager jede anstehende oder laufende Arbeit dem Resümee-Test unterzieht. Entspricht sie dem Resümee-Maßstab? Ist sie resümierbar? Wenn Sie sich nicht vorstellen können, Ihre aktuelle – momentane – Arbeit in Ihr Resümee am Jahresende aufzunehmen, dann sollten Sie damit aufhören.

Zu plump? Glaube ich nicht. »Resümee ziehen« ist eine positive Strategie. Sie klingt egoistisch, ist aber das Gegenteil. Im wesentlichen läuft sie einfach darauf hinaus, daß Kunden die erbrachten Leistungen bezeugen. Als Stabsmitarbeiter gewinnen Sie, wenn Sie solche Kunden haben. Dasselbe gilt jedoch auch für Ihren Chef und Ihren Arbeitgeber.

Von der zielgesteuerten Unternehmensführung zum Resümee

Resümee ziehen eignet sich als Strategie nicht nur für Mitarbeiter, sondern auch für Chefs. Als Chef sollte man all seine Mitarbeiter ganz selbstverständlich dazu anhalten, ihre Resümees vierteljährlich auf den neuesten Stand zu bringen. Ein Vorspiel zu Entlassungen? Eine Einladung zur Illoyalität? Keineswegs. Wenn ihre Resümees alle neunzig Tage spürbar besser werden (neue Fertigkeiten, zufriedene Kunden, abgeschlossene professionelle Projekte), dann wächst auch die Arbeitsplatzsicherheit für die Beschäftigten, während gleichzeitig die Unternehmenseinheit des Chefs den internen und/oder externen Kunden nachprüfbar nützliche Dienste erwiesen hat. Damit gewinnen die Mitarbeiter. Der Chef. Und das Unternehmen. Klingt doch nicht schlecht, oder?

Des weiteren würde ich anregen, daß die Chefs als entscheidende Managementstrategie auf Resümees zurückgreifen und dafür auf die derzeit übliche zielgesteuerte Unternehmensführung und vielleicht auch auf die traditionelle Mitarbeiterbeurteilung verzichten. Mir schwebt zum Beispiel vor, daß sich der Chef alle drei Monate mit seinem Mitarbeiter zusammensetzt, um dessen neuestes Resümee durchzugehen und ihn zu neuen Projekten zu ermuntern, die sich beide in der nächsten Fassung des Resümees gut vorstellen können. Auch eine öffentliche Plattform fände ich interessant. Wie wär's zum Beispiel mit einem vierteljährlichen Wettbewerb zur Resümeeverbesserung?

Resümee ziehen

Auch hier biegen alle als Sieger in die Zielgerade ein. Die Mitarbeiter sind dazu angehalten, nach Instrumenten und Aufgaben zu suchen, die ihnen das berufliche Überleben sichern. Und ihre Erfolge sind naturgemäß auch die des Chefs und des Unternehmens.

Vor meinem geistigen Auge sehe ich eine selbstbewußte Geschäftsfrau auf der Madison Avenue. Sie trägt eine überdimensionierte Aktenmappe mit Skizzen von Werbekampagnen, an denen sie in den letzten 18 Monaten beteiligt war. Die Skizzen sind ihr Leben: ihr Lebensinhalt und Lebensunterhalt zugleich. Sie sind das, was sie auf dem Arbeitsmarkt zu verkaufen hat. Wenn wir uns alle unsere Reise durchs Leben als ein stetes Sammeln von »Skizzen« vorstellen würden, auf die wir stolz sein können (und die

Sie sollten sich eine Reihe von Projekten vorstellen können, die internen wie externen Kunden einen Mehrwert bescheren.

auch einen Marktwert besitzen), dann würde das wohl nicht nur uns, sondern auch den Unternehmen und der gesamten Wirtschaft zugute kommen.

Selbständig denken

Vielleicht liegt die beste Überlebenstechnik einfach in der Annahme, daß man kurz vor der Entlassung steht oder den Arbeitsplatz gerade verloren hat. Auf dieser Basis sollte man sich Klarheit darüber verschaffen, daß man jetzt selbst am Zuge ist. Und daß langes Zaudern völlig falsch wäre.

»Die Leute erkennen, Arbeitsplatzsicherheit gibt es nicht mehr«, schreibt Professorin Homa Bahrami von der University of California in Berkeley. »Aber viele erkennen nicht, was an ihre Stelle getreten ist. Der Antrieb für eine Karriere muß jetzt vom einzelnen ausgehen, und nicht mehr vom Unternehmen.« Sie unterstreicht ihre Argumentation mit einem geflügelten Wort, das bei Apple Computer die Runde macht: »Deine Arbeitsplatzsicherheit hängt davon ab, wie sehr man dich braucht.« Dazu paßt die Anregung des Erziehers und Beraters Lewis Perelman, der sich jeden Mitarbeiter als »Freischaffenden« vorstellt, »der offiziell oder inoffiziell unter Vertrag steht und stets seinen persönlichen Marktwert im Auge behält«.

Einer meiner Bekannten, ein Nachrichtenproduzent bei der Fernsehanstalt ABC, versteht genau, was Bahrami und Perelman meinen. Als ich ihn das letzte Mal sah, führte er gerade Gespräche mit potentiellen »Freischaffenden«. Er will sich nämlich selbständig machen und zum richtigen Zeitpunkt fertige TV-Berichte an die großen Sender oder andere Interessenten im florierenden Informationssektor verkaufen.

Tatsächlich erlebt die Repräsentationsbranche eine große Blüte. Alive Culinary Resources beispielsweise ist eine neue Talentagentur, die Chefköche vertritt, die zwar einerseits einem exquisiten Restaurant zu einem unverwechselbaren Angebot verhelfen, aber andererseits von den Restaurantbesitzern behandelt werden wie Leibeigene.

Steuern wir auf das Zeitalter »freischaffender Mitarbeiter« zu? Warum nicht?

Für die Chefs selbst bleibt die Geschichte dieselbe. In einem Artikel in der *Management Review* über das Delegieren von Vollmachten an Mitarbeiter berichtet Oren Harari, Management-Professor an der University of San Francisco, über den Fall eines leitenden Managers, der nicht loslassen wollte. Dann zwang ihn eine Familienkrise dazu, das Unternehmen in einem halben Jahr zu verlassen. Da ein Nachfolger nicht vorgesehen war, mußte er sämtliche Verantwortungsbereiche an seine Mitarbeiter delegieren. Doch seine Familienverhältnisse wandelten sich zum Besseren, und er mußte doch nicht ausscheiden. Nachdem er jedoch seinen Arbeitsplatz bereits erfolgreich abgebaut hatte, konnte er nur bleiben, wenn er ein neues Tätigkeitsfeld fand (das gelang ihm auch). Daraus leitet Harari seinen Rat an alle Chefs ab: »Tun Sie so, als würden Sie in einem halben Jahr das Unternehmen verlassen – ohne Nachfolger. Überholen Sie Ihr Unternehmen und erziehen Sie Ihre Mitarbeiter dazu, Ihren Job zu übernehmen. Suchen Sie sich dann ein neues Tätigkeitsfeld und bereiten Sie sich darauf vor, diesen Kreislauf (vielleicht auch bei anderen Arbeitgebern) bis zu Ihrer Pensionierung immer wieder zu durchlaufen.«

Beängstigend? Bestimmt. Aber dennoch zwingend.

Leben mit der (fruchtbaren) Unsicherheit

Alles in allem läuft dies auf eine völlig neue Lebensweise hinaus. Der Experte für Karriereplanung Bill Charland vertritt den Standpunkt, daß jede Position in einem Unternehmen von Grund auf neu geschaffen werden muß. Und damit sind wir denkbar weit davon entfernt, nach jemandem zu suchen, der sich genau in eine Arbeitsplatzbeschreibung fügt.

»Angesichts der heute vorherrschenden unternehmerischen ... Wirtschaft, gibt es kaum noch Arbeitsplätze, die nur auf uns warten«, meint Charland. »Die meisten guten Jobs

werden heute gemeinsam geschaffen. Sie sind Joint-Ventures [mit einem Arbeitgeber] zur Problembewältigung. Sie stellen Strategien dar, mit deren Hilfe sich dringende Probleme in Unternehmen lösen lassen.«

Dem schließt sich auch Joline Godfrey an, Autorin von *Die neuen Unternehmerinnen* und Vorkämpferin weiblichen Unternehmertums. Sie meint: »In der neuen Wirtschaft wird es wahrscheinlich wichtiger sein, sich einen Job zu machen, als einen Job zu übernehmen.«

Sich einen Job machen?

Das Telekommunikationsunternehmen MCI ist ein gutes Beispiel. »Verlierer sind diejenigen, die sich in unstrukturierten Situationen nicht wohl fühlen«, sagte ein Mittelmanager

ERFOLG: stetes Sammeln von »Skizzen«,...

im Gespräch zu mir. »Die Leute hier bekommen Verantwortung übertragen, bevor sie bereit sind. Aber wann ist man denn bereit? Es wird einem nur selten gesagt, was man tun soll. ›Entscheidungsträger‹ lassen sich nur schwer finden. Also muß man seine eigenen Entscheidungen treffen, ob sie nun richtig oder falsch sind. Man muß handeln. Die Dinge ins Rollen bringen. Zögern ist tödlich.«

Diese Worte haben meine volle Bewunderung, vor allem die Sache mit den Entscheidungsträgern hat es mir angetan. MCI funktioniert nach folgendem Prinzip: Ein neuer Mitarbeiter stößt dazu, findet aber keine genau formulierte Jobbeschreibung vor. Er muß seine Arbeit selbst erfinden, muß sich etwas einfallen lassen, um einen Mehrwert zu erzielen. Zu diesem Zweck gestaltet er Projekte, findet interne Kunden und geht nach eigenem Ermessen vor. Er lernt, daß man sich bei fast allen Unternehmensangehörigen Rat und Unterstützung holen kann. Man redet, hört zu, sammelt Informationen. Wenn man zu der Überzeugung gelangt, genügend Material zu haben, legt man los und wartet bestimmt nicht auf den Segen von oben.

Diese »Macher«-Mentalität findet ihre Bestätigung in einer interessanten Studie von Bell Laboratorien, die in der *Harvard Business Review* geschildert wird. Die Forscher analysierten Unterschiede zwischen leistungsstarken und durchschnittlichen Mitarbeitern. Beide Gruppen von Bell Labs-Mitarbeitern vertraten übereinstimmend die Ansicht, für das eigene Vorankommen sei es am wichtigsten, die Initiative zu ergreifen. Und Angehörige beider Gruppen gaben an, regelmäßig die Initiative zu ergreifen.

Der Unterschied ergab sich aus verschiedenen Auffassungen von Initiative. Die Gruppe der Durchschnittlichen sah initiatives Handeln als Frage des Informationsaustauschs und schickte beispielsweise einem Vorgesetzten ein Memo zu einem Programmfehler. Die Leistungstärkeren hingegen sahen es als ihre Aufgabe, den Programmfehler selbst zu beheben.

... auf die man stolz sein kann

Auch die Erfahrungen eines neuen CNN-Redakteurs fügen sich in diesen Kontext ein. Er kam von einer der drei großen amerikanischen TV-Anstalten zu dem reinen Nachrichtensender und schrieb in kurzer Zeit einen Bericht. Also formulierte er einen Vorschlag, den er seinem Chef vorlegte. Der war völlig verdattert: »Bei uns wird nicht überprüft, ob Sie Ihre Hausaufgaben gemacht haben. Sie sind doch erwachsen. Wenn es fertig ist, dann ist es fertig.«
Mein Informant sagte mir, daß ihm die Reaktion des Chefs einen ziemlich Tritt versetzte. Als neuer Redakteur mußte er Leistung bringen – nicht darüber reden. In den frühen Tagen von CNN drückte es Burt Reinhardt, der jetzige stellvertretende Präsident von Turner Broadcasting, so aus: »Wer etwas ›machen‹ will, der muß sich selbst etwas einfallen lassen. Und wenn seine Methode meistens hinhaut, dann wird er befördert.« Dem ist nichts hinzuzufügen.

Véronique und Tommy Lee

Véronique Vienne hat in der Modebranche Karriere gemacht, und zwar als Art Director, Marketingexpertin und selbständige Autorin. Als wir sie vor einiger Zeit befragten, arbeitete sie nach sieben Stellen in zehn Jahren für Yves Saint Laurent Parfums. Dabei war sie sich ihrer Absichten und Ziele völlig bewußt. »Meine einzige Karrierestrategie ist, vorauszuplanen, was ich ganz konkret bei jedem Job lernen kann«, sagte sie. »Ich versuche, zwei oder drei Dinge, die ich bei jedem Arbeitsplatz erreichen kann, ganz genau zu definieren.« Sie fügte hinzu, daß sie sich ihre Jobs eher im Hinblick auf das aussucht, was sie lernen kann (und von wem sie lernen kann), als auf Rang und Bezahlung.

Wie wär's ...

Ein vierteljährlicher Wettbewerb zur Resümeeverbesserung?

Ich kann mir nicht helfen, aber ich finde solch eine Strategie nach der Devise »Was kann ich als nächstes lernen?« einfach ge-

nial. Eine Strategie, der auch Mitarbeiter in einer Fabrik oder in einer Versicherungsgesellschaft folgen sollten – für den frischgebackenen Absolventen einer Business School, der in der Marketingabteilung eines Großunternehmens anfängt, sollte sie ohnehin eine Selbstverständlichkeit sein.
Bei den Gesprächen mit Véronique Vienne trafen wir auf die Outplacement-Beraterin Sheryl Spanier. Auch sie hält Viennes Ansatz für durchaus sinnvoll: »Heute gibt es keinen deutlichen stabilen Karrierepfad mehr, keine Regeln, auf die man sich berufen kann, um automatisch an sein Gehalt zu kommen. Es kommt darauf an, sich interessante und fordernde Aufgaben im Beruf zu suchen, die eigene Einzigartigkeit zu entwickeln und seine Fähigkeiten zu erweitern, anstatt sich auf Zufälle zu verlassen.«
Übersetzung: Eine horizontale Entwicklung auch um den Preis von Gehaltseinbußen ist viel besser, wenn man etwas erleben möchte, was die Neugier weckt und den eigenen Marktwert langfristig steigert. Auch hier gilt natürlich das Gebot, den Taktstock nicht aus der Hand zu geben. Vielleicht handelt es sich ja nur um die Wiederentdeckung einer alten Tugend: der Eigenständigkeit. Als weiteres Beispiel dazu fällt mir Tommy Lee Jones ein.
Schauspieler und Schauspielerinnen arbeiten in einer knallharten Branche. Sie wissen, daß auf lange Sicht nicht ihr Aussehen über den Erfolg entscheidet, sondern Verstand und Einfallsreichtum. »Seit ich erwachsen bin, verdiene ich mir meine Brötchen mit meiner Phantasie«, erzählte Jones, der Gewinner des Academy Award, der *Time.* Er fügte hinzu: »Ich hoffe, ich werde mich auch weiterhin jeden Tag weiterentwickeln.«

Das Zeitalter der Hausaufgaben

Die eigene Arbeit selbst zu erfinden verlangt Eigenständigkeit. Stillstand ist tödlich. Wer weiterkommen oder auch nur das Erreichte bewahren möchte, der muß sich durch kompromißlose Lernbereitschaft ständig verbessern. Wir leben, wenn man so will, im Zeitalter der Hausaufgaben.

Es ist bestimmt schon dreißig Jahre her, als ich eine Freundin in Cape Cod besuchte, deren Vater Chirurg war. Ich erinnere mich noch sehr genau an die Abende. Das Abendessen war gegen sieben zu Ende, und der alte Herr verschwand in seinem Arbeitszimmer, um sein Wissen für die bevorstehenden Operationen aufzufrischen. Ich war erschüttert. Wie die meisten meiner Altersgenossen träumte ich davon, daß es nach der High School oder zumindest nach dem College mit den ewigen Hausaufgaben endgültig vorbei sein würde.
Aber leider sind diese lang zurückliegenden Träume für viele zum allgegenwärtigen Alptraum geworden. Gelegentlich besucht man widerstrebend einen Fortbildungskurs des Unternehmens (fünf oder zehn Tage im Jahr). Und jeden Monat blättert man einige Zeitschriften durch. Damit hat sich der Fall. Bereitschaft zu ständigem Lernen? Ist passé. Spätestens seit man die Schule verlassen hat.
1994 und danach reicht eine beiläufige Auffassung zum ständigen Lernen nicht mehr. Sekretärinnen und Empfangskräfte, Software-Ingenieure und Kreditberater stecken bereits in einem weltweiten direkten Wettbewerb, und der Konkurrenzdruck wird sich in den kommenden Jahren noch weiter (exponentiell) erhöhen. Wer insbesondere in einem Hochlohnland die Nase vorn haben (und seinen hohen Lohn behalten) will, der muß sich ständig neue Fertigkeiten aneignen. Einfach gesagt, man muß schlauer werden (oder bleiben) als der Nächste, und das bedeutet, daß man ein Leben lang die Schule nicht verläßt.
Ein Seminarteilnehmer hat es so ausgedrückt: »Die Familie, die zusammen lernt, verdient auch zusammen.« Schön gesagt, vor allem aber auch sehr treffend. Wenn man Glück hat, kann man seine Hausaufgaben im Rahmen von Fortbildungsprogrammen des Unternehmens erledigen. Aber wenn nötig, muß man sie auch in Eigenregie bewältigen. In beiden Fällen ist der einzelne allein dafür verantwortlich, sich anspruchsvolle und meßbare Lernziele zu stecken und diese zu erreichen.
Nein! Denken wir zurück an den eingangs angesprochenen Gegensatz zwischen Wandel und Revolution. Auch die an-

»Meine einzige Karrierestrategie ist, vorauszuplanen, was ich bei jedem Job lernen kann.«
Véronique Vienne

Ausbildung ist Ökonomie, und Ökonomie ist Ausbildung.

spruchsvollsten Ziele zur Erweiterung eigener Fertigkeiten reichen alleine nicht aus. Das Programm jedes Lernwilligen sollte letzten Endes auf eine »Rundumerneuerung« alle vier bis sechs Jahre hinauslaufen. Jeder sollte sich sozusagen als Maschine mit einem vier- bis sechsjährigen Nutzwert sehen. Wer nicht zumindest die jährliche Wertminderung in den Erwerb neuer Fertigkeiten investiert, der versäumt es, sein Kapital zu erneuern.

Für Unternehmen bedeutet der Zwang zu ständigem Lernen, daß man die Ausbildung (ohne Rücksicht auf konventionelle Lehrmeinungen) als echte F&E-Investition betrachten sollte. Ein Beispiel, nur für den Anfang: Überprüfen Sie in Ihrem Unternehmen mit einem Vermögenswert von 3 Millionen oder 300 Millionen Mark den Ausbildungsetat genauso kritisch wie die Ausrüstungskosten und die traditionellen Formen der Forschung? Im heutigen verstandesorientierten Marktgeschehen ist die Ausbildung Ökonomie, und die Ökonomie ist Ausbildung. Das gilt für Staaten, für Städte, für Unternehmen, für Véronique Vienne. Es gilt für mich und für Sie.

Einige Leute und Unternehmen haben den Zusammenhang zwischen der Entwicklung von Fertigkeiten und den strategischen Notwendigkeiten genau begriffen. Andersen Consulting beispielsweise, der Zweig für Informationsdienstleistungen von Arthur Andersen, arbeitet ganz offenkundig in der Wissensbranche. Das Unternehmen gibt 6 Prozent seines Bruttoertrags für Ausbildung aus, und der Durchschnittsmitarbeiter drückt im Jahr 135 Stunden lang die Schulbank. Einhundertfünfunddreißig!

Nach meinem Dafürhalten arbeiten wir alle – vom Burger King bis zur Gentechnologie – in derselben Branche wie An-

Geben Sie sich mit weniger zufrieden als ...

dersen Consulting: professionelle Dienstleistungen. Wie schneiden demnach Ihre Ausbildungsausgaben im Vergleich zu denen von Andersen ab? Gute Frage, oder?

Wofür wollen Sie berühmt sein?

Aber auch ständige Hausaufgaben und regelmäßige Erneuerung gehen noch nicht weit genug, um den Véronique-Test zu bestehen. Heutzutage wird noch mehr verlangt.
Nehmen wir professionelle Dienstleistungsunternehmen. Man möchte annehmen, daß solche Firmen, die sich ausschließlich mit ihrem Wissen im Markt behaupten müssen, ein äußerst fruchtbarer Nährboden für die Entwicklung von Fähigkeiten sind. Nicht unbedingt, sagt David Maister, der wohl intimste Kenner dieser Branche. Auch von seinen Partnerunternehmen würde er nur 10 bis 20 Prozent als »Dynamos« bezeichnen, »die immer daran arbeiten, etwas Neues zu lernen ... und ihre Praxis kontinuierlich um neue und reizvolle Bereiche zu erweitern.« Abgesehen von einigen wenigen Inkompetenten sind seine restlichen Partner die »Aufrechten«, die »sich anstrengen, gute Arbeit leisten und ihre Kunden betreuen« – aber keine besonderen Talente vorweisen können. Was lernen wir daraus? Der langfristige Erfolg jedes professionellen Dienstleisters hängt fast ausschließlich davon ab, daß man zu mehr intellektuellen Wunderkindern – das heißt Dynamos – erfolgreiche Beziehungen unterhält als die Konkurrenz.
Maister setzt diese Erkenntnisse in ein individuelles Gesetz des Handelns um und betont, daß immer noch viel zu wenige Menschen auf eine Verbesserung ihrer marktfähigen Fertigkeiten erpicht sind. Dabei, so sagt er, sollten wir uns ständig mit Fragen wie den folgenden auf Trab halten: Wie steigere ich meinen Marktwert in diesem Jahr im Vergleich zum vori-

... dem Streben nach überragender Kompetenz?

gen? Welche neuen Fertigkeiten beabsichtige ich, im nächsten Jahr zu erwerben? Welche alten Fähigkeiten möchte ich erweitern? Wie sieht mein Strategieplan für, sagen wir, die nächsten drei Jahre aus?
Die entscheidende Frage für Maister lautet: »Wofür genau wollen Sie berühmt sein?«
Bestimmt keine Kleinigkeit, diese Frage zu beantworten.

Überragende Kompetenz

Das ist der vor uns liegende Weg, und mit jedem Schritt erhöht sich der Einsatz.
Viel zu viele der älteren (und noch nicht so alten) Geschäftsleute, denen ich begegne, haben den Drang nach ständigem Lernen und nach einem damit einhergehenden Phänomen verloren: der überragenden Kompetenz.
Überragende Kompetenz? Ich erinnere mich noch an ein eindringliches Beispiel vor mehreren Jahren. Ein alter Freund (damals Manager bei Xerox) und ich saßen im New Yorker Oak Hill-Golfplatz auf einem Hügel, von dem aus man das siebzehnte Loch beobachten konnte. Wir sahen den Golfprofis beim Spielen zu. Einer von ihnen zeichnete sich besonders aus. Nach seinem ersten Schlag wartete er einen Augenblick, maß den Platz mit Blicken und machte dann mehrere Übungsschwünge. Wahrscheinlich überlegte er sich die Spielrunden der nächsten zwei Tage. Wer war dieser einsame Ranger? Der ewige Golfstudent Arnold Palmer.
Aber der Auslöser für meine Hinwendung zur überragenden Kompetenz war nicht dieser Nachmittag auf dem Golfplatz. Es war Gita Mehtas 1993 erschienener Roman *A River Sutra.* Eine der Figuren des Buchs, ein Meistermusiker, erklärt sich widerstrebend bereit, seine Tochter zu unterrichten. Sie erzählt über diese Erfahrung:

> Meine erste Musiklektion erstreckte sich über mehrere Monate. Während all dieser Zeit durfte ich kein Instrument berühren... Auf sein Geheiß setzte ich mich abends neben meinen Vater, wenn sich die Vögel in den Bäumen niederließen. »Hör zu«, sagte er. Seine

Stimme war fast so leise wie bei einem Gebet. »Hör, wie die Vögel singen. Hörst du die halben Noten und Mikrotöne aus ihren Kehlen? ... Hast du bemerkt, daß dieses Lied mit einem einzelnen Ton endete, als der Vogel landete? So müssen die großen Ragas enden – mit den Schwingungen eines einzigen Tons in der Luft ...«
Es dauerte ein ganzes Jahr, ehe mir mein Vater erlaubte, die Vina auf den Schoß zu nehmen ... Jeden Morgen, Monat für Monat, ließ er mich immer wieder die Skalen spielen. Eine Hand bewegte sich auf den Bünden auf und ab, die andere zupfte die Saiten, bis meine Finger bluteten ... Fünf Jahre war ich jetzt schon die Schülerin meines Vaters. Endlich hielt er mich für fähig, mit dem Spiel einer Raga zu beginnen ...

Sehen wir uns im Gegensatz zur Erzählung dieser Schülerin die gewöhnliche Ausbildungspraxis im Wirtschaftsleben 1994 an. Fangen wir bei der Universität an. Amerikanische Business Schools sind der Auffassung, sie bieten in 18 Monaten einen umfangreichen Lehrstoff. Tatsache ist jedoch, daß diese Hochburgen professioneller Ausbildung trotz einiger Spezialkurse im zweiten Jahr Dilettanten ins Berufsleben schicken, die zwar über ein akzeptables technisches Vokabular, aber kaum über tiefer reichendes Wissen verfügen, und zudem aufgrund der zentralen Bedeutung der Jobsuche für ständiges Lernen und echtes Können nur wenig übrig haben.
Auch bei der Arbeit finden sie keinen Geschmack daran. Gewöhnlich wird als Entschuldigung hierfür die fürchterliche Hetze des Geschäftslebens angeführt. Es bleibt keine Zeit, um singenden Vögeln zuzuhören und um eine Meisterschaft zu erreichen, wie sie Mehtas Roman schildert.
Oder doch?
Carl Sewell, der Superstar unter den amerikanischen Autohändlern, reist überall hin und spricht mit jedem, um etwas Neues über Kundendienst zu lernen. Der erfolgreiche Wurstfabrikant Ralph Stayer hat sich jahrzehntelang mit Fragen des Delegierens befaßt. Gleiches gilt für Roger Enrico von PepsiCo und Marketing sowie für Jack Welch von General Electric und Geschäftsstrategie. Dann hätten wir noch den achtundsiebzigjährigen Roger Milliken, der

Ohnmacht ist eine Geisteshaltung. Wer sich für machtlos hält, ist es auch.

seit einem halben Jahrhundert seinem Unternehmen Milliken and Co. vorsteht. Roger ist der Arnold Palmer der Textilbranche und ein passionierter Student. Von Anfang an hat er unablässig das Feld der Fertigungstechnik erforscht, wie man den hervorragenden Leistungen seines Unternehmens in der Fertigung unschwer entnehmen kann. In den späten siebziger Jahren befaßte er sich mit Qualität und kniete sich hinein, bis er den Ansatz beherrschte. Als nächstes kam die Kundenzufriedenheit. Ewiges Studieren lautet Millikens Wahlspruch. Überragende Kompetenz heißt sein Spiel.

Diese Ausnahmen bestätigen, wie es so schön heißt, die Regel. Nach Gesprächen mit Sewell und vor allem Milliken dreht sich mir der Kopf, und ich weiß, daß ich soeben unschätzbare Dinge gelernt habe (und daß man mir gründlich auf den Zahn gefühlt hat, um Nützliches zu erfahren). Aber ich weiß auch, wie weit jenseits der Norm sich diese Gespräche bewegen.

Die Lektion der Sewells und Millikens läßt sich wohl nicht so leicht verdauen, doch jeder, ob Business School-Absolvent, aufstrebender Marketingmanager oder Vorstandsvorsitzender, muß sich fragen: Bin ich auf dem Weg zu überragender Kompetenz, die zum Ausgangspunkt für sensationelle Schritte in meiner Branche werden kann? Wenn nicht, was will ich dagegen unternehmen? (Und wann fange ich damit an?)

Sehen Sie sich als Vorstandsvorsitzender doch einmal die Leiter ihrer Geschäfts- und Funktionsbereiche und deren Mitarbeiter an. Sie bringen »gute Leistungen«, sicherlich. Aber sind sie auch die von Maister erwähnten Dynamos, steuern sie auf überragende Kompetenz zu? Wenn nicht, was wollen Sie/sie dagegen unternehmen?

In einem Zeitalter ausschließlich geistiger Werte sollte man sich dringend den Kopf darüber zerbrechen, ob man sich

> **»Man muß an seine absolute Autorität glauben.«**
>
> *Richard Perle*

einen satten Anteil an der Generation künftiger Spitzentalente (die nach überragender Kompetenz streben) gesichert hat. Habe ich recht?

Wie umfangreich ist Ihr Netzwerk?

Das Beziehungsnetz pflegen. Zusammen mit der Erarbeitung (der Bewahrung und der Erweiterung) nennenswerter marktfähiger Fertigkeiten steht diese endlose Aufgabe ganz oben auf der Liste der Pflichten eines klugen selbständigen Auftragnehmers – und auch auf der aller anderen.

Ein Kollege, der das Lehrprogramm für Manager einer führenden Business School leitet, klagt über die Ängstlichkeit der meisten leitenden Manager, die durch seine Portale gehen. »Sie sollten sich im Hinblick auf die Sicherheit ihrer Karriere mehr auf ein umfangreiches Netzwerk verlassen. Dann hätten sie auch den Mut, in ihrem Unternehmen regelmäßig Veränderungen auszulösen.« Wer keine großen Risiken eingeht, geht das größte Risiko überhaupt ein, fügte er abschließend hinzu.

Es ist nicht falsch, nach Sicherheit zu streben. Jeder Mensch braucht sie. Aber die Sicherheit (oder ihr Fehlen) wird sich für den einzelnen in Zukunft nicht mehr aus einem Unternehmen ergeben, sondern aus der wachsenden (oder sinkenden) Zahl externer Kontakte.

Wie wär's also mit einer neuen Form von höherer Mathematik? Sicherheit ist direkt proportional zu 1. dem Umfang des Netzwerks; 2. der Ausdehnungsgeschwindigkeit des Netzwerks; 3. dem Anteil an Netzkontakten außerhalb des Unternehmens; und 4. dem Aufwand für die Pflege des Netzwerks.

Ohnmacht ist eine Geisteshaltung

Hausaufgaben, überragende Kompetenz. Beides zwingende Bestandteile einer unabhängigen Denkweise. Pflege des Netzwerks. Ein weiteres Muß. Danach kommt ein weiterer, mit Regeln nicht greifbarer Punkt: die Einstellung des einzelnen.

Schon lange ärgere ich mich über Mittelmanager und Stabsmitarbeiter, die mir vorjammern, wie schwer sie es haben. Sie sind, so sagen sie, praktisch an den Schreibtisch gebunden, weil ihre diktatorischen Chefs jederzeit nach ihnen rufen könnten. Sie würden sich liebend gerne mehr entfalten, aber sie können es nicht. »Völliger Quatsch«, bemerkt zu diesem Lamento Richard Perle, Angehöriger des Pentagonstabs unter Ronald Reagan.

»Es stellt sich immer die Frage, wieviel Autorität man hat. Die Antwort«, so Perle, »ist einfach: Man muß an seine absolute Autorität glauben, bis man von jemand anderem eines Besseren belehrt und davon abgebracht wird. Denn wenn man seine Autorität, seine Handlungsfreiheit nicht aus sich selbst, sondern aus zweiter Hand schöpft, dann hat man nicht viel Spaß und bringt auch nichts zuwege.«

Joe Key verschwendete keinen Gedanken daran, daß er nur Fregattenkapitän war.

»Ich selbst«, fährt Perle fort, »nahm immer für mich in Anspruch, daß ich die Autorität habe, Entscheidungen zu treffen und auszuführen bis zu dem Moment, in dem mir jemand das Gegenteil beweist. Und es ist erstaunlich, wieviel man sich leisten kann, wie viele Leute sich stillschweigend fügen, wenn man entschlossen auftritt und weiß, was man tut.«

Perle trifft den Nagel auf den Kopf. Das wurde mir klar, als ich mich an meinen ehemaligen Chef Joe Key erinnerte.

1968 wurde ich in das Pentagon berufen und arbeitete für Fregattenkapitän Key. In diesem Gebäude sind Fregattenkapitäne allerdings nichts Besonderes, sie rangieren erst unter

»ferner liefen«. Trotzdem setzte Joe vieles durch, und zwar ohne großes Aufsehen. Jahrelang fragte ich mich, wo der Schlüssel zu Joes Erfolg lag.

Als ich jetzt Perles Äußerungen las, fiel es mir wie Schuppen von den Augen. Es mag zwar einfältig klingen, aber Joe Key verschwendete keinen Gedanken daran, daß er nur Fregattenkapitän war. Joe hielt sich praktisch für einen Admiral, der sich um den dicken goldenen Streifen am Ärmel noch nicht gekümmert hatte.

Joe kannte keine Furcht. Er rannte schnurstracks ins Büro eines Admirals, wenn ihm eine Frage auf der Zunge brannte. Und der verdatterte Admiral (der sich schon seit Jahren nicht mehr mit Fregattenkapitänen abgegeben hatte) gab ihm die gewünschte Auskunft. Joe lud jeden Admiralsadjutanten, dessen er habhaft werden konnte, zum Mittagessen ein, oder zumindest hatte es diesen Anschein. Joe kannte jeden. Seine Drähte führten überall hin. Und wenn etwas schnell erledigt werden mußte, dann griff er auf sein Netzwerk zurück.

Joe war couragiert, unvergleichlich im Knüpfen von Beziehungen und verfügte über eines der umfangreichsten Netzwerke innerhalb des berühmten fünfseitigen Gebäudes mit seinen 23 000 Mitarbeitern. Machtlos? Daß ich nicht lache. Der Papierform nach war Joe Key völlig unbedeutend, aber in Wirklichkeit übte er mehr Einfluß aus als die meisten anderen Chefs, mit denen ich das Vergnügen hatte. Seit dieser Zeit habe ich keine Sympathie mehr für Leute, die »in der Mitte gefangen« sind und über ihre »Ohnmacht« klagen.

Was zeichnet nun die Herren Perle und Key so sehr aus? Gute Frage. Sinn für Humor und Spaß am Absurden können einem nominell machtlosen Menschen dazu verhelfen, sich zu benehmen wie jemand mit großem Einfluß. Vielleicht sind diese Charakterzüge sogar entscheidend. Wenn man sich selbst nicht zu ernst nimmt und sich über die eigentümliche Natur der Menschen, ob nun einzeln oder in Gruppen, immer amüsieren kann, hat man auch eher den Mut, alles Mögliche auszuprobieren, und man hat keine Angst davor, sich zum Narren zu machen. (Schließlich geht es doch überall auf der Welt reichlich närrisch zu. Weshalb sollte man sich da nicht lustvoll ins Geschehen stürzen?) Kurz und bündig: Ohnmacht ist eine Geisteshaltung. Wer sich für machtlos hält, ist es auch.

Die abhängige Gesellschaft stirbt

Ob es nun schwer oder leicht fällt, die eigene Ohnmacht abzuschütteln, diese Frage stellt sich leider gar nicht mehr. Man hat gar keine andere Wahl. Ohnmacht ist fehl am Platz in einer Welt, in der ein Energieausfall von der Dauer einer Nanosekunde zu einem kommerziellen Chaos führen kann.
»Das Leben wird vielleicht aufregender sein, aber auch beängstigender«, schreibt Mary Arm Sieghart in der Londoner *Times*. »Die abhängige Gesellschaft stirbt, die unabhängige Gesellschaft tritt an ihre Stelle.« Ja, es ist eine schöne, aber auch eine kühne neue Welt, in der wir leben. Der Sozialvertrag ist aufgekündigt – zumindest derjenige, den die Generation der Fünfzigjährigen und ihre Eltern unterschrieben haben. Damals trat man mit achtzehn oder zwanzig bei General Electric oder General Motors ein, blieb die nächsten vierzig Jahre (die letzten fünfzehn mußte man sich kein Bein mehr ausreißen) und ging dann mit einer Golduhr und einer angemessenen Rente in Pension.
Vergessen Sie diesen Vertrag, er gilt nicht mehr. Mein Dad arbeitete 41 Jahre lang ausschließlich für die Baltimore Gas & Electric Company. Das erschien mir völlig normal. Ich selbst war seit meinem Collegeabschluß für vier Arbeitgeber tätig. Und das erschien mir ziemlich ungewöhnlich. Doch jetzt meinen mein Stiefsohn und seine Generation (die Mittzwanziger), daß man alle paar Jahre den Job wechseln sollte, um Erfolg zu haben. (Viele Arbeitgeber, zumindest an Orten wie Silicon Valley, zeigen schon Bedenken, wenn Bewerber – auch jüngere – nicht bereits mehrere Jobs hinter sich haben. Was ist denn los? Keine Risikofreude? Keine Power?)

In seiner Autobiographie *Meine Karriere bei PepsiCo und Apple* beschreibt der frühere Apple-Chef John Sculley auf treffende Weise das, was ich gerne als »neue Loyalität« bezeichne. Kurz zusammengefaßt sagt er in etwa folgendes: Apple kann Ihnen keinen Arbeitsplatz auf Lebenszeit versprechen. Nicht einmal einen für fünf oder zehn Jahre. Vielleicht nicht einmal für zwei Jahre. Aber Apple kann Ihnen sehr wohl versprechen, daß Sie, ob Sie nun drei oder sechs Monate, sechs Jahre oder, so unwahrscheinlich es klingt, sechzehn Jahre bei uns sind, ständig lernen und ständig gefordert sein werden. Am Ende werden Sie im lokalen oder weltweiten Arbeitsmarkt garantiert besser dastehen, als dies der Fall gewesen wäre, wenn Sie nicht für uns gearbeitet hätten.

Ein gutes Geschäft, wie mir scheint. Damit bin ich am Zuge. Ich bewege mich im Kreise interessanter Kollegen und muß mich laufend neuen Herausforderungen stellen. Also muß ich meine Chance nutzen und etwas lernen. Wertvoll werden. Oder die Konsequenzen tragen. Ich hänge nicht von klugen Maßnahmen meines Chefs ab, sei es nun John Sculley von Apple oder Jack Smith von General Motors. Meine eigentliche Sicherheit und mein höheres Einkommen hängen ab von meiner Initiative und meinem Wissensdurst. Es ist meine Arbeit (und mein Leben), und ich übernehme die Verantwortung dafür.

Die Nostalgie macht mir Sorgen. Zu viele Menschen denken an die Jobs in den Großunternehmen zurück wie an ein verlorenes Paradies. Aber Sie können mir glauben: Die Arbeit dort war bestimmt kein Honiglecken. Ich habe Ben Hampers Buch *Rivethead* über das Leben »im Büro« (in diesem Fall Fließbandarbeit bei General Motors) gelesen. Ich persönlich hätte keine große Lust darauf. Und ehrlich gesagt, glaube ich auch nicht, daß mein Vater es so besonders gut getroffen hat. Er war ein un-

Man muß handeln. Die Dinge ins Rollen bringen. Zögern ist tödlich.

gewöhnlicher Mensch – gescheit, einnehmend –, aber ich bezweifle, daß er sich in den 41 Jahren Arbeit sehr weit entwickelt hat. Wenn er der Sense (eines Percy Barnevik) zum Opfer gefallen wäre, wäre er nach fünfundzwanzig Jahren auf seinem Posten nicht besser auf den Arbeitsmarkt vorbereitet gewesen als nach drei Jahren. Und das ist ein recht verschwenderischer Umgang mit der eigenen Lebenszeit.

Eine neue Persönlichkeit?

Es geht um nicht weniger als um die Vorstellung einer regelmäßigen horizontalen Weiterentwicklung. Die »Karriereleiter« ist ein gefährliches Bild, weil es erkennbare, lineare Richtungen voraussetzt. Nach oben heißt gewinnen. Alles andere heißt verlieren. Eine Karriere heute bedeutet, daß man herumspringt, nach oben, zur Seite – und manchmal auch nach unten. Aber dabei immer nach einer neuen Lernerfahrung greift, die einem die Entwicklung, Pflege oder Erweiterung vorhandener Fertigkeiten, des Netzwerks und letztlich des eigenen Konkurrenzvorteils im Arbeitsmarkt gestattet.

Mittlerweile haben Sie es wohl schon gemerkt: Für mich überwiegen bei dieser Geschichte bei weitem die positiven Aspekte. Aber das heißt nicht, daß die Umstellung leicht fällt. Entweder man wächst, oder man fällt zurück – möglicherweise gerät man sogar aufs Abstellgleis. Früher rackerten sich die Leute zwischen zwanzig und vierzig ab. Wenn sie mit spätestens fünfundvierzig keine Aussicht auf einen der zehn höchsten Posten in der Firma hatten, konnten sie es langsamer angehen lassen. Allmählich richteten sie dann ihre Energie immer mehr auf Aktivitäten außerhalb der Arbeit. Nur die Zeit zwischen neun und fünf mußte man noch irgendwie herumbringen.

Wahrscheinlich muß man mit siebenundfünfzig physisch nicht mehr so aktiv sein wie mit siebenundzwanzig – das heißt jedoch nicht, daß man sich nicht mehr weiterentwickeln muß. Wenn überhaupt, dann wird der Druck noch

Lernpensum

- ✔ Vollzeit-Resümee-Entwicklung für alle (ein Instrument für Mitarbeiter, aber auch für Chefs)
- ✔ Selbständig denken
- ✔ Zeitalter der Hausaufgaben/Rundumerneuerung
- ✔ »Wofür wollen Sie berühmt sein?«/Überragende Kompetenz
- ✔ Das Netzwerk ausbauen
- ✔ Ohnmacht ist eine Geisteshaltung (Joe weiß Bescheid)
- ✔ Ausbildung als F&E (und 6 Prozent des Bruttoertrags)
- ✔ Neue Loyalität; nichtlineare, opportunistische Karrieren
- ✔ Unsicherheit lieben lernen
- ✔ Persönliche Erneuerung (das Dogma von Tommy Lee Jones)

größer, weil die neuen Wendungen immer unberechenbarer und beschwerlicher werden. Aber wir können uns unsere Leistungsfähigkeit erhalten – so wie der alternde Sportler, der seine Profikarriere durch List, Routine und Fleiß um fünf bis zehn Jahre verlängert. Sich bis ins Rentenalter für die eigene Arbeit stark zu engagieren, klingt vielleicht beunruhigend, sichert einem jedoch auf lange Sicht sehr viel eher die geistige Frische und Gesundheit – ganz zu schweigen vom finanziellen Auskommen – als sich auszuruhen.

Die seltsame neue Welt verlangt uns womöglich sogar eine Veränderung der Persönlichkeit ab. Der Psychologe Kenneth Gergen jedenfalls glaubt, daß in einer rasch sich verändernden Gesellschaft das traditionelle Ideal einer festen Identität zur Einschränkung und vielfach auch zur Behinderung wird. Dies berichtet der Politologe Walter Truett Anderson in der Zeitschrift *Utne Reader.* Nach Gergens Überzeugung haben Menschen, die »Elastizität« beweisen, ein gesünderes und erfüllteres Leben. Das Rennen geht daher an die sogenannten labilen Persönlichkeiten, die am Morgen verschiedenfarbige Socken anziehen und instabile, unsichere Situationen voll auskosten. Wie bitte?!

Gefragt – getan

1. Wie stellen Sie sich als Stabsmitarbeiter oder Mittelmanager den sechs Resümee-Fragen? Was zeigt Ihr Resümee-Barometer am – heutigen – Arbeitstag an? Bringen Sie Ihr Resümee jeden 30. Juni und 31. Dezember auf den neuesten Stand – ohne Wenn und Aber und für immer.
2. Chefs: Sorgen Sie dafür, daß Ihre Mitarbeiter ihre Resümees (einschließlich Kundenlisten) alle drei oder sechs Monate auf den neuesten Stand bringen. Machen Sie den Prozeß der Erstellung und Überprüfung des Resümees zu Ihrem entscheidenden Managementinstrument, verzichten Sie auf zielgesteuerte Führung und vielleicht auch auf Ihre bestehende Leistungsbeurteilung. (Sie könnten zum Beispiel einen Outplacement-Berater hinzuziehen, der etwas vom Arbeitsmarktwert versteht. Ich meine es ernst.) Stellen Sie den Prozeß teilweise auf eine öffentliche Plattform. Von solch einer Konstellation profitieren alle: je mehr Lob von Kundenseite und je mehr Fertigkeiten, desto besser.
3. Was genau haben Sie in den letzten drei, sechs, zwölf, achtzehn Monaten gelernt? (Beweisen Sie es – zumindest sich selbst.) Besuchen Sie zur Zeit Schulungskurse des Unternehmens oder andere? Wenn nicht, warum nicht? Haben Sie ein persönliches Programm zur Entwicklung Ihrer Fertigkeiten? Für Chefs: Engagiert sich jeder Mitarbeiter für ein selbst gestaltetes Lernprogramm mit spezifischen Zielen, das mindestens zweimal pro Jahr überprüft wird? Ist das Endprodukt »Verbesserung« oder Selbsterneuerung? (Wenn letzteres, sind Sie wirklich sicher?) Sind Sie auf dem besten Wege zu überragender Kompetenz?
4. Wie gut schneidet Ihr Unternehmen im MCI-Test ab? (Den eigenen Job selbst gestalten; nicht auf Entscheidungsträger warten; ohne Anweisungen handeln; »Zögern ist tödlich«.)
5. Vorstandsvorsitzende: Beauftragen Sie eine Personalagentur damit, Ihre Ressortleiter und andere Mitarbeiter in Schlüsselpositionen auf ihren Marktwert zu taxieren. Legen Sie diese externe Einschätzung Ihrer Jahresbeurteilung zugrunde.

6. Richten Sie Ihr Augenmerk auf das Netzwerk. Halten Sie »Beziehungsarbeit« für »Wischiwaschi« – oder verwenden Sie sehr viel Zeit darauf? Wächst Ihre Liste von Kontakten nach innen und vor allem nach außen Monat für Monat? Verfügen Sie über eine planvolle Methode, um auf Tuchfühlung zu bleiben? (Manche Computerprogramme können hier sehr hilfreich sein.)
7. Spornen Sie die Mittelmanager und Stabsmitarbeiter zu Diskussionen darüber an, was sie unter Ohnmacht verstehen und was sie dagegen unternehmen können. Vergleichen Sie sich selbst mit Kollegen, die sich nicht machtlos fühlen: Achten Sie auf den Unterschied, falls es einen gibt. (Denken Sie an die zwei Definitionen von Eigeninitiative bei Bell Labs.)
8. Ziehen Sie als Angestellter eines Unternehmens einen Karriereschritt zur Seite (oder nach unten) in Betracht, um etwas Neues und Besonderes zu lernen? Um mit cleveren Leuten zusammenzuarbeiten? Um sich in eine ungebundene Konstellation zu begeben, in der Sie sich einer Herausforderung direkt (und ohne die Möglichkeit, den Folgen Ihrer Handlungen auszuweichen) stellen müssen? Erscheint Ihnen diese Vorstellung unerquicklich oder attraktiv? Treffen Sie sich offiziell oder inoffiziell mit Kollegen und sprechen Sie darüber.

Was genau habe Sie in den letzten drei, sechs, zwölf, achtzehn Monaten gelernt? (Beweisen Sie es.)

Sie sind so gut wie Ihr Netzwerk, Ihr Drang nach überragender Kompetenz, Ihr Streben nach Gestaltung der eigenen Arbeit und nach Überwindung der Ohnmacht, Ihr Mut zur Entscheidung für aufregende Aufgaben, die ein Abweichen vom geraden Karriereweg verlangen. Dieses Drehbuch schreibt ein verdrehter Markt, in dem weder Menschen noch Unternehmen länger als ein paar Nanosekunden stillhalten. *Eine ebenso erschreckende wie befreiende Erkenntnis.*

5. KAPITEL

Jenseits der Desintegration

Das Unternehmen als Netzwerk

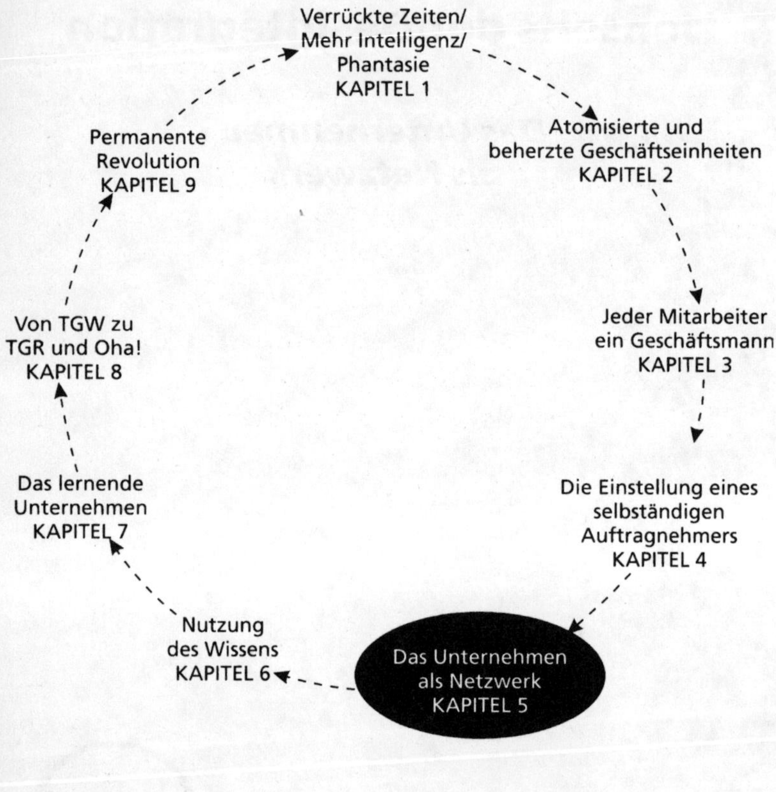
Verrückte Zeiten/
Mehr Intelligenz/
Phantasie
KAPITEL 1
Atomisierte und
beherzte Geschäftseinheiten
KAPITEL 2
Jeder Mitarbeiter
ein Geschäftsmann
KAPITEL 3
Die Einstellung eines
selbständigen
Auftragnehmers
KAPITEL 4
Das Unternehmen
als Netzwerk
KAPITEL 5
Nutzung
des Wissens
KAPITEL 6
Das lernende
Unternehmen
KAPITEL 7
Von TGW zu
TGR und Oha!
KAPITEL 8
Permanente
Revolution
KAPITEL 9

Atomisierung und Unabhängigkeit und Selbsterneuerung sind notwendig, um mit raschem Wandel umzugehen. So lautet unsere bisherige Botschaft an Unternehmen und einzelne. Doch gegen Ende des letzten Kapitels haben wir die Idee einer neuen Abhängigkeit eingeführt: einer Loyalität, die nicht mehr dem Unternehmen gilt, sondern dem eigenen Netzwerk. Diese Vorstellung wollen wir im folgenden weiterentwickeln. Es soll hier nicht behauptet werden, daß zwei Leute in einer Garage die Arbeit der Zukunft bewältigen können. *Es geht um die blitzschnelle Schaffung eines Unternehmensnetzwerks, sprich, die Zusammenziehung der fähigsten Kräfte zur Ausnutzung einer Marktchance.* Nennen wir es das Unternehmen als Netzwerk.

»Die schwerfälligen Bürokratien dieses Jahrhunderts werden durch fließende, interdependente Gruppen von Problemlösern ersetzt ...«

Steve Truett und Tom Barrett

Blitznetzwerke

Die »Kleeblatt-Organisation«, eine Begriffsprägung des findigen britischen Unternehmensberaters Charles Handy aus dem Jahre 1989, sollte uns zu denken geben. Ein kleiner Kern von festangestellten Stabsmitarbeitern macht – als Hüter der Kernkompetenz – einen Teil des Kleeblatts aus. Den zweiten bilden Spezialisten und selbständige Auftragnehmer, an die ein Großteil der Arbeit des Unternehmens vergeben wird. Die Dritten im Bunde sind die Teilzeit- und Aushilfskräfte, die den Rest der Arbeit übernehmen. Diese Einzelteile fügen sich zur »glücklichen« Konstellation eines Kleeblatts zusammen.

Handys Worte waren prophetisch.
Denken wir daran, daß Nintendo 1992 mit nur 892 Mitarbeitern einen Umsatz von 5,5 Milliarden Dollar und einen Gewinn vor Steuern von 1,3 Milliarden erzielt hat. Das sind mehr als 6 Millionen Umsatz pro Mitarbeiter. (Die *Gewinne* von rund 1,5 Millionen pro Mitarbeiter liegen ungefähr dreimal so hoch wie der relativ hohe Umsatz pro Mitarbeiter bei Apple.) Nintendo behält sich die meisten wesentlichen Funktionen im Entwicklungs- und Marketingmanagement vor, vergibt aber praktisch alles andere an Partner und Lizenznehmer.
Willkommen im Zeitalter vernetzter Organisationen – was immer das auch heißen mag. Und was *heißt* es? Das kommt darauf an.

Das Unternehmen als Netzwerk

In den Kapiteln 2, 3 und 4 haben wir die Unternehmen in kleine, unabhängige Einheiten mit eigenem Charakter aufgespalten und den gesamten Überbau abgeschafft. Sodann haben wir uns vorgestellt, daß alle zu de facto selbständigen Geschäftsleuten (auf der Gehaltsliste des Unternehmens) werden und ihre Arbeit selbst gestalten. Nun wollen wir darangehen, die zerschlagenen Unternehmen und die selbständigen Geister wieder zusammenzusetzen – aber nicht mehr als vertikale Monolithen und nicht mehr mit Jahr für Jahr unveränderlichen Arbeitsplätzen auf Lebenszeit.
Aber ist es nicht völlig ausgeschlossen, daß ein Unternehmen mit Minieinheiten von zwei, fünf, zehn, fünfzig oder selbst hundertfünfzig Mitarbeitern den Markt für Mikrochips oder Kartoffelchips beherrscht? So ausgeschlossen ist das gar nicht. Manchmal ist so etwas möglich, manchmal nicht. In jedem Fall muß man die erforderlichen Spezialressourcen zusammenbinden, um den beabsichtigten Geschäftszweck zu erreichen. Solch ein Zusammenschluß von Kräften ist vonnöten, um dieses Buch herzustellen, um einen Damm zu bauen oder um die neue Boeing 777 zu entwickeln.
O ja, es ist immer noch genauso wichtig wie früher, für einen bestimmten Zweck die richtigen Ressourcen zusammenzuführen. Nur bedeutet es nicht mehr, daß man sich an die Angehörigen verschiedener Funktionsbereiche innerhalb einer festen Organisation wenden muß, sondern daß man sich mit den besten Kräften weltweit kurzschließt – und zwar blitzschnell. Und bei der nächsten sich bietenden Marktgelegenheit beginnt das gleiche Spiel von vorne, aber diesmal mit einem anderen »einmaligen« Netzwerk.

> **»Für mich wäre es völlig sinnlos, Mitarbeiter zu haben.«**
> *Brenda Brimage*

In Kapitel 4 haben wir die Netzwerkmacht für den einzelnen angepriesen. Er oder sie wäre gut beraten, die Abhängigkeit

von den Vereinigten Motorenwerken, Stahlblau oder Dingsda & Co. zu vergessen.
Die neue Eigenständigkeit (überragende Kompetenz, ob als Portier oder als Programmierer) erfordert auch eine neue Loyalität – Loyalität gegenüber den Angehörigen des eigenen Netzwerks.
Wenn in diesen stürmischen Zeiten ein üppiges und gut gepflegtes Netzwerk entscheidend ist für das Überleben des einzelnen, dann gilt dies natürlich auch für Unternehmen. Sie müssen gute Arbeit in ihrem Bereich leisten (überragende Kompetenz des einzelnen, überragende Kernkompetenz des Unternehmens), und sie brauchen starke und funktionierende Netzwerke (Kandidaten und Managementfertigkeiten für Allianzen). Könnte das Unternehmen als Netzwerk zum passenden Bild für das Wirtschaftsgeschehen werden?

Stellenangebot 1994

Das Unternehmen als Netzwerk? Erscheint Ihnen weit hergeholt? Offen gestanden, erging es mir genauso – bis ich auf folgende Anzeige stieß:

> D. L. Boone & Company, eines der ersten »virtuellen Unternehmen«, bietet System-, Technik- und Managementfachberatern eine Alternative oder Ergänzung zur Anstellung in einem Unternehmen oder zum »Ein-Mann-Unternehmen«. Assoziierte Berater, die Angehörigen des professionellen Dienstleistungsnetzwerks unseres Unternehmens, erhalten neben den marktüblichen Bezügen eine 33prozentige Kommission für die Werbung technischer Kräfte, eine 5prozentige Gebühr für Auftragsakquisitionen und eine jährliche Gewinnbeteiligung. Bewerber sollten einen höheren akademischen Abschluß (Master of Business Administration oder Master of Science) in einem relevanten Fach, einen technischen Abschluß und zwei Jahre praktische (fachliche oder technische) Berufserfahrung oder aber einen niedrigeren Abschluß (Bachelor of Arts oder Bachelor of Science) und fünf Jahre praktische Berufserfahrung vorweisen können. Auch neuere Hochschulabsolventen mit außergewöhnlichen akademischen Referenzen und vorzugsweise Praktikantenerfahrung können sich aussichtsreich bewerben. Wir bereiten uns derzeit auf Entwicklungsprojekte in

nächster Zukunft vor, unter anderem ein Joint-Venture mit einem führenden Revisions- und Beratungsunternehmen. Ihre Bewerbungsunterlagen mit Lebenslauf, Unternehmensüberblick und einer Aufstellung der Leistungen Ihres Unternehmens bis zum September 1993 schicken Sie per E-Mail an DLBoone.

Oh, habe ich schon erwähnt, daß ich auf diese Anzeige im Mercury Center (der Online-Fassung der *San Jose Mercury News)* gestoßen bin? Verstehen Sie, was ich meine?

Dekonstruieren, rekonstruieren

Ob in der Biotechnologie oder in einem Reiseunternehmen – Arbeit ist heute völlig unberechenbar. Die »Organisation«, die die Arbeit macht – Kleeblatt, Netzwerk, virtuelles Unternehmen, Spinnennetz, Kaleidoskop: der Name spielt keine Rolle – wird ganz anders aussehen als ihre Vorgängerin. Im wesentlichen wird es sich um kurzfristige Zusammenschlüsse handeln – selbständige Auftragnehmer, Bruchstücke von Unternehmern hier und dort –, die sich auf eine Marktlücke stürzen. Danach wird sich die »Organisation« wieder auflösen und vermutlich auch nie wieder in genau derselben Form auftreten.

Nehmen wir als Beispiel Brenda Brimage. Das von ihr geleitete Unternehmen B&B Communications West stellt Mathematiklehrbücher her. »Für mich wäre es völlig sinnlos, Mitarbeiter zu haben«, erzählte Brimage im Juni 1993 dem Magazin *Success.* »Ich weiß nie, welche Projekte ich als nächstes anpacke.« Dann haben wir Rick Smolan, der für das außerordentlich erfolgreiche Phänomen *Day in the Life of* (Ein Tag im Leben von) (Bücher und ähnliches) verantwortlich ist. Die Zahl seiner Mitarbeiter stieg auf achtzehn an, dann hatte er von Verwaltungsarbeiten die Nase voll und verkaufte an Rupert Murdoch. Bald darauf gründete er ein Unternehmen mit dem treffenden Namen *Against All Odds Productions* (Chancenlos-Produktion). Er und zwei Assistenten sind die einzigen Vollzeitkräfte, aber die Palette von Projekten des Unternehmens ist wahrhaft atemberaubend:

angefangen von der Produktion von Buchbestsellern bis hin zur Realisierung eines der ersten erfolgreichen Multimedia-Produkte (»From Alice to Ocean«). Smolan zieht je nach Bedarf Partner zusammen (Großunternehmen wie Apple und Kodak, aber auch selbständige Auftragnehmer wie die vielen professionellen Fotografen, die die *Day in the Life*-Serie fotografierten) und überläßt die Arbeit dem so entstandenen Netzwerk. Smolan ist der Harold Geneen der neunziger Jahre. Er stellt auf völlig neuartige Weise Konglomerate zusammen und wickelt mit Hilfe dieser befristeten Partnerschaften zahlreiche Projekte gleichzeitig ab. »Ich habe mich bewußt dafür entschieden, alles nach außen zu vergeben und mit meinen Freunden zusammenzuarbeiten, von denen viele selbständige Auftragnehmer sind«, erzählte er uns. Klingt doch aufregend, oder?

Auch die Anwälte Robert Esperti und Renno Peterson, die nach Angaben des Karriereberaters Bill Charland eine gutgehende Liegenschaftskanzlei vor den Toren von Denver hatten, entschlossen sich zu einem ungewöhnlichen Schritt. Esperti wollte nämlich in Wyoming wohnen und Peterson in Florida. Also zogen sie nach Jackson Hole beziehungsweise Sarasota, ließen die Kanzlei jedoch dank elektronischer Netzwerktechnik intakt.

Dann gingen sie noch weiter und gründeten das rein elektronische National Network of Estate Planning Attorneys (Nationales Netz für Liegenschaftsanwälte). Mittlerweile zählt das Netz 350 Mitglieder und bietet sowohl Informationsmedien – Veröffentlichungen, Videos, elektronische Nachrichten – als auch soziale Unterstützung. »Wir befreien Anwälte aus ihrer Isolation«, berichteten die beiden Charland. »Jetzt können wir uns von jedem beliebigen Ort aus täglich mit Kollegen austauschen.«

»Ich habe mich bewußt dafür entschieden, alles nach außen zu vergeben, und mit meinen Freunden zusammenzuarbeiten.«

Rick Smolan

Oder wie wär's

mit Edward McPherson, der diese Ideen noch ein Stück weiterentwickelt hat? Er bezeichnet sein eigenwilliges Consulting-Unternehmen InterSolve als »Just-in-Time-Können«. InterSolve unterhält keinen festen Stall von Troubleshootern, die ihre Konfektionslösungen noch im Schlaf herunterbeten können. Man beschäftigt auch keine Sekretärin oder Empfangsdame. Nein, man zieht einfach je nach den Erfordernissen eines Kundenprojekts Manager, technische Experten und Marketingkräfte zusammen.

Bei einem der bislang größten Projekte bildete InterSolve vier Teams aus insgesamt 26 Leuten, um der First Interstate Bancorp bei der Rationalisierung ihres Kreditkarten-, Darlehens- und Anlagengeschäfts zu helfen. Es war typisch für McPherson, daß er nur eines seiner Teammitglieder bereits kannte. Die Gruppe arbeitete ungefähr drei Monate an dem Projekt, verhalf der Bank zu Einsparungen von 14 Millionen Dollar und ging wieder auseinander.

»Wir haben uns nicht für eine konventionelle Beraterfirma entschieden, sondern für InterSolve, das als integrierender Faktor die notwendigen Spezialisten aus bestimmten Fachbereichen zusammenführen kann«, meint Hayden Watson, stellvertretender Vorsitzender von First Interstate. »Solche Netzwerke zahlen sich aus.«

Beschränkung aufs Wesentliche

Das kann man wohl sagen. Einzelne Fachkräfte treten nach Bedarf zusammen und erbringen ertragreiche Dienstleistungen für Unternehmen. Die Unternehmen selbst lernen, sich auf ihre wesentlichen Fertigkeiten zu beschränken, den Rest an externe Auftragnehmer zu vergeben und dann innerhalb von Netzwerken mit den für eine bestimmte Herausforderung notwendigen spezialisierten Partnern zusammenzuarbeiten. Nehmen wir den Fall des Bankgewerbes, das sich im Augenblick vollkommen selbst erneuert. Vor wenigen Jahren waren Einlagen, Kredite und andere Dienstleistungen allesamt unter einem Dach untergebracht. Das war einmal.

Ed McPhersons »Just-in-Time-Können« verhalf einem Klienten zu Einsparungen von 14 Millionen Dollar.

»Heute kann man dank weltweit technologisch verknüpfter Kapitalmärkte und Deregulierung die meisten Dienstleistungen, die es früher nur bei der Bank gab, bei einer Vielzahl von Händlern abrufen, die via Netzwerk erreichbar sind und alle irgendeine Besonderheit in ihrem Programm führen«, sagt Brook Manville von McKinsey's & Co. »Die Branche spaltet sich momentan sehr rasch in getrennte Anbieter auf.« Was ist eine Bank? Was ist keine Bank? Wer weiß das noch? (Die Banker aus meinem Bekanntenkreis jedenfalls nicht.)

In der Werbebranche sieht die Sache ähnlich aus. Einige kreative Stars verließen im Herbst 1993 DDB Needham Chicago und gründeten zusammen die Leap Partnership. Laut Angaben ihres Prospekts will die neue Firma kreative Dienstleistungen aus der traditionellen Agenturstruktur »herausnehmen«. »Die Klienten achten doch auf das Geld, das sie für ihre Agenturen ausgeben«, meinte George Grier von Leap gegenüber *Adweek,* »und sie fragen sich, wofür oder für wen sie zahlen. Gemeinkosten? Ganze Ebenen des Buchführungsmanagements? Dienstleistungen, die sie nicht nutzen? Wenn man Klienten fragt, was sie von ihren Agenturen erwarten, dann sagen sie: kreative Werbung, mit der sich das Produkt verkauft. Wir werden unseren Klienten sagen können, daß sie ihr Geld ausschließlich für Leute ausgeben, die den ganzen Tag nichts anderes machen, als für ihre Marken Ideen zu entwickeln.«

1992 belief sich der Jahresumsatz pro Mitarbeiter bei Apple Computer auf 506 000 Dollar. Bei IBM betrug die Vergleichszahl 218 000 Dollar, und bei Digital Equipment 128 000 Dollar. Die drei Unternehmen haben zwar verschiedene Produktsortimente, aber sie arbeiten in derselben Branche. Demzufolge müßten sie eigentlich ähnliche Zahlen aufweisen. Daß das nicht der Fall ist, beweist uns diese Statistik. Jedes der drei Unternehmen hat seinen eigenen Weg beschritten. Digital erledigt so gut wie alles selbst. Wenn man einen Teilbetrieb nicht besitzt und kontrolliert, fühlt man sich nicht wohl – zumindest bis in allerjüngste Zeit. Das gleiche gilt für IBM. Apple hingegen konzentriert sich nach gängiger Praxis in Silicon Valley auf einige wenige Schlüsselbereiche (Entwicklung, Konstruktion, Werbung, Marketing und Endmontage) und vergibt den Rest an die bestmöglichen Partner.

Auch Außenstehende tragen ihr Scherflein zum Wesentlichen bei

Apple vergibt nicht nur nolens volens Aufträge an die preiswertesten Subunternehmer. Das Geschick des Unternehmens liegt vielmehr im Management von Netzwerken an sich. Dazu gehören die Fähigkeit, im Handumdrehen ein solches Netzwerk zusammenzustellen, und die Zusammenarbeit mit riesigen Partnern (wie etwa dem Erzrivalen IBM) sowie einem breiten wechselnden Reservoir selbständiger Auftragnehmer. Manchmal frage ich mich, ob ich in Silicon Valley überhaupt jemanden kenne, der nicht zumindest ein paar Monate lang an einem Projekt für Apple gearbeitet hat.

Aber der Einsatz spezialisierter externer Ressourcen macht bei Apple auch vor Kernfunktionen nicht halt. Das Unternehmen ist in ständiger Sorge um seine Kernfertigkeiten und zieht genau aus diesem Grund regelmäßig externe Spezialisten (Firmen und einzelne Experten) hinzu, um zum Beispiel der Forschung und Entwicklung neues Leben einzuhauchen – ein Bereich, auf den man besonders stolz ist. Aber der Stolz geht eben nicht so weit, daß man sich gegen neue Ansätze von außen abschottet.

Auch sonst scheint sich der Einsatz kreativer Außenstehender als Idee immer mehr durchzusetzen. *Design News* berichtet, daß in den USA die Beschäftigungszahlen von Ingenieuren in Fertigungsbetrieben in den letzten Jahren rückläufig sind, aber bei selbständigen technischen Dienstleistern sprunghaft angestiegen sind. (Das amerikanische Arbeitsministerium erwartet von 1993 bis 2005 in solchen Dienstleistungsunternehmen eine Zunahme von Arbeitsplätzen für Ingenieure um 57 Prozent im Vergleich zu 12 Prozent in Fer-

tigungsbetrieben.) Das liegt u. a. daran, daß die besten Absolventen technischer Hochschulen bei den Dienstleistungsunternehmen mehr kreative Freiheit und schnellere Wachstumsmöglichkeiten erwarten.
Kingston Techonology hat begriffen, daß auch Partner ihr Scherflein zum Wesentlichen beitragen können. Das führende Unternehmen für Computeraufrüstung war nach Angaben von *Inc.* 1992 die Kapitalgesellschaft mit der höchsten Wachstumsrate in Amerika. Kingston erzielt mit nur 220 Mitarbeitern einen Umsatz von 500 Millionen Dollar, das heißt 2,3 Millionen pro Mitarbeiter (fünfmal soviel wie bei Apple, achtzehnmal soviel wie bei Digital Equipment). Aber trotz dieses rasanten Wachstums blieb Kingston klein und schuf, so *Newsweek,* »ein grundsolides Netzwerk von Partnern«, von denen die meisten nur per Handschlag unter Vertrag stehen. Und so nutzt Kingston seine neue Unternehmensstruktur, um in wenigen Stunden einen Auftrag abzuwickeln, für den die Konkurrenten in der Regel zehn Tage brauchen:

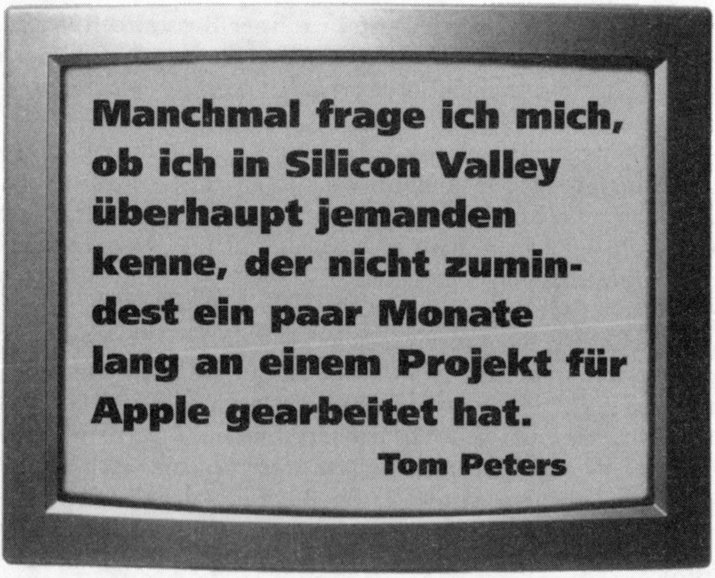

> Vor einigen Wochen erhielt eine ComputerLand-Filiale in Los Angeles dienstags einen Anruf von Bank of America. Man wollte dringend 100 IBM-PCS. Das Problem: Man brauchte sehr viel zusätzliche Speicherkapazitäten und andere Upgrades, um unter Windows, dem allgegenwärtigen Betriebssystem von Microsoft, besser arbeiten und es mit dem Computernetz der Bank verbinden zu können. ComputerLand wandte sich an Kingston, und dort handelte man sofort. Schon nach wenigen Stunden hatte man ein exzellentes Aufrüstungssystem ausgetüftelt – Spezialität des Hauses – und dessen technische Daten an den unentbehrlichen Partner Express Manufacturing durchgegeben, der auf die Montage elektronischer Komponenten spezialisiert ist. Bei Express stoppte man sofort alle laufenden Arbeiten und führte den Auftrag von Kingston durch. Noch am Nachmittag desselben Tages schickte man die fertigen Systeme zurück. Bis zum Abend hatte Kingston alle Systeme überprüft und sie per Eilzustellung an ComputerLand gesandt. Am Wochenende schon waren die Computer bei Bank of America aufgestellt und liefen. »Kennen Sie Just-in-Time-Lagerhaltung?« fragte der stellvertretende Präsident David Sun. »Das hier ist Just-in-Time-Fertigung.«

Der immer sachliche Andy Grove, Vorstandsvorsitzender von Intel, meinte gegenüber der *Business Week*, die Idee eines »virtuellen Unternehmens«, wie sie Kingston verkörpert, sei nur eine Modeerscheinung. Ein paar Wochen später sagte Grove zu Fortune: »Alles, was sich vertikal erledigen läßt, kann man durch horizontale Zusammenbindung spezialisierter Firmen preiswerter abwickeln.« Grove hat vielleicht etwas gegen Modewörter, aber die Idee selbst hat es ihm sichtlich angetan.

Modisches Kauderwelsch?

Ehrlich gesagt, mir gefällt das Schlagwort von der virtuellen Organisation, weil es einen neuen Denkansatz ermöglicht. »Wie wird ein solch neuartiges Unternehmen aussehen?« fragen Bill Davidow und Mike Malone in ihrem Buch *Das virtuelle Unternehmen.* »Der außenstehende Betrachter sieht ein fast konturenloses Gebilde mit durchlässigen und ständig

wechselnden Trennlinien zwischen Unternehmung, Lieferanten und Kunden. Von innen ist das Bild nicht weniger formlos: Herkömmliche Arbeitsgruppen, Abteilungen und Unternehmensbereiche reformieren sich ständig je nach Bedarf.«
Was für eine irritierende Passage! Und genau deshalb zitiere ich sie in meinen Seminaren. »Konturenlos«, »durchlässig«, »ständig wechselnd«, »formlos«, »ständig reformieren« – mit solchen Wörtern bringt man den konventionell ausgebildeten Durchschnittsmanager ins Schleudern. (Und nicht wenige reagieren verärgert.) Aber ganz gleich aus welcher Branche wir kommen, wir müssen uns an sie gewöhnen und uns auf sie einlassen.

Einfach eine Frage der Logik

Betrachten wir die Sache vom logischen Standpunkt. Professor James Brian Quinn von der Amos Tuck School of Business in Dartmouth rät uns, Unternehmen schlicht als Ansammlungen von »Dienstleistungspaketen« zu betrachten: Logistik, Konstruktion, Entwicklung, Marketing und so weiter. (Denken wir zurück an einen der seltsamen Brüche aus dem ersten Kapitel: 94 Prozent der Mitarbeiter von IBM arbeiten im Bereich Dienstleistungen.) In diesem Fall lautet die logische Frage schlicht, wer diese Dienstleistungen erbringen soll. Meinen Seminarteilnehmern stelle ich die Problematik mit folgenden Fragen vor Augen:

- Stimmt es etwa nicht, daß 95 Prozent der Tätigkeiten Ihres Unternehmens exakt den Dienstleistungen von Experten und spezialisierten Unternehmen entspricht, die man in den Gelben Seiten finden kann?
- Sind Sie so überheblich zu glauben, daß keiner dieser Anbieter besser, innovativer, qualitätsbewußter und kosteneffizienter als Sie arbeitet?

Die Welt ist doch voller Spezialisten, die sich ganz auf »kleine« Gebiete konzentrieren. Und einige/viele/die meisten die-

ser Experten sind mit hoher Wahrscheinlichkeit in ihrem Spezialgebiet einfach besser als vielseitige Unternehmen.
Ich könnte eine hundert Seiten lange Liste wie die folgende zusammenstellen: Ameriscribe spezialisiert sich auf die Sortierung und Verteilung von Post (zu den Kunden gehört unter anderem National Steel). Serv-Tech übernimmt einen Großteil der Raffineriewartung für Mobil (wenn wir schon von Kernaufgaben sprechen). Total Systems Services wickelt für AT&T die Kreditkartenbearbeitung ab (die Kreditkartenabteilung von AT&T hat einen Baldridge-Preis für Qualität gewonnen). Kenco Group leitet Vertriebszentren für Whirlpool. Und so weiter, und so fort.

Abspecken oder expandieren, aber nicht stehenbleiben

Denken wir uns, Quinns Anregung folgend, das Unternehmen als eine Ansammlung von Dienstleistungen. Nennen wir sie Service A, Service B, Service C, Service D. Einerseits sind sie alle Kandidaten für Outsourcing. Andererseits kann man einige der bislang nur intern eingesetzten Dienstleistungen auch für gutes Geld externen Kunden anbieten.
In der Computerbranche haben zum Beispiel einige Unternehmen festgestellt, daß sie in der Fertigung einen Wettbewerbsvorteil haben, und verkaufen diese (früher streng geheimgehaltenen) »Dienstleistungen« jetzt an die Konkurrenz. Texas Instruments stellt Computer für Sun Microsystems her; Digital Equipment baut Computer-Platinen für Apple; IBM fertigt Computer für Hitachi und PC-Platinen für Nachahmerprodukte. IBM erzielte 1993 durch »Auftragsherstellung« gar Einnahmen von einer halben Milliarde Dollar. In der Nah-

»... ständig wechselnd ... durchlässig ... ständig nach Bedarf reformieren ...«

Bill Davidow und Mike Malone über das virtuelle Unternehmen

rungsmittelbranche läuft es nicht anders: Ralston Purina etwa ist der größte Hersteller von Getreideflocken, die in Supermärkten als Händlermarken angeboten werden, und konkurriert dabei im wesentlichen mit sich selbst.

Oder nehmen wir eine interne Servicetätigkeit wie Logistik. Kennametal richtete ein erfolgreiches System zur Just-in-Time-Lagerhaltung ein. Die Kunden bekamen Wind davon und baten den Werkzeughersteller, sein System auf ihre Unternehmen zu übertragen. Heute führt Kennametal die Werkzeuglager seiner Kunden. (Hinweis: die Mitarbeiter im Werkzeuglager, die sich früher als interne Monopolisten sicher fühlen konnten, müssen jetzt in einen knallharten Konkurrenzkampf mit einem Anbieter von außen treten. Erinnert Sie das nicht auch an das Zeitalter der Hausaufgaben?)

Arthur Andersen bietet uns ein weiteres Beispiel. Die führenden sechs Wirtschaftsprüfungsunternehmen haben den Markt der weltweit größten Unternehmen praktisch unter sich aufgeteilt. Da das Angebot der Wirtschaftsprüfungsunternehmen immer mehr zum Massenartikel wird, bleibt wenig Spielraum für Expansion (und anständige Gewinnspannen). Hier tritt Contract Financial Management (CFM) auf den Plan, eines von mehreren neuen Arthur Andersen-Unternehmen. So wie EDS die Tätigkeiten eines Unternehmens im Informationsbereich (einschließlich der Mitarbeiter) übernimmt, genauso übernimmt CFM die gesamte Buchhaltung eines Unternehmens und stellt sogar noch einen Finanzleiter zur Verfügung.

In diesem Zusammenhang darf auch Baxter International nicht unerwähnt bleiben. Das Unternehmen entschied sich dafür, mit seinem Know-how in der Mischung von Medikamenten an die Krankenhäuser heranzutreten. In der Vergangenheit mischte man nur einige der besonders häufig verwendeten Medikamente im vorhinein, und das Krankenhaus stellte täglich Dutzende von Mischungen her, deren Dosie-

TI macht Computer für Sun, ...

rung auf die Bedürfnisse von Hunderten von Patienten zugeschnitten war. Doch dann bot Baxter mit seinem neuen Dienstleistungsunternehmen Patient-specific Intravenous-solution Compounding den Krankenhäusern eine im Bedarfsfall abrufbare und auf den einzelnen Patienten ausgelegte Zusammenstellung der Medikamente. In manchen Fällen hat Baxter bereits große Teile der Arbeit der Krankenhausapotheke übernommen.

Baxter produziert und vertreibt auch zahlreiche Ausrüstungsgegenstände für den Chirurgiebedarf. Man verpackt inzwischen die ersten Instrumentensätze für bestimmte Eingriffe – beispielsweise ein aus zweihundert Einzelteilen bestehendes Set für eine Blinddarmoperation. Auch damit gewinnt Baxter direkten Zugang zum Kernbetrieb des Krankenhauses. Und das ist erst der Anfang. Das Unternehmen sieht seine Zukunft – unabhängig von der anstehenden Reform im US-Gesundheitswesen – in der horizontalen Zusammenarbeit mit Krankenhäusern, denen man sozusagen schlüsselfertige Dienste anbietet, die bis weit in das System der Krankenhäuser vordringen und deren Gesamtkosten senken. Der Übergang zwischen der Arbeit Baxters und der des Krankenhauses wird immer fließender – dem Vernehmen nach zur Zufriedenheit beider Seiten.

Diese kreative Ausweitung des Serviceangebots ist jedoch nicht das ausschließliche Vorrecht von Großunternehmen, wie das Beispiel von Draeger's im kalifornischen Menlo Park beweist. Was kann ein einzelner Lebensmittelladen machen, außer Lebensmittel verkaufen (und vielleicht ausliefern)? Viel. Vor einiger Zeit fiel mir das elegante Vierteljahresprogramm von Draeger's Culinary Center in die Hände. Es beginnt so:

> Draeger's Supermarkt freut sich, ein neues Programm mit Kursen und Produktproben in unserem Culinary Center bekanntgeben zu dürfen. Wir hoffen, daß Sie wie bisher schon unsere Begeisterung für diesen Kalender teilen, der randvoll ist mit aufregenden, lehrreichen

> und amüsanten Veranstaltungen, die alle unter der Leitung der besten Starköche der Bay Area und des ganzen Landes stehen.
> In diesem zweiten Kursprogramm setzen wir unser eingehendes Studium der großen regionalen Küche Italiens fort. Einer unserer beliebtesten Lehrer, Carlo Middione, übernimmt es, uns in die Küche von Emilia Romagna einzuführen, während uns Suzette Gresham zu einem Streifzug durch die Lombardei, Umbrien und die Abruzzen einlädt. Meisterkoch Patrizio Sacchetto enthüllt einige seiner kulinarischen Geheimnisse, die seine Küche bei Blue Fox und Donatello weltberühmt gemacht haben. Johanne Killeen, Besitzerin und Chefköchin des renommierten Restaurants Al Forno in Providence, Rhode Island, gibt einen Kurs über die Renaissance der italienischen Küche. Und der Lokalfavorit Lou Seibert Pappas wird Workshops über Biscotti und Pesto halten.

Der Kalender enthält – Mahlzeit! – 87 Veranstaltungen in 91 Tagen.
Positiv hervorgetan hat sich auch die Lane Group, ein britisches Frachtunternehmen mit einem Umsatz von 20 Millionen Dollar das sich auf das obere Segment des Transportmarktes konzentriert (zu den Kunden gehört unter anderem Body Shop International). Zunächst erweiterte Lane seinen Kernbereich Güterbeförderung und wurde zum »Logistikpartner«. Dies führte zu einer umfassenden Verzahnung mit seinen Kunden, zum Beispiel durch Techniken wie die »offene

Jenseits von Pesto

Draeger's Supermarkt führt 87 Veranstaltungen in 91 Tagen durch; zur kreativen Ausweitung des Service-Angebots gehören kulinarische Proben, Kurse und Workshops unter der Leitung von ortsansässigen, aber auch international gefeierten Meisterköchen und Restaurantbesitzern

... ist der größte Hersteller von Getreideflocken, ...

Buchführung«, die dem Kunden Einblick in sämtliche Lane-Bücher über sich gestattet (und Lane Zugang zu allen Logistikdaten des Kunden verschafft).

Aber damit nicht genug. Aufgrund krankheitsbedingter Ausfälle stellte Lane von Zeit zu Zeit auch Fahrer aus Zeitarbeitsfirmen ein. Da die Leistung der Fahrer einen Teil der Kernkompetenz von Lane ausmacht, nimmt es das Unternehmen mit dem Benehmen, der Kleidung und dem rationellen Benzinverbrauch der Fahrer sehr genau. Die Aushilfsfahrer erwiesen sich daher oft als Enttäuschung. Die Antwort? Die Lane-Tochter PL Workforce (PL steht für Peter Lane, den ursprünglichen Namen des Unternehmens), eine Agentur zur Vermittlung von LKW-Fahrern, die nach den hohen Anforderungen von Lane ausgebildet sind. Bei Engpässen kann Lane auf PL zurückgreifen, das ansonsten durch die Versorgung der Lane-Konkurrenten ein rapides Wachstum zu verzeichnen hat, zumal es das einzige Unternehmen in England ist, das ausschließlich Aushilfsfahrer vermittelt. Daraus ergab sich für Lane eine weitere Marktchance in der Ausbildungsabteilung. Vor kurzem kam es zur Gründung der Tochtergesellschaft Training Force, die neben den hauseigenen auch Fahrer konkurrierender Unternehmen ausbildet – entweder in der Zentrale in Bristol oder in der Kundenfirma.

»Dienstleistungen bilden eine Verpackung für das Produkt«, schreiben Joseph Fuller, James O'Conor und Richard Rawlinson in der *Harvard Business Review.* »Und die Unternehmen schaffen sich Märkte, indem sie die Verpackung forcieren.« Genau das machen Baxter, Kennametal, Arthur Andersen, Draeger's, Lane Group und andere. Einerseits verpacken sie konventionelle Produkte in Dienstleistungen (Baxter, Draeger's, Andersen), andererseits erkennen sie das externe Ertragspotential einer bislang nur nach innen gerichteten Dienstleistung (Kennametal, Lane).

... die unter dem Namen des Händlers laufen

Die Schlangengrube

Die Kette mehrwerterzeugender Faktoren kann ziemlich komplex werden. Man beginnt mit (1) einem Produkt (materieller Gegenstand) wie Chirurgenhandschuhen oder einem Kopiergerät. Dann wird das Produkt (2) mit Intelligenz ausgestattet (Selbstdiagnose bei Otis-Aufzügen, Trumpf-Werkzeugmaschinen, Minolta-Kameras). Als nächstes verpackt man das Produkt (3) in Dienstleistungen (Starkist-Thunfischdosen mit dem Namen »Charlie's Lunch Kit« enthalten neben 100 g Thunfisch »2 Päckchen Mayonnaise, ein Päckchen Gemüse-Relish, 6 Weizenkräcker und einen Löffel zum Umrühren« – wie man sieht, ein Spiel, bei dem jeder mitmischen kann). Dann kommt (4) der Vertrieb (Merck zahlte 6 Milliarden Dollar an den Arzneimittelvertrieb Medco, und zwar nicht zuletzt um Einblick in die Gesundheitsversorgung der 33 Millionen Mitglieder zu gewinnen). Danach baut man (5) den Vertriebsservice aus (der Enhanced Distribution Service von Baxter liefert die angeforderten Produkte nach Bedarf und in der genauen Ordnung, wie sie im Krankenhaus gelagert oder verwendet werden). Zuletzt bietet man (6) einen Rundumservice (wie zum Beispiel Kennametal, das die Werkzeuglager seiner Kunden leitet).
Die Kurzformel:

Erweitertes Produkt = Produkt + Ausstattung mit Intelligenz + Service-Verpackung + Vertrieb + Ausbau des Vertriebsservices + Rundummanagement.

Alles in allem hat man damit sein Produkt vollkommen verändert. Und vielleicht auch die Betriebsform des Kunden. Dies erfordert, wie im Falle von Baxter, außerordentliche organisatorische Flexibilität – einen umfassenden Wechsel vom »vertikalen Denken« (Vorherrschen einzelner Produktionsabteilungen) zum »horizontalen Denken«, das einen nahtlosen Übergang vom Produkt über Verkauf und Lieferung zum Service ermöglicht und das Ganze lückenlos in Systeme, Rituale und Kultur des Kunden integriert.

Wenn ich darüber nachdenke, erscheint ein seltsames Bild vor meinen Augen. Ich sehe eine Grube voller Schlangen: Unternehmen, die sich selbst auseinanderreißen und durch Außenvergabe an bessere Spezialisten abspecken. Andererseits sehe ich, wie sie vorhandene Produkte in Dienstleistungen verpacken und damit durch die Hintertür bei anderen Unternehmen eindringen (und diese aushöhlen). Man stelle sich ein Unternehmen vor, das zwei Drittel seiner Tätigkeiten (die berühmten »Dienstleistungspakete«) nach außen vergibt und sich gleichzeitig mit dem Rest seiner Tätigkeiten (andere »Dienstleistungspakete«, wie zum Beispiel die hervorragende Fertigungsqualität von IBM oder die anspruchsvolle Ausbildung bei Lane) bei Kundenunternehmen einschleicht, die nach Möglichkeiten zum Outsourcing suchen. Das ergibt zusammen ein kompliziertes, unübersichtliches, heilloses – aber wenn man es richtig anfängt, auch ertragreiches und innovatives – Durcheinander. Gemessen an der ordentlichen Welt von gestern eine Schlangengrube.

Hut ab vor ...?

Wie hervorragend Marriott die Autos einparkt ... äh, ich meine natürlich Professional Parking Services.

Parkprofis

Eine Triebfeder für die Entwicklung des Unternehmens als Netzwerk ist die Computertechnologie, die (im besten Falle) die Kommunikationsmöglichkeiten zwischen sehr verschiedenen und weit verstreuten Akteuren erheblich vergrößert. Mindestens die gleiche Bedeutung hat jedoch die Einsicht, daß es schlicht vermessen ist, wenn einzelne oder auch Unternehmen die Auffassung vertreten, alles am besten zu können. Ich selbst hatte in dieser Hinsicht ein Schlüsselerlebnis, als ich vor einigen Jahren in einem Marriott-Hotel in Orange County, Kalifornien, einen Vortrag hielt. Die Bediensteten lieferten beim Einparken von fast 1000 Autos vorzügliche

Arbeit ab. Sie waren gut gekleidet, sehr zuvorkommend und rannten geradezu zwischen den Autos hin und her. Eine erstklassige Vorstellung!
Während meines Vortrags ging ich darauf ein und sagte: »Hut ab vor Marriott!« Der lang anhaltende Applaus ließ darauf schließen, daß auch andere von den Leistungen der Einparker begeistert waren. Nach der Rede kam Paul Paliska zu mir und stellte sich als Gründer von Professional Parking Services, Inc. vor, einem Spezialparkdienst, der als Subunternehmer für Marriott arbeitet.
Das mußte ich erst einmal verdauen. Gleich, welche Arbeit es ist – vom Autoeinparken bis zu biochemischen Forschungen –, es gibt immer Menschen, die sich in ihre enge Spezialaufgabe hineinknien, als ginge es um Leben und Tod (und für sie stimmt das ja auch). Für mich ist Parken nichts besonders Aufregendes, und ich vermute, daß es den Hotelmanagern von Marriott, die ohnehin schon alle Hände voll zu tun haben, da kaum anders geht. Aber für Paul Paliska und seinen Bruder Stephen ist Parken eine Leidenschaft, so wie die nächste Software-Generation für Bill Gates von Microsoft. Und Leidenschaft macht perfekt. (Übrigens wird Professional Parking Services – ganz nach dem Vorbild von Kennametal – den gesamten »Außen«-Betrieb des Hotels übernehmen.)

Der Zwang zur Gewinnoffensive

Wer sich an diese Denkweise gewöhnt (irgend jemand kann es wahrscheinlich besser ...), weiß, daß er allen Stabsmitarbeitern die Daumenschrauben ansetzen kann und sollte: entweder sie blasen mit ihren Dienstleistungen nach innen und außen zur Gewinnoffensive, oder es bläst ihnen der Wind ins Gesicht ... »Die Abteilungsmanager zahlen für die Dienste der Hauptverwaltung aus ihren eigenen Budgets«, berichtete Robert Potter, Präsident der Monsanto Chemical Company, dem Magazin *Fortune*. »Wenn sie glauben, zuviel für Support-Personal zu zahlen, streichen wir einfach den Job [in der Hauptverwaltung].«

Aber es ist nur fair, den Leuten in der Zentrale eine Chance zu geben, über die eigenen Grenzen hinauszutreten und dabei einen Gewinn zu erwirtschaften. Nehmen wir den Fall von Workforce Solutions (WFS), ehedem (mit über 2000 Mitarbeitern) ein Teil der IBM-Personalabteilung, der früher im wesentlichen für die Ausarbeitung und Überwachung von Sozialleistungsplänen im gesamten Unternehmen zuständig war. Im Mai 1992, so berichtet die *Business Week*, gliederte IBM WFS als unabhängiges Unternehmen aus. Seine ersten »Kunden« waren die 13 inzwischen praktisch selbständigen »Baby Blue«-Einheiten von IBM. Im Zuge der Loslösung von der Muttergesellschaft dürfen diese Einheiten eigene, speziell auf die Bedürfnisse ihrer Branche zugeschnittene Sozialleistungsprogramme erstellen. (Davor gab es in allen Einheiten denselben Sozialplan.)
Mit Blick auf seine zukünftige Tätigkeit im freien Markt reduzierte WFS seinen aufgeblähten Personalstand schnell um ein Drittel und machte sich an die Arbeit. Ende 1992 übernahm WFS zum ersten Mal Aufträge von außerhalb und erzielte mit externen Kunden bereits im folgenden Jahr einen Umsatz von 7 Millionen Dollar. Einerseits wird also WFS dazu ermuntert, möglichst viele Aufträge außerhalb von IBM zu übernehmen, andererseits können sich die sogenannten Baby Blues ihre Sozialleistungsanbieter bei IBM oder auch anderswo suchen.

Viele neue Gattungen

Schon in diesem kurzen Überblick stoßen wir auf:

- »Unternehmen« mit sehr wenigen Mitarbeitern (B&B Communications West, Against All Odds Productions, InterSolve Group), die sich eine hervorragende Marktposition aufbauen und dabei beinahe alles an Subunternehmer vergeben.
- Neue Netzwerke (National Network of Estate Planning Attorneys), die den Einfluß (und die Marktgeltung) verstreuter, selbständiger Auftragnehmer erhöhen.

- Gruppen, die aus großen Unternehmen hervorgehen, deren Kernkompetenz ausschlachten und wertvolle Teile aus früheren Service-Paketen einzeln anbieten (die Leap Partnership: kreative Werbedienstleistungen); sowie florierende Dienstleistungsbranchen, die die frühere Kernkompetenz von Herstellern umfassen, aber die hellsten Köpfe in lebhaftere Konstellationen locken (selbständige Anbieter für technische Dienstleistungen).
- Unternehmen (Kennametal, Lane Group, IBM), die aus internen Stabsaufgaben (Just-in-Time-Lagerhaltung, Ausbildung, Sozialleistungen) gewinnorientierte Bereiche machen, die mitunter Stabstätigkeiten von Kunden oder sogar Konkurrenten übernehmen (Kennametal leitet die Werkzeuglager für Kunden); ehemals gebundene Kunden (die Geschäftseinheiten von IBM im Falle von WFS), die sich auch außerhalb nach »Stabs«-Dienstleistungen umtun können.
- Unternehmen (Baxter, Andersen CFM), die ein Produkt in eine Dienstleistung verpacken und damit für ihre Kunden zu Rundum-Anbietern für Dienstleistungen werden (Arzneimittel für Krankenhäuser im Falle von Baxter).
- Unternehmen (IBM, Ralston Purina), die eine früher streng geheimgehaltene Linientätigkeit (Fertigung) Außenstehenden und sogar Erzrivalen als Dienstleistung anbieten.
- Unternehmen (Kingston Technology), die sich mit Kernkompetenz-Zulieferern stark verflechten (die Hersteller von Kingston) und damit ihren Kunden Just-in-Time-Dienste anbieten können, die so sehr auf deren Bedürfnisse abgestellt sind, daß man praktisch von der totalen Erneuerung einer Branche sprechen kann.

Damit stellen sich folgende Fragen:

- Kann jemand Ihre »Dienstleistungspakete« besser abwickeln als Sie? Wenn die Antwort ja lautet (siehe Professional Parking Services), dann sollten Sie ernsthaft an Outsourcing denken.

- Können Sie Ihre Stabsdienste ausbauen (Lagermanagement von Kennametal, Ausbildung bei Lane, Sozialpläne für IBM-Mitarbeiter) und damit bis ins Unternehmen eines Kunden oder Konkurrenten vordringen?
- Können Sie aus Ihrer Kernkompetenz zusätzlich Kapital schlagen (Ralston Purina), indem Sie sie an Außenstehende und sogar Konkurrenten verkaufen?
- Können Sie durch ausgiebige Konsultationen mit externen Experten Ihre wenigen verbleibenden Kernkompetenzen regelmäßig auffrischen?
- Können Sie »verpacken und integrieren« (so wie Baxter ein Produkt mit einer Dienstleistung kombinieren und den Kunden ein größeres, integriertes Paket anbieten kann)?

Nehmen Sie sich ein wenig Zeit zum Nachdenken. Wenn Ihnen diese Liste neuer Unternehmensansätze und die noch kürzere Liste mit Fragen einleuchtet, dann haben Sie nicht nur völlig neu definiert, was ein Unternehmen ist oder sein kann, sondern auch allen traditionellen Vorstellungen über Geschäftsstrategie den Boden entzogen. Kurzum, das Leben wird zu einem Würfelspiel, und die Antwort auf die Frage nach einem »unberührbaren Kern« ist so schwer zu fassen, daß man darüber lachen könnte (wenn dabei nicht weltweit Billiarden Mark auf dem Spiel stünden).

Totale Vernetzung

Aber wenn es um das Niederreißen alter Mauern geht, dann zeichnet sich am Horizont bereits die nächste Veränderung ab. Eine besondere neue Form von Zusatzleistung wird in der Produkt- oder Dienstleistungspalette der Unternehmen eine immer größere Bedeutung erlangen: die Aufrechterhaltung des Kontakts aller zu allen.

»Wir dürfen vorstellen: TotalTrack. Genausogut könnten Sie LiveBilder Ihres Pakets ins Haus geliefert bekommen.« So lautete eine ganzseitige Anzeige von UPS Anfang 1993 in *USA*

Today. Bis vor kurzem hatte Federal Express UPS das Fürchten gelehrt. FedEx war zwar oft teurer, aber dank des phänomenalen Rückverfolgungssystems konnten die Kunden von einem Augenblick zum nächsten herausfinden, wo sich ihr Paket befand. In der heutigen vernetzten Welt übersättigter Märkte ist das genauso wichtig wie die Lieferung zum Bestimmungsort. UPS hat Milliarden ausgegeben, um aufzuholen.

Inzwischen gleicht das Geschäft in der Eilzustellungsbranche einem Krieg à la Spielberg – zwischen PowerShips und MaxiShips. Im September 1993 berichtete das *Wall Street Journal,* daß FedEx bereits 26 500 PowerShip-Terminals und zugehörige Software zum Zurückverfolgen von Paketen an Großkunden vergeben hat. Durch den Einsatz von PowerShips in den Disneyläden hat FedEx seinen Anteil am Eilpaketversand dieses Kunden von 60 auf 95 Prozent steigern können. Spätzünder UPS hat bislang 15 000 MaxiShips bei Kunden untergebracht und gibt an, damit den Anteil am Eilpaketgeschäft durchschnittlich um 20 Prozent hochgeschraubt zu haben. »Je informationsintensiver die Dienstleistung«, so ein UPS-Manager gegenüber dem *Wall Street Journal,* »desto wertvoller wird sie für den Kunden.« Und ein Ende ist hier nicht abzusehen. Die Kunden rufen bereits nach einer integrierten Echtzeit-Rückverfolgung für alle Sendungen und Bestandsführungsdienste.

EDS (Electronic Data System) bietet 10 000 General Motors-Händlern (die bereits über das GM/Hughes »Händler-Satellitennetz« miteinander und mit der Muttergesellschaft in Verbindung stehen) die sogenannte Dealerline. Dazu gehören die Subsysteme Partsline, Businessline, Serviceline und Salesline (Komponenten-Line, Geschäfts-Line, Kundendienst-Line und Verkaufs-Line). Jeder kann mit jedem sprechen. Es gibt Verbindungsnetze in und zwischen Abteilungen der Händlerorganisation; darüber hinaus besteht auch direkter Kontakt zu Kreditauskunfteien, GM-Komponentenvertriebszentren, Komponentenfabriken, GM-Betrieben, GM-Bereichsbüros und weiteren GM-Händlern. Mit anderen Worten, das System läßt keine Wünsche offen.

Das professionelle Dienstleistungsunternehmen Coopers &

Lybrand führte kürzlich TNN ein, Tax News Network. Damit findet C & L den Weg in die Herzen seiner Kunden und deren Unternehmen. Glaubt man dem eleganten Werbeprospekt im Vierfarbendruck des Live-Kanals, dann sendet dieser Kanal Programme, die laufend auf den neuesten Stand gebracht werden. Beispielsweise: »wöchentliche Schnellkurse über die wichtigsten Veränderungen im Steuerbereich«, »Steuerüberblick von Steuerexperten«, »Perspektive: Bundessteuern«, »Perspektive: Sozialleistungen« und »DowVision«. Einige dieser Angebote sind bereits interaktiv, doch angesichts neuer Multimedia-Technologien wird sich hier noch sehr viel mehr tun.
Solche Dienste machen die Kommunikation zwischen Anbieter und Kunden »vom Monolog«, so formuliert es ein Beobachter, »zu einem rund um die Uhr geführten, weltweiten Dialog in Echtzeit«. Das Entscheidende daran scheint mir jedoch, daß solche »Finessen« zum wertvollsten Teil des Produkt- oder Serviceangebots und zur besten (einzigen) Möglichkeit werden, sich in einem launenhaften Markt zu halten oder einen Wettbewerbsvorteil zu erlangen.

Und danach

Totale Integration, wie gesagt. Aber nach der nächsten Veränderung kommt die nächste. Das letzte Wort soll (fürs erste) MCI haben mit einer Fernsehwerbung vom Frühjahr 1994, gelesen von der elfjährigen Academy Award-Gewinnerin Anna Paquin:

- Es wird eine Straße geben.
- Sie wird nicht zwei Punkte verbinden.
- Sie wird alle Punkte verbinden.
- Sie wird so schnell sein wie das Licht.
- Sie wird nicht von hier nach dort führen.
- Es wird kein Dort mehr geben.
- Wir werden nur noch hier sein.

Hmm? Äh, wie bitte?

Von der Beschreibung zur Umsetzung

Die neuen Netzwerkformen des Organisierens zu beschreiben, ist eine Sache (und keine Kleinigkeit), doch sie auch wirklich in die Tat umzusetzen, ist eine andere. Die Netzwerkarbeit ist für viele fortschrittliche Unternehmen das Leben selbst. Für MCI und auch für Apple liegt in der Fähigkeit, Netzwerke aus gemischten Größen und Stilen zu schaffen – zu steuern und dann wieder aufzulösen – die wohl wichtigste Kernkompetenz. MCI und die verschiedenen Netzwerke, an denen man mitarbeitet, sind miteinander *identisch.*

Der Teufel steckt wie immer im Detail. Ich mußte lächeln, als ich einen Artikel über das Unternehmen Novell las und dabei auf den Titel einer Führungskraft stieß. Auf Darrell Millers Visitenkarte steht: »Leiter Strategische Beziehungen«. Klingt aufschlußreich, oder?

Wem es ernsthaft um das Unternehmen als Netzwerk sowie die Schaffung und Pflege von Allianzen zu tun ist, der muß die nötigen »Webfähigkeiten« ganz oben auf die Liste strategischer Prioritäten setzen. Ein Titel wie der von Miller läßt darauf schließen, daß man sich diese Dinge bei Novell sehr zu Herzen nimmt. Novell, Apple, MCI, Federal Express und einige andere sind schlicht als professionelle Weber von Beziehungsnetzen zu bezeichnen.

Noch ein Wort zu ein, zwei Wörtern. David Kelley, Chef des großen Industriedesign-Unternehmens IDEO, bittet seine Mitarbeiter, nicht von »Outsourcing« zu sprechen. Kelley geht zwar nicht so weit wie Ted Turner von CNN, der wegen seiner stark internationalen Orientierung allen Mitarbeitern eine Geldbuße aufbrummt, die nur das Wort »ausländisch« über ihre Lippen bringen, aber er plädiert doch stark für den Ausdruck »Outpartnering«. Nur ein

Wahrheit in Zahlen

Alison Peterson, Netzwerkarbeiterin

interne Tätigkeiten 21 %
Endverbraucher-Fragen 5 %
Netzwerkpartner 74 %

Wort, sicherlich. Aber Wörter sind ja auch so ziemlich das einzige, was uns von unseren haarigen Vorfahren unterscheidet.
Naja, vielleicht auch nicht. Eines der winzigen Unternehmen innerhalb meines kleinen Unternehmens stand bis vor kurzem unter der Leitung von Alison Peterson. 1992 bat ich sie, eine Woche lang ihre Arbeitstage in viertelstündlichen Intervallen zu dokumentieren. Die Geschäftstätigkeit ihres Unternehmens besteht aus einer Reihe von Projekten, an denen immer größere oder kleinere Partner beteiligt sind. Die Strategie des Unternehmens liegt im Schließen und in der Pflege von Allianzen. Peterson machte ihre Sache sehr gut, und der Hauptgrund dafür wird von ihren für mich geführten Aufzeichnungen unmißverständlich belegt. In der besagten Woche verbrachte sie 8 Prozent ihrer Zeit mit internen Verwaltungstätigkeiten; weitere 13 Prozent mit Mitarbeitern von Schwesterunternehmen; und rund 5 Prozent mit Endverbrauchern (die meisten unserer Kontakte mit ihnen kommen über Händler zustande). Die verbleibenden 74 Prozent (sieben Stunden am Tag) widmete sie sich externen Auftragnehmern und Projektpartnern. Möchten Sie es in einer Sache sehr weit bringen? Möchten Sie sie an die Spitze Ihrer strategischen Prioritäten setzen? Ihr Terminkalender lügt nicht. Er zeigt, ob Sie es ernst meinen. Oder nicht.

Ohne Vertrauen läuft nichts

Als wir darüber gesprochen haben, jenseits des Delegierens jeden Arbeitsplatz zum eigenen Geschäft zu machen, sind wir auf das fehlende Glied in der Kette gestoßen: Vertrauen oder der Mangel daran. Ein Unternehmen, das fast alle Befugnisse in den Außendienst verlegt, muß auf Vertrauen bauen, wenn es nicht Schiffbruch erleiden will.
Vertrauen ist auch das oft übersehene Band, das das neuartige virtuelle Unternehmen zusammenhält. »Niemand spricht eigentlich von der wesentlichen Bedeutung des Vertrauens«, meinte Forschungsleiter John Seely Brown von Xerox gegen-

über *Upside.* »Bei diesen virtuellen Unternehmen wird sehr leicht die Tatsache vergessen, daß eine Allianz meist ungefähr ein Jahr Bestand hat, bevor sie endet. Das hinterläßt natürlich eine Reihe von Erfahrungen. Wenn diese Erfahrungen zu einem gemeinsamen Verständnis und zu einem vertrauensvollen Verhältnis zwischen den Beteiligten geführt haben, dann hat man die Basis für eine Zusammenarbeit in der Zukunft. Aber das virtuelle Unternehmen kann nur funktionieren, wenn man ein wachsendes Vertrauensnetz hat.«

Auch hier heißt es freilich, nicht nur zu reden, sondern auch zu handeln. Einsatz, Sprache (»Outpartnering« statt »Outsourcing«,) und Veränderungen in der Hierarchie (»Leiter Strategische Beziehungen«) sind eine große Hilfe. Aber es muß noch sehr viel mehr geschehen, um die »externen« Unternehmen als echte Bundesgenossen zu begreifen. Eine hervorragende Erörterung dieses zugleich klassischen und neuen Themas finden Sie in dem Buch *The TeamNet Factor* der beiden erfahrenen Netzwerkexperten Jessica Lipnack und Jeffrey Stamps.

Ein Schulbeispiel

Manchmal schwirrt einem angesichts neu entstehender Unternehmensformen richtig der Kopf. In der Absicht, das Innovationstempo zu beschleunigen, schuf Australien vor kurzem praktisch aus dem Nichts einen ernstzunehmenden Konkurrenten für Australian Telecoms. Das neue Unternehmen trägt den Namen Optus Communications. Im heutigen Fernmeldewesen ist die Informationstechnologie Kernkompetenz. Wie strukturierte demnach Optus, das bei Null anfangen konnte, seine Aktivitäten im Bereich Informationssysteme? Ganz anders.

In diesem bereits sehr großen Unternehmen gibt es in der Zentrale nur 23 Stabsmitarbeiter. Zur Abwicklung seiner Arbeiten im Bereich Informationssysteme rief Optus eine Auftragnehmerorganisation ins Leben – ein eigenständiges Unternehmen mit dem Namen Optus Prime Contract Organization (OPCO). Die »Belegschaft« von OPCO besteht aus 220 Spezialisten für selbständige Auftragnehmer, die Lösungen für Kunden/Unternehmen-Bedürfnisse finden, Manager für die Leitung von Projekten verpflichten und geeignete externe Subunternehmer für die Arbeiten auswählen. OPCO verfügt sogar über einen eigenen Aufsichtsrat, in dem auch ein Vertreter von Digital Equipment sitzt, der wichtigste Subunternehmer von Optus für Informationstechnologie. Hier kann man mit Fug und Recht von einer wilden und wirren – aber auch überaus flexiblen und kreativen – Ausführung der Aufgaben im Kernkompetenzbereich sprechen. Dieses Beispiel schießt wirklich den Vogel ab. Bisher.

Der Phantasie freie Bahn

Brenda Brimage, Rick Smolan, die Leap Partnership, Baxter, Draeger's, Optus. Denken Sie nach über »Organisation«, legen Sie alle Scheuklappen ab und lassen Sie Ihrer Phantasie freie Bahn. Wenn Ihnen dann neue Arbeitsmöglichkeiten einfallen (wie InterSolve mit seinem »Just-in-Time-Können«), können Sie diese wahrscheinlich auch verwirklichen.
Douglas Hague, der Dekan der Business School an der Oxford University, tadelt andere Universitäten dafür, daß ihr Lehrangebot den Anforderungen einer sich verändernden Zeit nicht entspricht. Nach seiner Auffassung müßte das Lehrangebot sofort verfügbar sein und direkt auf die immer unterschiedlicheren Bedürfnisse der Studenten zugeschnitten werden. In Anlehnung an Charles Handys Modell einer Kleeblatt-Organisation stellt sich Hague einen Lehrkörper gut bezahlter und festangestellter »Kernakademiker« vor, die dank Informationstechnologie ihre Vorlesungen und Seminare weltweit anbieten können. Zu ihrer Unterstützung würde die Universität Medienexperten unter Vertrag nehmen, die die Stars bei der Ausgestaltung und Übermittlung ihres Lehrangebots unterstützen können.
Außerdem denkt Hague an »aka-

Outsourcing → Outpartnering

demische Impresarios«, die für das Unternehmen »führende Akademiker und Praktiker – persönlich oder auf dem Bildschirm – verpflichten und sie den ›Studenten‹ präsentieren«. Last not least gibt es auch noch Tutoren, die sowohl die Stars als auch die Impresarios unterstützen und als »Ausbildungsberater« fungieren. Die Rolle dieser Berater wird darin bestehen, »die Studenten zu persönlichen Kontakten mit Akademikern und Gastdozenten sowie zur Benutzung der wachsenden Bestände von Büchern, Filmen, Videos und Datenbanken zu ermuntern, damit sie so effektiv wie möglich ihre ›eigene‹ Ausbildung verfolgen«.

Glaubt man Hagues Ausführungen in *Beyond Universities: A New Republic of the Intellect*, dann wird die Universität zur »Wissensbank« und zur Bibliothek, die ohne räumliche oder zeitliche Festlegung zugänglich ist für junge Leute, aber auch erfahrene Geschäftsleute, die um eine ständige Verbesserung ihrer Fähigkeiten bemüht sind. Nur noch eine Minderheit von »Studenten,« würde einem akademischen Grad nachjagen. Und noch weniger würden sich im Zuge ihrer Ausbildung in ein Klassenzimmer oder einen Vorlesungssaal setzen. Vernetzte und (jederzeit, überall und durch jeden) abrufbare Geistesnahrung wird so zu einem (dem?) wesentlichen Element der ökonomischen Infrastruktur.

Wird diese Vision jemals Wirklichkeit werden? Ich weiß es nicht. Aber ich muß zugeben, der provokative und ketzerische Geist dieser Thesen hat es mir angetan. Sieht man von Ausnahmen in Silicon Valley und Hollywood ab, mangelt es leider den meisten Organisationsformen an jeglicher Phantasie. Aber ich kann mir eigentlich nur vorstellen, daß wilde Phantasie in der Gestaltung von Unternehmensformen und -stilen für zukünftige Siegeszüge im Markt genauso wichtig sein wird wie einfallsreiche Produkte und Dienstleistungen.

Vernetzte und abrufbare Geistesnahrung wird zu einem wesentlichen Element der ökonomischen Infrastruktur.

Lernpensum

- ✔ Unternehmen als Netzwerk
- ✔ Ein-Mann-Unternehmen mit weltweiter Reichweite und Geltung (durch Allianzen); unvorstellbar hohe Umsätze pro vernetztem Mitarbeiter
- ✔ Ausgliederung eigenständiger Servicepakete aus ehemals gebündelten Tätigkeiten
- ✔ Unternehmen = Dienstleistungspakete
- ✔ Virtuelle/vernetzte Unternehmen (konturenlos, formlos usw.) Warum nicht alles nach außen vergeben? (Ernsthaft)
- ✔ Warum nicht Ihre Kernkompetenz nach außen vergeben? (Ernsthaft)
- ✔ Eine Leidenschaft fürs Parken (oder etwas anderes)
- ✔ Simultanstrategie: abspecken und sich mit verpackten Angeboten anderswo einnisten
- ✔ Vom Monolog zu Dialogstrategien in Echtzeit (umfassende Integration)
- ✔ Schaffung und Steuerung von Allianzen als eine/die Kernkompetenz
- ✔ Vertrauen für »Außenstehende« (denn sonst ...)
- ✔ Wechselnde Allianzen/Netzwerke = Unternehmen
- ✔ Phantasievolle und phantastische Organisationsformen

Fazit 1:
Gibt es einen unberührbaren Kern?

Bei einem meiner Seminare platzte ein Federal Express-Manager heraus: »Alles an Subunternehmer vergeben, nur nicht die eigene Seele!«
Ganz meine Meinung. Aber was ist eine Seele? Wo findet man sie? Erkennt man sie, wenn man sie sieht? Und gibt es überhaupt noch etwas davon in den von mir beschriebenen netzwerkverrückten Unternehmen?
Kurze und einfache Antworten sind hier nicht möglich. Dennoch hier einige Tips zur Seelenlage:

1. Der Ort der Seele verändert sich. Immer öfter liegt der Kern nicht im Besitz einer Technologie oder einer fachlichen Fertigkeit. Seele kann in Fähigkeiten liegen wie dem Management von Allianzen (MCI, Apple), der Nutzung von Wissen (Hague über die Universitäten; siehe auch nächstes Kapitel), von Logistik und Vertrieb (Baxter International) oder von Informationssystemen (Wal-Mart, Federal Express, American Airlines, Citicorp). Seele wird immer »horizontaler«, sie wird zur Fähigkeit, die Verknüpfung mit Zulieferern, Händlern und Endverbrauchern im Sinne eines Prozesses zu handhaben.
2. Die Seele kann *tatsächlich* nach außen vergeben werden. Denken Sie an den Fall Optus, wo die Seele ganz offenkundig in den Aktivitäten im Bereich Informationssysteme zu suchen ist. Um innovativ zu bleiben und flexibel auf den wechselhaften Markt reagieren zu können, entschloß sich Optus zum Outsourcing eines Großteils seiner Seele.
3. Heute Seele, morgen Seelsorge. Die wertvolle Seele von gestern ist der Stolperstein von heute. Seele veraltet, wird nachgeahmt und braucht Erneuerung. Fragen Sie nur mal einen IBM-Mitarbeiter – wenn Sie einen finden können.
4. Es stimmt, daß es ab einem bestimmten Punkt keinen »Kern« (die kritische Masse, die etwas umhüllt) mehr gibt. Andererseits erfordert kritische Masse nicht mehr den »Besitz« von Mitarbeitern oder Anlagen. Wie wär's also mit dem Begriff »virtuelle Seele«? Ein schlafendes Netzwerk, das im Bedarfsfall über Nacht zum Leben erweckt werden kann. Liegt darin nicht das Geheimnis von Hollywood-Produktionen? Und ist Hollywood nicht ein wirklich ausgezeichnetes virtuelles Modell für die Zukunft? Ich meine ja. (Auch die Ertragslage Hollywoods spricht nicht unbedingt dagegen.)

Fazit 2: Das professionelle Dienstleistungsunternehmen als Vorbild

Bei genauerem Nachdenken stellt sich heraus, daß wir bereits auf ein breites Spektrum herausragender Vorbilder für »virtuelle Unternehmen«, blicken können. Es gibt sie schon lange – am Rande des ökonomischen Geschehens. Doch jetzt rücken sie in den Mittelpunkt.

Der erste Preis geht an ... professionelle Dienstleister.

Noch vor nicht allzu langer Zeit schätzte man sie als Parasiten ein (Buchhalter, Berater usw.), als Intellektuelle, die von der ehrlichen Arbeit anderer leben. (Reine Kopfarbeit – die aus dem Tempel vertriebenen Geldverleiher, die »Collegeboys« in der amerikanischen Schwerindustrie nach dem zweiten Weltkrieg – gilt schon seit eh und je als verdächtig.) Doch jetzt wird die Kopfarbeit zur echten Arbeit und der frühere Kern (Muskelarbeit) immer mehr zum Parasiten.

Hollywood = virtuelles Vorbild

Die folgenden alten und doch neuen Musterbeispiele sollten als Maßstab dienen:

- Reine Wissensprojekte (mehr Intellekt, weniger Material; das einzige Kapital die menschliche Phantasie) – ohne jeglichen Besitz kommt es zu einer immensen Wertschöpfung
- Virtuelle Unternehmen – nur wenige Mitarbeiter des professionellen Dienstleisters sind im Büro anzutreffen; und wenn ein solches Unternehmen einen Auftrag erhält, stellt man für das Projekt blitzschnell ein Netzwerkteam aus den weltweit besten Spezialisten zusammen
- Umfang ohne Grenzen – EDS hat rund 80 000 Mitarbeiter, von denen die meisten in zehn bis fünfzehn Personen starken Teams im Kundenunternehmen tätig sind
- Verantwortlichkeit – eine auf eigenständigen Projekten beruhende Organisation führt automatisch zur Gewinnorientierung, auch wenn das »Betriebskapital« über die ganze Welt verstreut ist

Es gibt gute und schlechte professionelle Dienstleistungsunternehmen, rentable und unrentable, kreative und Blindgänger. (In Kapitel 10 bis 14 von *Jenseits der Hierarchien. Liberation Management* werden Projekte und professionelle Dienstleistungsunternehmen in aller Ausführlichkeit besprochen.) Wie dem auch sei, das Modell des professionellen Dienstleisters und des virtuellen Unternehmens wird immer bestimmender für die Arbeit auf der ganzen Welt werden. Aus diesem Vorbild können (müssen) wir alle lernen.

Was da auf uns zukommt, das beschreiben auf eindringliche Weise Steve Truett von Texas Instruments und Tom Barrett von EDS in ihrem Beitrag zu *Cyberspace:*

> Die traditionelle Gleichung »Arbeit + Rohstoffe = wirtschaftlicher Erfolg« ändert sich jetzt sehr schnell, da amerikanische Unternehmen die von starkem Wettbewerb gekennzeichneten globalen Märkte des 21. Jahrhunderts angehen. Der strategische Vorteil liegt jetzt in der Aneignung und Kontrolle von Informationen... Die Unternehmen... werden verwirrend vielseitig und geographisch ausgedehnt. Es fällt zunehmend schwerer, verstreute Ressourcen für ein einziges Projekt oder eine einzige Gelegenheit effektiv einzusetzen... Die schwerfälligen Bürokratien dieses Jahrhunderts werden durch fließende, interdependente Gruppen von Problemlösern ersetzt werden... Wir glauben, daß die Cyberspace-Technologie der Hauptantrieb für die Schaffung neuer Unternehmensstrukturen sein wird. Die Technologie wird multidimensionale, professionelle Interaktionen und die natürliche, intuitive Bildung von Arbeitsgruppen ermöglichen. Die Technologie wird sich dahin entwickeln, sogenannte »Corporate Virtual Workspaces« (CVWS) als hochproduktiven Ersatz für die jetzigen Arbeitsumgebungen zu schaffen... Da keine Notwendigkeit für irgendwelche Einrichtungen außerhalb dieses Systems besteht, wird das Cyberspace-Unternehmen ausschließlich im Cyberspace existieren.
>
> Weil nur wenig Startkapital erforderlich ist, werden sich die Cyberspace-Unternehmen schnell um eine Einzelperson oder um eine Gruppe von Leuten herum bilden, die eine Gelegenheit entdeckt und einen Marktplan erstellt haben. Zusätzliche Cyberspace-Mitarbeiter werden von früheren Unternehmungen zusammengezogen oder neu verpflichtet. Die Gewinnaufteilung richtet sich nach den Beiträgen der Mitwirkenden.

> Ein Cyberspace-Unternehmen bietet vielleicht nur ein Produkt oder nur einen Service an – und löst sich dann auf. Oder aber es bildet sich mit dem Ziel, einen Produktmarkt längerfristig zu bedienen. Andere Cyberspace-Unternehmen spezialisieren sich unter Umständen auf die Erhaltung von Produkten, deren Entwickler andere Marktmöglichkeiten nutzen möchten.
>
> Cyberspace-Unternehmen werden sehr schnell handeln und kurzlebig sein. Sie werden aus intelligenten, kreativen High-Tech-Nomaden bestehen, die sich in Arbeitseinheiten zusammentun, um dynamische Marktchancen zu nutzen. Nach Abschluß eines Projekts zerfallen diese Einheiten wieder, und die Cyberspace-Spezialisten sehen sich nach neuen Aufgaben um. Hohe Personalfluktuation wird zur Regel. Da ständig neue Unternehmen entstehen, werden die Cyberspace-Experten vielleicht immer wieder mit denselben Menschen zusammenarbeiten. Aus den reichen Erfahrungen und vielfältigen Kontakten der Cyberspace-Spezialisten wird sich ein sehr produktives informelles Netzwerk entwickeln.

Ein ziemlicher Brocken. Und durchaus nicht ohne Gehalt. Denken Sie darüber nach, allein und mit Kollegen. Sie lachen? Dann haben Sie ein Problem. Die alten Regeln »Besitz ist Kontrolle« und »Arbeit an einem Ort« sind in den heutigen Märkten tödlich. Auch die neuere Regel »die Kernkompetenz aussuchen und daran feilen« ist wahrscheinlich schon überholt. Und selbst über den neo-tayloristischen Ansatz des Reengineering trägt uns diese Beschreibung des Cyberspace weit hinaus.

Ach ja, dieses Wort. Aber wir leben eben in einer Cyberspace-Welt. Und immer daran denken: verrückte Zeiten, verrückte Unternehmen.

Gefragt – getan

1. Heißt Arbeit in Ihrem Unternehmen Anwesenheit von neun bis fünf? An einem Schreibtisch? in einem Raum? Praktisch nur im Kontakt zu Kollegen? Wenn ja, warum? Wie viele Leute aus Ihrer Geschäftseinheit arbeiten zumindest einen

Tag in der Woche zu Hause? Und wie steht's mit Ihnen selbst? Weshalb? Weshalb nicht?

2. Wie hoch ist in Ihrem Unternehmen der Umsatz pro Mitarbeiter? In Ihrer Einheit? Ist das Niveau von Apple – oder gar Kingston Technology und Nintendo – unerreichbar? Sind Sie sicher?
3. Denken Sie sich Ihr Unternehmen als Ansammlung von »Dienstleistungspaketen«. Machen Sie eine Liste, die alle Tätigkeiten Ihres Unternehmens enthält. Suchen Sie für jedes Paket nach Alternativen. Können Sie welche finden? Nein? Probieren Sie es noch mal! Ganz in der Nähe? Weit, weit weg? Probieren Sie es weiter!
4. Nehmen Sie sich noch einmal die Liste interner Dienstleistungspakete vor. Und zwar im Sinne von IBM (WFS, Fertigung), Kennametal und der Lane Group. Können Sie sich vorstellen, in den nächsten 18 Monaten alle (!) diese Dienstleistungen zu kommerzialisieren und sie an Kunden und sogar an Konkurrenten zu verkaufen? Wenn nein, probieren Sie es noch mal! Und noch mal!
5. Können Sie sich ausmalen, nach dem Vorbild von Baxter, Andersen CFM und Draeger's all Ihre Produkte oder Dienstleistungen durch einen Zusatzservice beträchtlich aufzuwerten und dadurch eine Verflechtung mit Ihren Kunden zu erreichen? Und zwar so weitgehend, daß Sie einen wesentlichen Teil des Geschäftsbetriebs Ihrer Kunden übernehmen?
6. Erscheint Ihnen nach dem Modell von UPS, FedEx, EDS-General Motors und Coopers & Lybrand eine intensive Informationsverbindung mit Ihren Kunden denkbar, die zum Kern Ihres Produkt- oder Serviceangebots wird? (UPS war dies einige Milliarden wert; hätte man nicht gehandelt, wäre man auf der Strecke geblieben.)
7. Lassen Sie sich die Methode von Optus durch den Kopf gehen, mit der das Unternehmen Innovationen und Flexibilität in eine Kernkompetenz hineintrug. Läßt sich so etwas auf ihr Unternehmen anwenden? Vergeben Sie einen erheblichen Anteil Ihrer Kernkompetenz nach außen, damit sie ihre Frische nicht verliert? Wenn nicht, warum nicht? Sind Sie ande-

rerseits bereit, einzigartige Kernfertigkeiten (siehe die Fertigung von Ralston Purina) an Erzrivalen zu verkaufen? Wenn nicht, warum nicht? (Hinweis: Auch wenn Sie noch so sehr blockieren, wenn Sie damit nicht in den Markt gehen, dann werden diese Fertigkeiten verkümmern.)

8. Haben Sie einen Leiter Strategische Beziehungen? Sollten Sie einen haben?
9. Sind die Schaffung und Pflege von Allianzen eine Kernfähigkeit in Ihrem Unternehmen? Sollten sie es sein? Gibt es in Ihrem Unternehmen ein weitverzweigtes Ausbildungsnetz für die Anknüpfung von Beziehungen? Werden die Spezialisten für Allianzen, Netzwerke, Partner in Ihrem Unternehmen respektiert?
10. Können Sie sich ein ertragreiches und einflußreiches Unternehmen mit nur sehr wenigen Mitarbeitern vorstellen? (Rick Smolan, Brenda Brimage.) Denken Sie sich Ihr Unternehmen mit nur einem (oder zwei) Vollzeitbeschäftigten. Ist es wirklich ausgeschlossen?
11. Können Sie sich mit dem professionellen Dienstleistungsunternehmen als neuem Vorbild (für alle) anfreunden? Wenn nicht, dann sollten Sie noch einmal bei Kapitel 1 anfangen (ja, »mehr Intellekt ...«). Wenn Ihnen die Idee liegt, führen Sie eine systematische Studie dieser oft als irrelevant bezeichneten Firmen durch.
12. Werfen Sie einen Blick auf Hagues Universität in der neuen Republik des Geistes mit ihren akademischen Stars, Medienexperten, akademischen Impresarios, Ausbildungsberatern und so weiter. Fahren Sie in die Berge oder ans Meer (wirklich!) und denken Sie über »Organisation« nach. Was ist der Zweck Ihres Unternehmens? Können Sie sich ein Modell für Ihre Gruppe/Firma/Branche vorstellen, das genauso wild und wirr ist wie Hagues Vision? Wieviel von Ihrer Zeit verbringen Sie damit, über eine grundlegen-

Wie viele Mitarbeiter Ihrer Einheit ...

de Neugestaltung organisatorischer Strukturen nachzudenken? Prüfen Sie die Idee eines Gremiums mit externen Beratern – Künstler, Science-Fiction-Schriftsteller-, die Ihnen helfen können, sich das Unvorstellbare vorzustellen. Phantasievorstellungen sind dieser Tage die praktischste Arbeit für Unternehmen.

... arbeiten zumindest einen Tag in der Woche zu Hause?

Die meiste Arbeit in fortschrittlichen Volkswirtschaften *(Geistesarbeit)* wird durch Netzwerke von Nomaden geleistet werden, die aus aller Herren Länder zusammenfinden, das Projekt realisieren und dann wieder auseinandergehen. Es ist bestimmt keine Organisation, so wie wir sie kennen. Zumindest keine Organisation, wie sie von den Fortune 500-Unternehmen praktiziert wird. Es ist der Weg, den Hollywood, professionelle Dienstleister, Universitäten und andere Hüter rein intellektueller Fähigkeiten eingeschlagen haben. Und selbst wenn Sie angesichts der extremeren Formen dieses Getümmels ins Schleudern geraten, sollte zumindest so viel feststehen, daß Allround-Unternehmen mittlerweile Dinosaurier sind. Die Jagd nach Möglichkeiten für eine Verringerung des Unternehmensumfangs, für Expansion und für (meist) befristete Allianzen hat begonnen. *Siegen werden diejenigen, die mit viel Phantasie und unbehindert von konventionellen Vorstellungen über Organisation ins Rennen gehen.*

6. KAPITEL

Jenseits des Reengineering

DIe Firmen-Talkshow

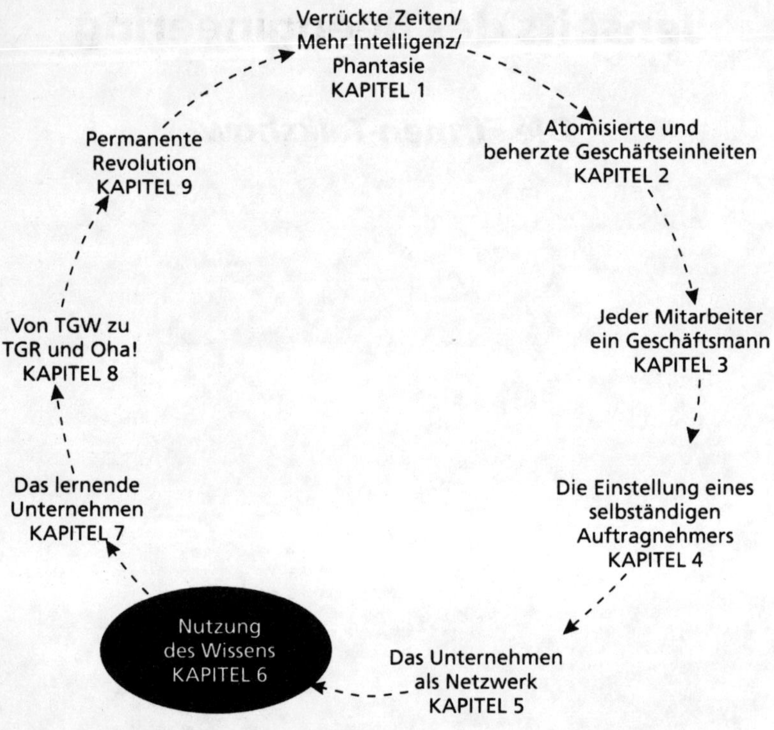
Verrückte Zeiten/
Mehr Intelligenz/
Phantasie
KAPITEL 1
Atomisierte und
beherzte Geschäftseinheiten
KAPITEL 2
Jeder Mitarbeiter
ein Geschäftsmann
KAPITEL 3
Die Einstellung eines
selbständigen
Auftragnehmers
KAPITEL 4
Das Unternehmen
als Netzwerk
KAPITEL 5
Nutzung
des Wissens
KAPITEL 6
Das lernende
Unternehmen
KAPITEL 7
Von TGW zu
TGR und Oha!
KAPITEL 8
Permanente
Revolution
KAPITEL 9

Körperlose Unternehmen sind das neue und notwendige Credo (Kapitel 5). Es gibt keinen (konventionellen) Kern mehr, oder er ist zumindest verteufelt schwer zu fassen. Aber es heißt nun mal: »mehr Intellekt, weniger Material«. Und eine auf Wissen basierende Ökonomie ist per definitionem körperloser und daher auch schwerer festzulegen. Dennoch gibt es einen neuen Kern: Wissen an sich. Wer demnach Wert erzeugen will, der muß Wissen erfassen und anwenden – und zwar schnell und mit Hilfe eines kurzlebigen Netzwerks (oder eines virtuellen Unternehmens, wie Sie wollen). Erfassung und Anwendung von Wissen erfordert völlig neue Organisationsfähigkeiten und mehr noch: eine völlig neue Vorstellung von Organisation. Das Unternehmen als Netzwerk bedeutet einen Fortschritt, aber wir müssen noch weiter gehen: *das Unternehmen als Nonstop-Talkshow?* Thomas Gottschalk als Prototyp des Vorstandsvorsitzenden?

»Die Nationen werden vergehen,
das Wissen wird triumphieren.«

Alvin und Heidi Toffler

Das Wissen nutzen

»Auf Basis der Lohnkosten *können wir* mit Ländern wie China *nicht mehr konkurrieren*«, erklärte Carlo de Benedetti, der Vorstandsvorsitzende von Olivetti, dem *Wall Street Journal Europe.* »Wir müssen unser Know-how nutzen.«

Nun gut, Benedetti mag sein Know-how vielleicht nicht immer auf ganz saubere Weise genutzt haben. Olivetti gehört ja bekanntlich zu den vielen italienischen Großunternehmen, die zusammen mit den von ihnen bestochenen Politikern in einen riesigen rechtlichen und politischen Skandal verwickelt sind. Doch von dieser unfreiwilligen Ironie einmal abgesehen, enthalten Benedettis Wort mehr als nur ein Quentchen Wahrheit.

Und er ist nicht der einzige, der in diese Richtung denkt.

»Die Nationen werden vergehen, das Wissen wird triumphieren«, schreiben Alvin und Heidi Toffler in der *New York Times* (in einem Artikel mit dem bezeichnenden Titel »Societies at Hyper-Speed,« [»Gesellschaften im Hyper-Tempo«]). John Seely Brown von Xerox schließt sich dem an: »Die moderne Wissensökonomie hängt ab von einer besseren Ausschöpfung des Wissens.« Ein Gemeinplatz? Vielleicht, aber deshalb nicht weniger richtig. Und das Leitmotiv dieser Bewegung kennen wir ja inzwischen: mehr Intellekt, weniger Material; das einzige Fertigungskapital die menschliche Phantasie.

Wissen ist die unumstrittene Hauptbasis für Wertschöpfung in heutigen Unternehmen. Aber wie sollen diese kontinuierlich Wissen entwickeln und nutzen? Vor allem wenn die »Unternehmen« immer ephemerer werden (siehe letztes Kapitel)?

Die meisten ringen noch um eine praktikable Lösung. Sie stimmen zwar darin überein, daß der Entwicklung und Nutzung von Wissen eine Schlüsselrolle zukommt, aber hinsichtlich wirklich guter Ansätze zur Realisierung dieses Vorhabens herrscht noch weitgehend Ratlosigkeit und Uneinigkeit.

Klein = groß durch Wissen

Seely Brown hält nicht viel von der Idee eines virtuellen Unternehmens (obwohl er selbst – wenn wir schon von Ironie reden – viele der elektronischen Netzwerkinstrumente erfunden hat, die zur Entstehung des virtuellen Unternehmens beigetragen haben) und betont im Gegenteil den bedeutenden potentiellen Vorteil großer Unternehmen in der wissensgestützten Ökonomie. »Der Schlüssel«, so meint er, »liegt in der Lernfähigkeit. Je mehr Mitarbeiter man hat und je schneller man lernt, desto mehr kann man von dieser Konstellation profitieren.«

Seely Brown hat einen Bundesgenossen in Percy Barnevik. Sie erinnern sich, Barnevik hat ABB in Tausende von kleinen Geschäftseinheiten aufgegliedert, weil sich nach seiner Überzeugung nur so der notwendige unternehmerische Eifer erzeugen ließ, um in notorisch übersättigten Märkten zu bestehen. Wenn dieser Eifer sein erklärtes Ziel war, weshalb hat er die Einheiten dann nicht einfach an ihre Manager verkauft? Weil er sich darüber im klaren ist, daß die Einheiten zusammen mehr wissen denn als einzeln operierende Unternehmen. Größer ist nicht unbedingt besser; klüger ist besser, und größer kann (muß aber nicht) klüger heißen.

Dies führt uns auf eindringliche Weise der Geschäftsbereich Leistungstransformatoren von ABB vor Augen. Mit einem Umsatz von 1 Milliarde Dollar ist

> **»Wir sind eine Ansammlung lokaler Unternehmen mit intensiver globaler Koordination.«**
> *Sune Karlsson*

dieser Geschäftsbereich viermal so groß wie sein größter Konkurrent. Marktdominanz durch Größenvorteile nach traditionellem Muster? Wohl kaum. Zum Geschäftsbereich gehören 25 praktisch autonome Betriebsstätten in 17 verschiedenen Ländern. Die einzelnen autonomen Betriebe sind jedoch meist kleiner als ihre Konkurrenten vor Ort. Was aber macht sie dann zu solch übermächtigen Konkurrenten? Sicherlich nicht ihre Größe. Nein, ihr Wissenspotential. »Wir sind kein globales Unternehmen«, sagte Geschäftsbereichsleiter Sune Karlsson zur *Harvard Business Review.* »Wir sind eine Ansammlung lokaler Unternehmen mit intensiver globaler Koordination ... Unsere größte Stärke besteht darin, daß wir über die Welt verstreut 25 Fabriken haben. Jede hat ihren eigenen Präsidenten, ihren eigenen Konstruktionsleiter, Marketing- und Produktionsleiter. Diese Menschen arbeiten Tag für Tag, Jahr für Jahr an denselben Problemen und Marktchancen und lernen daraus enorm viel. Wir möchten einen Prozeß des kontinuierlichen Transfers von Fach- und Spezialwissen schaffen. Und wenn uns das gelingt, ist dies ein Vorteil, an den keiner unserer Rivalen herankommen kann.« Karlsson und Barnevik setzen im Hinblick auf die Zukunft des Bereichs Leistungstransformatoren und auch von ABB ganz auf dieses große »Wenn« – auf die Fähigkeit des Unternehmens, im grenzüberschreitenden Wissensaustausch zwischen den Einheiten zu lernen und zu wachsen.

Das ABB-Paradox

Ist auch Ihnen das Paradox bei ABB aufgefallen? Einerseits hat Barnevik das Unternehmen radikal dezentralisiert, gesundgeschrumpft und einigen tausend Profit Centern, die zu 90 Prozent unternehmerisch und vor allem direkt am Marktgeschehen operieren, größtmögliche Autonomie verliehen. Für sie heißt es Top oder Hop. Doch andererseits setzen Karlsson und Barnevik auch auf die Fähigkeit ihres Unternehmens, diese geschäftigen Einheiten zur Kooperation und zum Wissensaustausch zu bewegen.

Beispiel: Angenommen, eine australische Einheit des Bereichs Leistungstransformatoren muß für einen 20 Millionen-Auftrag binnen 96 Stunden ein Angebot unterbreiten. Und ihr deutsches Pendant hat just vor einem halben Jahr dank eines fähigen Chefingenieurs den Zuschlag für ein ganz ähnliches Geschäft erhalten. Die Gesamtstrategie globaler Koordination bei ABB funktioniert nur, wenn der in seiner eigenen Einheit eigentlich voll ausgelastete deutsche Ingenieur bereit ist, alles stehen und liegen zu lassen und der australischen Einheit zu Hilfe zu eilen. Und warum sollte er? Die Entwicklung von Anreizen für diese Form kooperativen Verhaltens ist eine der größten – wenn nicht die größte – Herausforderung, vor denen Karlsson und Barnevik stehen.

Eine ausgeklügelte elektronische Vernetzung kann hier natürlich helfen – mehr darüber später. Aber im Grunde genommen handelt es sich hier um eine Frage der Unternehmenskultur. Wie kann eine starke Norm des wechselseitigen Austauschs bei den soeben unabhängig gewordenen Einheiten Fuß fassen? Selbst die teuerste elektronische Ausrüstung kann nämlich erst unter diesen Voraussetzungen die erhoffte Wirkung erzielen.

Gerne würde ich behaupten, daß ich die Bemühungen von Karlsson und Barnevik voller Zuversicht betrachte, aber ich müßte lügen. Ihr Einsatz wird nur dann Früchte tragen, wenn die gestreßten ABB-Mitarbeiter davon überzeugt sind, daß sie im Gegenzug für ihre Unterstützung des Netzwerks auch mit Hilfe rechnen können, falls sie sie brauchen.

So lief es bei McKinsey & Co., wo ich in den siebziger Jahren arbeitete. Wir mußten uns immer beeilen, um den Tagesanforderungen gerecht zu werden; vom Erfolg im laufenden Projekt hing alles

Das ABB-Paradox

Die selbständige Einheit ist zum Erfolg verurteilt und Macht ergibt sich aus ständiger Kooperation der Einheiten

ab. Dennoch galt es als selbstverständlich (durch »Kultur« und Beurteilungskriterien), daß man im Sinne eigener Karrierefortschritte anderen aushalf und sich ein entsprechendes Ansehen verschaffte, auch wenn man dafür große Opfer bringen mußte.
In meiner Naivität glaubte ich, eine ähnliche Atmosphäre herrsche auch in den meisten anderen Unternehmen. Mein Fehler. Es war nicht so und ist nicht so. Ich mußte einsehen, daß nur wenige professionelle Dienstleister – von Stahlwerken ganz zu schweigen – über eine Kultur des Wissensaustauschs verfügen. Wie sich solch eine Kultur erzeugen läßt in Unternehmen, in denen immer mehr Mitarbeiter entlassen werden und die Verbleibenden ein immer größeres Arbeitspensum zu bewältigen haben, diese Frage gibt allen Managements, die mit Hilfe einer verstreuten Wissensbasis Gewinne erzielen möchten, große Rätsel auf.

Das größere Paradox

Das Paradox von ABB hat also allgemeine Bedeutung. Wenn Sie die voranstehenden Kapitel aufmerksam gelesen haben, dann wissen Sie, daß ich sozusagen mit gespaltener Zunge gesprochen habe.
Einerseits habe ich mich mit der Dezimierung des Verwaltungspersonals befaßt – die Eliminierung der meisten Stabsmitarbeiter und die Eingliederung der meisten Übriggebliebenen in marktbezogene Arbeiten. Andererseits habe ich immer wieder betont, daß Expertenwissen, Geistesarbeit und überragende Kompetenz für den Erfolg wichtiger sind denn je. Ich habe das Expertentum aus seiner Heimat im Elfenbein-

Das größere Paradox

Stabsexperten sind keine Experten; also weg mit ihnen und Expertenwissen ist wichtiger als jemals zuvor

turm des Unternehmens verdammt und gleichzeitig seinen Primat verkündet. Ja, was denn nun?
Die Antwort lautet schlicht und ergreifend, daß Geistesarbeit trotz ihrer enormen Bedeutung nicht in einem großen Gebäude stattfinden muß, wo der Vorstandsvorsitzende und seine Führungsmannschaft den Hut aufhängen (und sich selbst gleich dazu, wenn sie sich nicht beizeiten der Wissensrevolution anschließen).
John Thompson, der frühere Vorsitzende von Computer Sciences Europe (CSC), hat es begriffen. Den Geschäftsbericht 1991 begann er mit folgender überraschenden Erklärung: »Wir sehen wenig Mehrwert darin, wenn die Mitarbeiter einer Hauptverwaltung transnationale Aktivitäten ›koordinieren‹, daher haben wir unsere Verwaltungsniederlassung in Brüssel geschlossen; die Funktionen, die spezialisierte Dienstleistungen anbieten, befinden sich nun in der Linienorganisation, die ihnen entspricht.«
Später traf ich Thompson während der Pause eines meiner Seminare wieder. Dabei äußerte ich die Vermutung, er habe seine Bemerkung über die Auflösung der Hauptverwaltung wohl nur metaphorisch gemeint. Thompson nahm mich beim Arm und führte mich zu drei leeren Stühlen im Raum. »Tom«, sagte er, »ich habe meine zwei Stabsmitarbeiter mitgebracht. Wir haben keine Zentrale, wirklich. Ich könnte auch sagen, daß die Hauptverwaltung für den heutigen Tag aus den Inhabern dieser drei Stühle besteht.« Er meinte es wörtlich.
Sehen wir uns Thompsons Aussage noch einmal genauer an. Er hat das Gebäude der Hauptverwaltung abgeschafft, damit jedoch nicht gesagt, daß die Fertigkeiten in der Zentrale unwichtig sind. Er meinte, die Mitarbeiter mit den notwendigen Fähigkeiten könnten im Herzen einer passenden Linienorganisation effektiver und effizienter arbeiten. »Wir brauchen auch weiterhin zentrale Kompetenzen, beispielsweise in Fi-

nanzangelegenheiten«, fuhr er in seinem Jahresbericht fort, »aber wir unterhalten unsere Kompetenzen dort, wo unsere Finanzexperten wohnen, und diese wiederum stehen in Verbindung mit anderen in unseren Länderorganisationen. Wir ziehen diese Kompetenzen also nicht in einer zentralen Hauptverwaltung zusammen, sondern verteilen sie auf ganz Europa.«

»Zentral« ist für Thompson kein rotes Tuch. Zentrale Kompetenzen sind wichtiger denn je, zentrale Hauptverwaltungen überflüssiger denn je. Thompson benötigt Expertenwissen, aber diese Experten müssen nicht wie die Ölsardinen in einem Brüsseler Büroturm sitzen und einen Großteil ihrer Arbeitszeit mit Bürointrigen und Katzbuckeln vor ihren Chefs verplempern. Sie sollten im Außendienst stehen, dort, wo ihr Wissen am meisten gebraucht wird. Sie schöpfen aus ihrem kollektiven Wissen und wenden es im Bedarfsfall sehr schnell an. Das heißt also, sie »zentralisieren« durch das Netzwerk (immer vorausgesetzt, daß die Norm des bereitwilligen Austauschs zwischen den vielbeschäftigten und weit verstreuten Spezialisten fest verankert ist).

Barnevik verfolgt mit ABB einen ganz ähnlichen Ansatz. Jeder der über 60 Geschäftsbereiche beschäftigt einige wenige Stabsexperten. Aber diese Voll- oder Teilzeitstabskräfte verbringen die meiste Zeit auf Reisen und beteiligen sich direkt am Geschäft mit dem Wissentransfer. Und wo haben sie ihre Büros? Das kann sich von Jahr zu Jahr ändern. Aber eines ändert sich auf keinen Fall: Keiner der Geschäftsbereichsleiter arbeitet in der Unternehmenszentrale in Zürich. Sie versammeln sich eher an den Schauplätzen des jeweiligen Geschehens. Beispielsweise zog ein Geschäftsbereichsstab binnen vier Jahren von Schweden nach Deutschland und dann in die Vereinigten Staaten, um am Puls des Marktes zu bleiben.

Expertenwissen? Ist wichtiger als je zuvor. (Darum geht es doch in diesem Buch.) Und wo findet man es? Dort, wo es gebraucht wird und solange es gebraucht wird. Wie bewegt es sich fort? In den Personen oder über das Netzwerk, je nachdem, was besser funktioniert. Vorausgesetzt …

Bob Buckmans beängstigende Beobachtung

Vorausgesetzt, man bekommt die berühmten Anreize in den Griff. Bob Buckman weiß darüber bestens Bescheid. Er ist Leiter der Buckman-Laboratorien mit einem Jahresumsatz von 250 Millionen Dollar. Das Unternehmen arbeitet sehr erfolgreich als Hersteller von Spezialchemikalien und hat seine Hauptverwaltung in Memphis, Tennessee. Das Unternehmen ist in Privatbesitz, aber Buckman wollte sich über seinen Marktwert kundig machen. Eine Schätzung durch eine New Yorker Investment-Bank führte zu einem für ihn erstaunlichen Ergebnis. Die Finanzexperten veranschlagten den Marktwert seines Unternehmens 175 Millionen Dollar höher als seinen Buchwert. Die meisten Unternehmen, auch Hersteller, sind heute mehr wert als die Summe ihrer Sachanlagen. Aber hier war der Unterschied eklatant.

Buckman erklärte es sich so, daß ein Großteil der 175 Millionen Dollar auf das Wissen des Unternehmens zurückzuführen ist. Schön. Aber was passiert mit diesem Wissen? Wächst es? Schrumpft es? Veraltet es? Und wo sitzt es überhaupt? Buckman konnte keine dieser Fragen beantworten. Er konnte lediglich sagen, daß dieser Wissensschatz irgendwo in den Köpfen der rund tausend Buckman-Mitarbeiter herumspukte, die in siebzig Ländern die verschiedensten Branchen versorgten. Mit einem Mal erschien es Buckman zwingend geboten, diese immensen Werte besser in den Griff zu bekommen.

Damit begann sein passioniertes Streben nach Wissen in den Buckman-Laboratorien. Wissen als Wert erfordert Management, und Buckman hat alle Unternehmenstätigkeiten im Bereich Informationsdienste der sehr treffend benannten Abteilung Wissenstransfer übertragen. Das entwicklungsintensive Unternehmen gibt mittlerweile mehr für Informationssysteme aus, die den Wissenstransfer unterstützen, als für Forschung und Entwicklung. Und dies entspricht auch genau Bob Buckmans Wünschen.

Der »Direktor Wissensmanagement«

»Während wir auf das Chaos der Zukunft zusteuern«, sagte Buckman bei einer Rede vor den Marketingfachleuten seines Unternehmens, »wird der Fortschritt der Buckman-Laboratorien im Vergleich zu anderen Unternehmen vom Wertzuwachs des im Unternehmen vorhandenen Wissens bestimmt werden. Durch die Beschleunigung des Wissenstransfers können wir die Ansammlung von Einzelpersonen, die wir Buckman nennen, zu dem machen, was sie sein können. Unser strategischer Vorteil liegt in der Hebelwirkung des Wissens.«

»Entscheidend für das Ganze ist das Netzwerk«, teilte mir Buckman später mit. »Es sollte jeden innerhalb des Unternehmens mit jedem außerhalb verbinden. Wenn man den Mitarbeitern an vorderster Front, die den Cash-flow für das Unternehmen erzeugen, nicht die gleichen Verbindungsmöglichkeiten einräumt wie dem Vorstandsvorsitzenden, dann hat man auch nicht die nötige Verbindungsdichte, um Wissen strategisch zu nutzen.«

Aber, ich wiederhole mich, Mitarbeiter teilen Informationen nicht instinktiv. Sie sind daran gewöhnt, sie zu horten. In unseren hierarchischen Unternehmen ist Wissen Macht. Wenn ich etwas weiß, was Sie nicht wissen, bin ich im Vorteil. Wenn ich mein Wissen ohne weiteres preisgebe, verliere ich meinen Vorteil. Wie hat nun ein »Management« des Wissenstransfers auszusehen?

Eine Teilantwort auf diese Frage war bei den Buckman-Laboratorien die Schaffung elektronischer »technischer Foren« für die einzelnen Branchen, die das Unternehmen versorgt. Jedes technische Forum – in Anlehnung an die Terminologie des letzten Kapitels könnte man auch von virtuellen Stabsfunktionen sprechen – hat einen Sektionsleiter, der als Gastgeber fungiert. (Sie sollten sich schon einmal an diesen Ausdruck gewöhnen.) Wo leben diese Sektionsleiter? Buckman handhabt es wie CSC oder ABB: dort, wo es sinnvoll ist. Die Sektionsleiter berufen sich mehr oder minder selbst und erledigen dann ihre Arbeit, ob sie nun in Australien, Südafrika oder Memphis, Tennessee, sitzen.

Tatsächlich ist nur ein Teil des Netzwerks in der Zentrale in Memphis angesiedelt. Es handelt sich dabei um das aus sieben Mitarbeitern bestehende Technische Informationszentrum, das als rund um die Uhr erreichbarer Systemkoordinator fungiert, der die nötigen Kontakte herstellt, wenn es um die schnellstmögliche Lösung eines Kundenproblems geht.

> **»Unser strategischer Vorteil liegt in der Hebelwirkung des Wissens.«**
>
> *Bob Buckman*

Wie Sune Karlsson von ABB ist sich Bob Buckman darüber im klaren, daß für ein reibungsloses Funktionieren des Netzwerks erst einmal die Initialzündung durch geeignete Anreize erforderlich ist. »Die mächtigsten Persönlichkeiten in der antibürokratischen Zukunft der Buckman-Laboratorien«, wird er nicht müde zu betonen, »werden diejenigen sein, die beim Transfer von Wissen an andere die beste Arbeit leisten.« Die Systeme für Anreize, Beurteilung und Beförderung – und nicht zuletzt der Vorstandsvorsitzende selbst – begünstigen also die Austauschwilligen und übergehen oder bestrafen die Unbelehrbaren.

Trotz aller Verheißungen der Technoexperten ist das Wissensmanagement nicht in erster Linie eine Frage von Bits und Bytes. Rund 17 000 Berater und Buchhalter bei Price Waterhouse benutzen Notes, das neue Technologiesystem für Arbeitsgruppen von Lotus. Das Programm Notes ist zwar auf dem neuesten Stand der Technik, aber die Nutzung durch Price Waterhouse läßt nach Angaben des Magazins *CIO* noch sehr zu wünschen übrig.

Die Spezialberater von Price Waterhouse verwenden das

Programm fast ausschließlich für Mitteilungen untereinander. Das ist zwar ein Anfang, läuft aber eigentlich darauf hinaus, daß man Notes als einen kostspieligen Ersatz für E-Mail benutzt. Dies stellte Professorin Wanda Orlikowski vom MIT aufgrund ihrer Nachforschungen bei Price Waterhouse fest. »Das ist ganz etwas anderes als die Zusammenarbeit in einem Gemeinschaftsprojekt«, resümiert sie. Und der Journalist Thomas Kiely von *CIO* fügt hinzu, daß sich »die Vision eines kollektiven Bewußtseins innerhalb der Arbeitsgruppe als unerreichbar erwiesen« habe. Wenn das intelligente Programm einen Wert haben soll, dann müssen die Mitarbeiter dazu motiviert werden, sein Potential voll auszuschöpfen.

McKinsey & Co. scheint schon weiter zu sein auf diesem richtigen Weg. Die erklärte Absicht des Unternehmens, so Brook Manville, der bis zu seiner kürzlich erfolgten Beförderung Direktor Wissensmanagement bei McKinsey war, ist die Nutzung elektronischer Netzwerke (unter anderem Notes) als ein Instrument für einen fundamentalen Wandel der professionellen Praxis und Kultur des Unternehmens.

Manville möchte McKinsey in einen dynamischen Markt leicht verfügbarer Ideen verwandeln.

Früher hat sich McKinsey darauf beschränkt, besonders intelligente und energische Mitarbeiter auf ein Klientenprojekt anzusetzen. Manville nennt dies einen Ansatz nach der Devise »Wir sind schlauer als alle anderen, und das reicht, um unseren Vorsprung zu bewahren«. Aber die anderen und auch die Klienten haben aufgeholt, und so drängt sich nach Ansicht Manvilles als nächster Schritt die Nutzung von Beratererfahrungen geradezu auf. Das aber bedeutet, daß man weit über den traditionellen Spontanansatz hinausgeht und das Wissen aus etwa 1500 Projekten pro Jahr systematisch entwickelt und im Unternehmen weitergibt.

(Wie Manville überhaupt zum Wissensmanagement kam, ist bezeichnend. Ursprünglich bat man ihn um seine Mitarbeit an einem eher unwichtigen Projekt, das in etwa darauf hinauslief, die Bibliothek von McKinsey auf Vordermann zu bringen. Das Ganze entwickelte sich letzten Endes zur ersten strategischen Neupositionierung des Unternehmens seit Jahrzehnten.)

Die Wissensentwicklung bei McKinsey beruht auf rund dreißig sogenannten »Praxiszentren« (für Finanzwesen, Technologie usw.). Es handelt sich – vergleichbar den freischwebenden Expertenzentren von CSC Europa – um virtuelle Gemeinschaften aus freiwilligen Berater-Experten, die dem übrigen Unternehmen ihr Know-how aggressiv anbieten. Ich sage aggressiv, weil sie ihr Wissen nicht nur zur Verfügung stellen, sondern es ungeniert feilbieten.

Das Ziel, so Manville, ist die Schaffung eines »dynamischen Marktes leicht verfügbarer Ideen«. Alle Zentren »sollten einfach daran denken, ihr Wissen durch Gedankenaustausch mit den Beratern in der ganzen Firma zu erweitern«, fügt der McKinsey-Manager Matassoni hinzu. Zu diesem Zweck ermitteln viele der Zentren, wie viele der internen Kunden auf das von ihnen angebotene Material zurückgreifen. Einige bezeichnen Anfragen von Beraterkollegen als »Verkaufshinweise«, und einige Zentren veröffentlichen sogar »Bestseller-Listen« der am häufigsten verlangten Fallstudien und Dokumente.

Das Praxiszentrum, das sich bei McKinsey am besten entwickelt zu haben scheint, ist die »Organization Performance Practice« (OPP; Praxis der Organisationsleistung). Mit seinen rund siebzig freiwilligen Beratungsexperten und einer vierköpfigen Support-Gruppe (drei McKinsey-Mitarbeiter, ein Selbständiger), die das Rapid Response Network (RRN; Netzwerk für rasche Reaktionen) betreuen, ist dieses Zentrum eines der größten.

Dieses »zentrale« RRN-Team (zentral nur seiner Funktion nach, seinen Sitz hat es in drei verschiedenen Städten und im freien Gästezimmer eines der Mitglieder; die Hauptverwaltung des Unternehmens ist in einer anderen Stadt) verspricht internen Beratungskunden auf der ganzen Welt rasches Antworten auf jede Nachfrage – meist in Form einschlägiger Dokumente, die aus zahlreichen Datenbanken abgerufen werden, und der Vermittlung an geeignete Experten. Bei dieser Arbeit darf der Faktor Mensch nicht unterschätzt werden. Schickt man zu viele Unterlagen, fühlt sich der ohnehin schon gestreßte Berater vollends überrollt; schickt man zuwenig, ist er womöglich enttäuscht. Und jeder von mehreren tausend Mitarbeitern hat eine andere Toleranzschwelle in dieser Hinsicht. Das Herunterspielen solcher Probleme ist die Achillesferse der meisten Programme zur Wissensentwicklung.

Um dem RRN mehr Kraft zu verleihen, hat sich jeder Angehörige der Organization Performance Practice dazu bereit erklärt, mehrere Wochen im Jahr als »Berater vom Dienst« zu fungieren. Diese Bereitschaftsberater müssen ihre eigenen Arbeiten erledigen und garantieren dennoch, daß sie binnen 24 Stunden auf Anfragen aus den 58 Büros in 28 Ländern reagieren. Auch hier ist der Ansatz der RRN-Mannschaft entscheidend: Sie müssen nicht nur den »Kunden« versorgen, sondern sich auch um die unterschiedliche Belastbarkeit der »Zulieferer« kümmern.

Der RRN-Stab betreibt auch umfangreiche Nachfaßarbeit und erkundigt sich gewissenhaft nach der Kundenzufriedenheit. Man veröffentlicht sogar einen informativen und mit Zahlen gespickten Jahresbericht über die Fortschritte der Praxis.

Durch diese starke Formalisierung des Netzwerks will man die gehetzten McKinsey-Berater dazu bewegen, die institutionelle Wissensentwicklung ernst zu nehmen: Man möchte sie dazu bewegen, das Informationsreservoir des Unternehmens regelmäßig für ihre Arbeit zu nutzen und sich die Zeit zu nehmen, das Reservoir aufzufüllen (natürlich auch, bekennt Manville, damit sie Gewissensbisse bekommen, wenn sie das nicht tun). Dazu gehören selbstverständlich auch häufige Ermahnungen des Managements. Die Manager predigen unablässig »Wissensentwicklung als professionelle Verantwortung«, wie es Manville formuliert.

Zudem arbeitet man bei McKinsey an der weiterführenden kulturellen Idee, erkennbare Beiträge zur Wissensbasis zur zwingenden Voraussetzung für eine positive Leistungsbeurteilung der Berater zu machen. Und wichtige Beiträge zur Wissensentwicklung sollen auch für die obersten Ränge des Unternehmens entscheidende Kriterien für eine Beförderung sein. Manville räumt ein, daß er mit der Schaffung einer Kultur systematischer Wissensentwicklung erst am Anfang steht, aber er stellt die richtigen Fragen und bewegt sich in die notwendige Richtung. Wir sind das Wissensmanagement – selbst in einem Unternehmen wie McKinsey, wo Wissen als das wichtigste Kapital gilt, läßt sich dieser Gedanke nur schwer vermitteln.

Wie man TV-Zuschauer einwickelt

Seelenverwandt mit Manville ist Andy Zimmermann von Coopers & Lybrand, der auf »Benutzerfreundlichkeit« schwört. Weil ihn die Grenzen rein technischer Lösungen für Probleme des Wissenstransfers frustrierten, richtete er unter dem Namen Knowledge Network (Wissensnetzwerk) einen Kabel-TV-Sender ein. (Arthur Andersen nennt ein ganz ähnliches, auf Notes gestütztes hauseigenes Netzwerk Knowledge Exchange – Wissensaustausch.) Das computergestützte Knowledge Network bietet Dutzende verschiedener »Kanäle«, wie zum Beispiel Branchensegmente (Automobil, Bank, Energie usw.), C&L-Spezialitäten (Steuerrecht, Finanzen usw.) und geographische Regionen. Auf jedem Kanal können die Benutzer verschiedene »Sendungen« wählen, durch die ein C&L-Experte führt. (Zimmermann nennt diese unternehmensangehörigen Wissensverteiler »Knowbodies« – wieder ein neues Wort.) Jeden Dienstag mittag können die C&L-Berater auf dem Versicherungskanal einen Text von höchstens 200 Zeilen über die jüngsten Veränderungen der Branche lesen. Jede Sendung bleibt eine Woche lang im Programm und wird dann ersetzt.
Andere Wahlmöglichkeiten eröffnen den Anwendern Zugang zu Branchenberichten und zusätzlichen Dokumenten. Doch die beliebtesten und wirkungsvollsten Angebote sind die sogenannten »Talkshows«. Der Diskussionskanal des

Netzwerks widmet sich mit seinen mehr als achtzig Gesprächsrunden berufsspezifischen Themen – von Fusionen und Übernahmen durch Klientenunternehmen über Steuern zu allgemeinen Hilfsgesuchen (die – wie könnte es anders sein – als »Stellenangebote« bezeichnet werden).

Wie andere Fernsehanstalten auch verfolgt das Knowledge Network die wöchentlichen »Einschaltquoten« und dokumentiert die Auslastung des Systems. Diese Erkenntnisse fließen in die Arbeit der Netzwerk-Gestalter ein, die stets darum bemüht sind, sich mit ihrem Angebot an den Bedürfnissen der Kunden zu orientieren.

Und was bewirkt das Ganze? Vicky DeCoster, Leiterin der Berichtsabteilung in der C&L-Niederlassung in Omaha mit 66 Mitarbeitern, »moderiert« (das heißt schuf und leitet jetzt) eine landesweite Diskussionsgruppe für Stabsmitarbeiter, die Berichte und Angebote für Kunden erstellen. »Ich habe mit dieser Konferenz begonnen, weil ich mich bei der Arbeit – damals noch in einem kleineren Büro im Mittleren Westen – einfach isoliert fühlte«, erzählte sie meinem Kollegen Paul Cohen. »Wenn ich mit einem Software-Problem nicht weiterkam, dann dauerte es drei oder vier Tage, bis jemand aus einem anderen Büro zurückrief – wenn ich überhaupt wußte, wen ich anrufen sollte.« Jetzt erhält sie die gewünschte Antwort innerhalb eines Tages, oft sogar innerhalb einer Stunde. »Das macht einen Riesenunterschied für die Kunden«, meint sie, »und wenn man genügend motiviert ist, dann kommt man mit dem Netzwerk überall hin.«

Zimmerman möchte DeCosters Einstellung auf das gesamte Unternehmen übertragen. »Die neue Technologie«, sagte er im Gespräch mit Cohen, »eröffnet uns die Möglichkeit, Machtbefugnisse zu delegieren und die Hierarchie zu verflachen. Ich selbst war Zeuge, als eine Mitarbeiterin des technischen Kundendienstes die Frage eines geschäftführenden Gesellschafters direkt beantwortete. Leitende Manager unterhalten sich mit Leuten aus aller Welt, deren Anrufe in einer klassischen Organisation sehr wahrscheinlich unbeantwortet bleiben würden. Wir sehen, daß sich die Leute als Wissensarbeiter neue Aufgaben schaffen.«

Bei jedem Gespräch mit Zimmerman fällt auf, wie stark er die anthropologische Komponente des C&L-Netzwerks betont. Die Technologie ermöglicht das Netzwerk nur, doch betrieben wird es durch praktische Anreize und Phantasie (das einladende Kabel-TV-Format und die vertraute Fernsehsprache). Die Mitarbeiter benutzen das Netzwerk zum Austausch von Wissen, wenn es sich für sie lohnt und wenn es ihnen leicht fällt. Punktum.

Vernetzte Expertengemeinschaften

Bob Buckman setzt auf seine elektronischen »technischen Foren«, Percy Barnevik auf seine rastlosen Geschäftsbereichsexperten, McKinsey auf virtuelle Gemeinschaften/Praxiszentren (und formale Katalysatoren wie RRN) und Coopers & Lybrand auf sein benutzerfreundliches, als Kabel-TV getarntes Computernetzwerk.
Das Institute for Research on Learning (IRL; Institut zur Erforschung des Lernens), ein ehemaliger Teilbereich des Palo Alto Research Center von Xerox, steht mit seinen Untersuchungen über die Entstehung und die Auswirkungen von Wissensentwicklung praktisch alleine da. »Lernen«, sagt Susan Stucky vom IRL, »ist der Prozeß der Eingliederung in eine Praxisgemeinschaft. Die Motivation des Lernens ist die Motivation, zum Mitglied zu werden.«
Zum Mitglied einer Praxisgemeinschaft (ein, wie ich finde, sehr treffender Begriff) zu werden, ist heute eine entscheidende Voraussetzung für den beruflichen Erfolg. Wer kein Mitglied ist, so die Forscher vom IRL, kann in einem Zeitalter des Wissens nicht bestehen. Das IRL hat von Fluggesellschaften bis hin zu Versicherungsunternehmen schon alles erforscht. Im letzteren Fall beispielsweise können neue Mitarbeiter nur in dem Maße Effektivität entfalten, wie sie in

Das Knowledge Network von C&L lockt seine Benutzer mit:

Es ist ganz einfach. Entweder wir gewöhnen uns daran, über die subtilen Prozesse des Lernens und Wissensaustauschs in verstreuten, kurzlebigen Netzwerken nachzudenken. Oder wir gehen zugrunde.

einer Praxisgemeinschaft aufgenommen werden oder wie sie dies selbst wünschen. Etienne Wenger vom IRL betont, daß ein Unternehmen im Wissenszeitalter nur »eine Versammlung vernetzter Praxisgemeinschaften« sei. Wunderbar.

Wunderbar? Oder doch nur New Age-Kauderwelsch für Manager? Nein, ich bestehe darauf: wunderbar. Es ist ganz einfach. Entweder wir gewöhnen uns daran, über die subtilen Prozesse des Lernens und Wissensaustauschs in verstreuten, kurzlebigen Netzwerken nachzudenken. Oder wir gehen zugrunde.

Das IRL hat festgestellt, daß die aufregendsten Praxisgemeinschaften (die für Innovation und Wandel im Unternehmen entscheidend sind) am Rande der Unternehmen existieren und die verschiedensten Charaktere anlocken. Ungeachtet der großen Anstrengungen von McKinsey und anderen zur Formalisierung solcher essentiellen Praxisgemeinschaf-

»Sendungen« ... »Wissen« ... »Stellenangeboten« ... »Einschaltquoten« ...

ten, behauptet das IRL, daß sich diese nicht erzeugen oder gestalten, sondern nur entdecken und unterstützen lassen.
Ein wesentlicher Punkt. McKinseys programmatischer Ansatz ist von unschätzbarem Wert für das Unternehmensziel einer systematischen Wissensnutzung. Aber dennoch ist die Tatsache nicht zu übersehen, daß kuriose und scheinbar belanglose Bruchstücke von Wissen aus völlig unwahrscheinlichen Quellen immer wieder den Anstoß geben zu sprunghaften Lernfortschritten. Im Lauf der Zeit werden sich dieses hervortretende Wissen und die damit befaßten informellen Praxisgemeinschaften ausdehnen und die Grenzen verbiegen, die McKinsey (oder irgendeine andere Organisation) aufrechtzuerhalten sucht. Wollte man allein die formale Struktur betonen und die, so das IRL, kauzigen Verbindungen überhaupt nicht fördern, so würde das zu katastrophalen Folgen führen.
(Mehr noch: Man kann hier nicht genügend Vorsicht walten lassen. IRI-Forscher haben schon des öfteren festgestellt, daß scheinbar vernünftige Umstrukturierungen die Kernkompetenz eines Unternehmens zerstörten, weil sie informelle Praxisgemeinschaften auseinanderrissen, die zwar ein Schattendasein führten, aber trotzdem wesentlich zum Beispiel für die Haupttechnologie des Unternehmens waren.)

Arbeit als Gespräch

Ein anerkennender Artikel über das IRL in der Zeitschrift *Training & Development* trug den Titel: »The Search for the Poetry« (»Die Suche nach der Poesie«). Wissensstrom und Poesie von Netzwerken sind Teil eines umfassenden Wandels in unserer Einstellung zur Arbeit. Der Wirtschaftsjournalist Alan Webber hat dafür den Ausdruck Arbeit als Gespräch geprägt. In der *Harvard Business Review* schreibt Webber:

> Wenn man früher vom Boß beim Telefonieren oder bei längeren Pausen vor der Kaffeemaschine erwischt wurde, dann rief er: »Reden Sie nicht soviel, arbeiten Sie lieber!« Aber wenn man heute *nicht* am Telefon hängt oder mit Kollegen und Kunden spricht, kann es

durchaus sein, daß es heißt: »Führen Sie Gespräche und machen Sie sich an die Arbeit!« In der neuen Wirtschaft sind Gespräche die wichtigste Form von Arbeit.

In Gesprächen entdecken Wissensarbeiter ihre Kenntnisse, teilen sie mit Kollegen und schaffen in diesem Prozeß neues Wissen für das Unternehmen. Helfen kann ihnen dabei die hochgerüstete moderne Informations- und Kommunikationstechnologie wie zum Beispiel Computer, Faxgeräte und E-Mail. Aber letztlich hängt alles von der Qualität der Gespräche ab, die von solchen Technologien unterstützt werden.

Qualität des Gesprächs ist auch das Hauptanliegen von Bob Buckman, Sune Karlsson, Andy Zimmerman und Brook Manville. Dessen früheren Titel – Direktor Wissensmanagement – hält Webber übrigens für ziemlich hochtrabend. Warum nicht gleich, fragt er, Direktor Gespräche oder Interner Talkshow-Moderator?

Ja. Warum eigentlich nicht?

Dies läßt sich durch ein Zitat des Technologie-Gurus Michael Schrage ergänzen: »Der wirkliche Wert in der Wissenschaft, den Künsten, dem Handel … entsteht überwiegend aus der Zusammenarbeit. Darüber hinaus hängt die Qualität und Quantität vernünftiger Zusammenarbeit oft von den Werkzeugen ab, deren man sich dabei bedient … Mit der Zusammenarbeit ist es wie mit der Liebe: Es kann sich keine Routine einstellen, und nichts ist vorhersehbar. Die Menschen arbeiten ja genau deshalb zusammen, weil sie nicht wissen, ob und wie sie mit den Herausforderungen umgehen können, denen sie sich als einzelne gegenübersehen … Es geht hier nicht um Kommunikation oder Teamarbeit, es geht um Wertschöpfung. Zusammenarbeit beschreibt einen Prozeß der Wertschöpfung, den unsere traditionellen Strukturen der Kommunikation und Teamarbeit nicht erreichen können.«

Mit der Zusammenarbeit ist es wie mit der Liebe. Es kann sich keine Routine einstellen, und nichts ist vorhersehbar.

Michael Schrage

Sind diese Beschreibungen von Experten wie Webber (»Arbeit als Gespräch« und »interner Talkshow-Moderator«) und Schrage (»Mit der Zusammenarbeit ist es wie mit der Liebe«) bloß Geschwätz? Ich glaube nicht. Sie zeigen, daß Technologen und andere Verständnis aufbringen für die wachsende Zahl von Menschen, die sich den Kopf darüber zerbrechen, wie sie Wissen zusammen in Echtzeit raum- und zeitübergreifend entwickeln und anwenden können. Und die Fachleute müssen schnell einsehen, daß es sich um sehr viel mehr dreht als die Baud-Geschwindigkeit des Netzwerks.

Bibliothekare und virtuelle Gemeinschaften

Wer sich erst einmal auf die aufkommende Diskussion über Wertschöpfung durch Wissensentwicklung einläßt, der wird sich wundern, aus welchen Ecken ihn seltsame Botschaften erreichen. Anfang 1993 erhielt ich das »Cybrarians Manifesto« (»Manifest für Bibliothekare im Cyberspace«) von Michel Bauwens, einem Informationsexperten von British Petrol. Er schreibt, daß die in der Regel sehr zentralistischen Unternehmensbibliothekare zu einem demokratischen Bewußtsein finden müssen. Er sieht ihre Rolle »in der Mitte eines konzentrischen Kreises aus Cyberspace-Ebenen, die nicht nur aus externen Datenbanken bestehen, sondern auch aus E-Mail, Anschlagsbrettern und Computerkonferenzsystemen«.

»Netzwerkarbeit, Netzwerkarbeit, Netzwerkarbeit«

Michel Bauwens über die Rolle des Bibliothekars im Cyberspace

Dieses Informationsnetz bildet letzten Endes die von Bauwens so bezeichnete »grenzenlose, virtuelle Bibliothek«. Unternehmen, denen es wirklich um die Nutzung von Wissen geht, sollten sich, so fährt er fort, mit dem Gedanken an ein Netzwerk von Bibliothekaren im Cyberspace tragen. Diese haben drei Hauptaufgaben: 1. »Infozentrale«, die als institutionelles Gedächtnis weiß, wo Kenntnisse und Expertenwissen des Unternehmens liegen; 2. Schleuse (nicht Schleusenwärter, meint Bauwens) zu externen Datenquellen; und 3. »Netzwerkarbeit, Netzwerkarbeit, Netzwerkarbeit!«

Auch der Technologieexperte Howard Rheingold aus der San Francisco Bay Area darf hier nicht fehlen. In den letzten sieben Jahren hat er sehr viel Zeit im Netzwerk von WELL verbracht, dem Whole Earth 'Lectronic Link (Elektronische Verbindung der ganzen Welt). Rheingold beschreibt WELL als virtuelle Gemeinschaft. Die Menschen in solchen Kollektiven, so schreibt er in *The Virtual Community,* »streiten sich, führen intellektuelle Diskussionen ... schmieden Pläne, haben Geistesblitze, klatschen, befehden sich, verlieben sich, finden Freunde und verlieren sie, spielen Spiele, flirten, erzeugen ein wenig hohe Kunst und sehr viel müßiges Gerede.« Oft bezeichnet er WELL als eine Kleinstadt, wo man »immer auf jemanden treffen kann«. Es ist, so meint er, »wie eine Kneipe um die Ecke«.

Doch selbst WELL engagiert trotz seines betont informellen Erscheinungsbilds freiwillige (aber offiziell berufene) »Gastgeber«, die die Themendiskussionen (»Konferenzen«) leiten sollen. Diese Gastgeber spielen im Cyberspace die gleiche Rolle, die sie bei einer Party oder in einem Salon spielen würden: »Sie begrüßen Neuankömmlinge, stellen die Leute einander vor, räumen nach dem Aufbruch der Gäste auf, regen Diskussionen an und lösen im Notfall auch Streitereien auf.«

Wie Karlsson, Buckman, Manville, Zimmerman, Webber und Schrage haben auch Bauwens und Rheingold vollkommen recht. Für die Schaffung und Unterhaltung eines Netzwerks zur Entwicklung und zum Austausch von Wissen sind die menschlichen, kulturellen Fragen die eigentlich wichtigen. Und doch sind genau dies die Punkte, die heute in Diskussionen (falls es denn überhaupt zu Diskussionen kommt) über Wissensentwicklung und elektronische Netzwerke meist überhaupt nicht angesprochen werden.

Michelle Cliffington wird bekehrt

Machen die Unternehmen auf dem Weg ins postindustrielle Informationszeitalter des Wissensaustauschs Fortschritte? Mit Sicherheit.

Die Organisationen sind flacher geworden, und man konzentriert sich auf horizontale Prozesse der Wertschöpfung. Aber diese wesentlichen Schritte sind für die Unternehmen noch lange nicht die letzten. Es wird immer einen weiteren Schritt geben, und ich wette, daß der nächste so aussieht. Arbeit als Gespräch in »Unternehmen«, in denen sich Leute von überall und nirgends tummeln, Freischaffende und Angestellte, die Wissen miteinander teilen und zusammenarbeiten, um Wert zu schaffen und flüchtige Marktlücken auszunutzen.

Und wie soll das Ganze funktionieren? Einen Schnappschuß dieser verworrenen Struktur lieferte mir ausgerechnet eine Zeitschriftenanzeige für Lotus Notes. Heldin dieser Werbung war Michelle Cliffington, fiktive Managerin eines frei erfundenen Fahrradunternehmens. Mit Hilfe ihres cleveren Notes-Programms und neuester Netzwerktechnologie erkennt Cliffington in Sekundenschnelle, daß die Nachbestellungen für das beliebteste Modell des Unternehmens in mehreren wichtigen Märkten einen Einbruch verzeichnen. Sie beruft umgehend ein unternehmensweites elektronisches Forum zusammen, um eine strategische Preisveränderung (einen Preisnachlaß – hier bleibt alles beim alten) vorzuschlagen. Ihr Vorstandsvorsitzender, der gerade auf Reisen ist, schaltet sich am Abend in das Gespräch ein und meint, es sei vielleicht Zeit für ein neues Produkt, statt immer nur die Gewinnspanne zu kappen. Das aufgeregte Gespräch geht weiter, und schließlich blendet sich ein Mitarbeiter aus der F&E-Abteilung ein und regt an, einen alten Modellvorschlag wieder aufzugreifen, der schon lange in Arbeit

> **»Entweder sie klinken sich ein ... oder sie sterben.«**
>
> *VeriFone-Manager*

ist. Cliffington sucht inzwischen eifrig externe Datenbanken nach weiteren Informationen ab. Weitere Leute schalten sich ein. Im letzten Bild der Anzeige schließlich kann Cliffington voller Stolz die Entscheidung verkünden, das neue Fahrrad für Hauptkunden – natürlich Benutzer von Lotus Notes – zu bauen und binnen sechzig Tagen auszuliefern.

Diese kleine kommerzielle Parabel widerlegt praktisch unser gesamtes bisheriges Wissen über Unternehmen. 1. wird die Hierarchie ignoriert; 2. werden die Grenzen zwischen Fachbereichen regelmäßig übersprungen; 3. beteiligen sich Außenstehende auf eher zufällige, aber sehr nachdrückliche Weise am Entscheidungsprozeß; 4. gehen die informellen Gespräche ohne Konferenzen, traditionelle Präsentationen und taktisches Geplänkel unentwegt weiter; und 5. geschieht etwas, und zwar schnell.

Ist diese Geschichte realistisch?

Bestimmt, aber im wesentlichen ist sie realistische Zukunftsmusik. Und gemessen an den letzten Jahrhunderten und selbst am Jahr 1994 klingt sie immer noch wie phantastischer Futurismus.

Der 24-Stunden-Arbeitstag bei VeriFone

Realistische Zukunftsmusik, aber nicht ausschließlich. Michelle Cliffington ist frei erfunden, aber nicht Hatim Tyabji, auch wenn seine wahre Geschichte seltsamer ist als die fiktive. Tyabji ist Vorstandsvorsitzender von VeriFone, einem in Redwood City, Kalifornien, gelegenen, sehr schnell wachsenden Unternehmen, das den US-Markt für Kreditkartenzulassungen dominiert, aber auch im internationalen Geschäft tätig ist (in Kapitel 3 wurde VeriFone bereits kurz vorgestellt).

Bei VeriFone erhalten alle neuen Mitarbeiter einen Laptop-Computer ihrer Wahl, noch bevor sie einen Schreibtisch bekommen, berichtet *Forbes ASAP.* Man pflegt voller Stolz eine »Kultur der Dringlichkeit« und ist von oben bis unten völlig vernetzt. Von allen größeren Unternehmen der Welt hängt

VeriFone wohl am meisten von seinem Netzwerk ab. Die Mitarbeiter »klinken sich entweder ein ... oder sie sterben«, wie es ein Manager nur halb im Scherz beschrieb.

Buchstäblich alle Arbeitsprozesse des Unternehmens sind elektronisch miteinander verknüpft. An einem Angebot für ein Eilprojekt eines Konsortiums deutscher Banken beispielsweise arbeitete man rund um die Uhr. Als das Projektteam in Redwood City seinen Arbeitstag beendete, gab man die Ergebnisse völlig selbstlos (auf elektronischem Wege) an Kollegen in der VeriFone-Niederlassung in Taipei weiter, die das Projekt nach einem 8-Stunden-Tag ihrerseits den Kollegen in London überließen, die nach abermals acht Stunden den Stab wieder an Redwood City abgaben. Es bedarf wohl kaum noch der Erwähnung, daß VeriFone den Zuschlag bekam. Mit seinem bedingungslosen Einsatz hatte das Unternehmen die Bankiers verblüfft und die Konkurrenz beschämt.

Interne »P-Mail« (paper mail) ist bei VeriFone völlig verpönt, und ein Manager des Unternehmens erhält zu Hause oder auf Reisen (meist auf Reisen zu Kunden) durchschnittlich hundert E-Mail-Nachrichten am Tag. Alle VeriFone-Manager und viele ihrer Familien stehen via Internet miteinander in Kontakt. Mit nur drei Tastenanschlägen hat fast jeder Mitarbeiter Zugang zu sämtlichen Informationen über Auftragseingänge, Auslieferungen, Fortschritte bei Interessenten, Personal, Reisepläne der Kollegen und eine Auswahl neuester Artikel, die nach Wunsch zusammengestellt werden.

Allein der Gedanke daran verursacht mir Schwindelgefühle ...

Stellenangebot 1999

Ich hatte mich von meinem Schrecken über die verrückte neue Welt von VeriFone noch nicht erholt, als ich davon hörte, daß die 12 500 Mitarbeiter von Sun Microsystems täglich eine Million E-Mail-Nachrichten bearbeiten. Der Vorstandsvorsitzende Scott McNealy erhält selbst täglich mehrere hun-

Hatim Tyabji von
VeriFone schafft
eine »Kultur der
Dringlichkeit«.

dert Botschaften. Dies veranlaßte mich zu einer kleinen Spekulation über ein Stellenangebot im Jahre 1999:

Vorstandsvors., multinat., mindestens 90 Wörter/Min., weitere Anforderungen optional.

Vielleicht ist das gar nicht einmal so phantastisch, wie es klingt.

Neue Seele = Wissensentwicklung

Die aufregendste Entwicklung

»Die aufregendsten Entwicklungen«, schreibt Douglas Hague in *Beyond Universities,* »werden sich ergeben, wenn menschliche Gehirne ... grundlegend neue Formen des Verstehens von Problemen und Situationen, der Lösung von Problemen, der Leitung von Organisationen und der Übermittlung von Wissen erarbeiten ... Die besten [Organisationen] des 21. Jahrhunderts werden Geisteskraft nicht an einem Ort binden und institutionalisieren, sondern sie nach Bedarf zusammenführen. Das Ziel muß die Schaffung einer für alle offenen Republik des Intellekts sein, die sich aus jenen zusammensetzt, die ein Leben lang geistig rege und wachsam bleiben.«

In den heutigen entwickelten Ländern werden Unternehmen und Organisationen, die Hagues Vision entsprechen, zu Urhebern der gesamten (oder nahezu der gesamten) ökonomischen Wertschöpfung von morgen werden.

Pollock zeigt den Weg

Wer meine Arbeit kennt, weiß, daß ich Organisationsschaubilder nicht ausstehen kann. Für mich sind sie reine Papierverschwendung. Aber vielleicht lasse ich mich ja doch noch bekehren. Neulich stieß ich auf das Bild *Autumn Rhythm* von Jackson Pollock (siehe Abbildung), und genau so, denke ich, sollte ein Organisationsplan aussehen. Pollocks Gemälde ist eine Abbildung der Spaghetti-Organisation von Oticon,

»Autumn Rhythm« von Jackson Pollock

der Netz-Kultur von VeriFone, der Republik des Intellekts von Hague: die vollkommene Verflechtung aller ohne Rücksicht auf Rang, Funktion und Ort.
Autumn Rhythm geht weit über Reengineering hinaus, zumal mich an diesem Begriff auch der neo-tayloristische Aspekt stört. Anhand der Verknüpfung von Funktionen ersetzt das Reengineering Taylors vertikale Struktur durch eine horizontale. Und das ist sicherlich ein Schritt in die richtige Richtung. Aber ich frage mich, ob Reengineering nicht einfach nur der neueste »beste« Ansatz ist – anders als die vorhergehenden, aber immer noch »Engineering«. Ich denke, daß wir uns davon lösen und statt dessen etwas anderes anstreben sollten: Arbeit als Gespräch, die Unternehmens-Talkshow, Gruppen von miteinander vernetzten Praxisgemeinschaften. Pollock zeigt den Weg zu Wachstum und Gewinnen.

Seele als Wissensnetz: eine umwerfende Perspektive

Gegen Ende von Kapitel 5 haben wir kurz mit der Frage der Seele in einem körperlosen (virtuellen) Unternehmen gerungen. Und mit diesem Kapitel geht der Ringkampf in die Verlängerung.

Dieses Kapitel befaßt sich mit nichts anderem als der neuen Seele für die meisten Unternehmen. Vielleicht werden »Seelenmanager« (Gastgeber für Unternehmens-Talkshows, Direktoren für Wissensmanagement) die Hüter der Kernkompetenz von morgen sein.
Und das ist für meine Begriffe eine wirklich umwerfende Perspektive.

Lernen, lernen allerorten: noch umwerfender

»Im Wissenszeitalter«, schreibt Louis Perelman in *School's Out,* »ist das lernende Unternehmen strategisch entscheidend.« Viel zu entscheidend, so fügt er hinzu, als daß man die Angelegenheit nur den Schulen überlassen könnte.
Wie Hague aus Oxford stellt sich Perelman die Welt als gigantisches Lernnetzwerk vor (wahrscheinlich mit *Neuromancer* des Science-Fiction-Kulthelden William Gibson auf Platz eins der »100 Besten Bücher On-Line«). Der Leitsatz heißt: »Persönliches Lernen, nach Bedarf, ›Just-in-Time‹, wann immer und wie immer sich eine Gelegenheit ergibt.«
Die Wissenschaftlerin und Pädagogin Diane Ravitch vom Brookings Institute wirbt für ein »inhaltlich, zeitlich und örtlich selbstbestimmtes Lernen«. Nach ihrer Beschreibung werden Lehrer zu »Betreuern, die den Studenten bei der Orientierung durch die neuen Technologien und die zahlreichen verfügbaren Datenbanken und Lehrprogramme helfen«.
Perelman beklagt die mangelnde Effektivität des bestehenden Schulsystems und die Borniertheit des traditionellen Lehrstoffmodells. Losgelöst von der Wirklichkeit stehen Lehrer in alten Gebäuden vor Schulklassen und hämmern in 45-Minuten-Abschnitten kleinen Kindergehirnen kontextlose Fakten ein. Perelman zeigt sich besorgt

> **»Persönliches Lernen, nach Bedarf, ›Just-in-Time‹, wann immer und wie immer sich eine Gelegenheit ergibt.«**
>
> *Louis Perelman*

darüber, daß zwar allenthalben vom Lernen als Basis für Wirtschaftswachstum die Rede ist, daß man jedoch in den USA zum Beispiel pro Jahr für Lernforschung weniger ausgibt als Gillette für Forschungsarbeiten zur Entwicklung seiner neuesten Rasierklinge.

Neben einer Erhöhung der Ausgaben für Lernforschung befürwortet Perelman ein flexibles Programm mit »Mikrocoupons« (die Verbraucher/Studenten entscheiden anhand von Lernschuldscheinen allein über ihre Ausbildung), »Foren für Geistesnahrung« (das Lehrangebot ist nicht an Personen oder Örtlichkeiten gebunden; es ist unabhängig von bürokratischen Schulhierarchien) und »Verantwortung ohne Anwesenheitszwang« (nicht die Anwesenheit des Studenten zählt, sondern die von ihm erzielten Ergebnisse).

Perelman zitiert an einer Stelle voller Bewunderung die Harvard-Professorin Shoshana Zuboff, die von einem Fabrikmanager eines fortschrittlichen Fertigungsbetriebs berichtet, der »mit dem Gedanken spielte, die Fabrik als College zu bezeichnen, [da] ... sich Arbeit und Lernen immer stärker miteinander verzahnten«. Shakespeare sagte, die ganze Welt sei nur eine Bühne und die Männer und Frauen nur Schauspieler. Perelman, Hague, Ravitch, Zuboff und andere meinen jetzt, die Welt müsse eine Universität und wir alle zu unablässig Lernenden werden.

»Ohne Tafelschwamm kann man nicht leben.«

Gregory Bateson

Einspruch 1: Die F. Scott Fitzgerald-Probe – Die Macht des Vergessens

»Der Prüfstein für eine erstrangige Intelligenz«, schreibt F. Scott Fitzgerald, »ist die Fähigkeit, zwei entgegengesetzte Ideen zugleich im Kopf zu haben und doch weiter zu funktionieren.« Bestehen Sie im Hinblick auf die Fragen dieses

Lernpensum

- ✔ Wissensnutzung als einzige Grundlage für die wirtschaftliche Sicherheit des Unternehmens
- ✔ Neue Modelle der Wissensentwicklung bei ABB, CSC Europa, Buckman-Laboratorien, McKinsey, Coopers & Lybrand
- ✔ Keine Zentrale, »das Netzwerk ist das Ganze«
- ✔ Anreize für Austausch, Kultur des Teilens, die Anthropologie effektiver virtueller Gemeinschaften; Endergebnis:

	1	2	3	4	5	6	7	8	9	Gesamt
Elektronik	1	1	1	1	1	1	1	1	1	0
Anthropologie	0	0	0	0	0	0	0	0	0	1

- ✔ Paradox: Expertenwissen ist hochgeschätzt, aber heimatlos
- ✔ Elektronisches Verflachen von Hierarchien (Coopers & Lybrand)
- ✔ Gespräche (Arbeit als), Talkshow-Gastgeber, Bibliothekare im Cyberspace
- ✔ Vernetzte Praxisgemeinschaften
- ✔ VeriFone: »Entweder sie klinken sich ein ... oder sie sterben«
- ✔ Pollock zeigt den Weg zu Wettbewerbsvorteilen
- ✔ Ein Leben lang arbeiten und lernen

Buchs die F. Scott Fitzgerald-Probe? Will sagen: Können Sie den Gedanken erfassen, daß die Erzeugung und Nutzung von Wissen zur Wertschöpfung sinnvoll ist (Thema dieses Kapitels), und gleichzeitig die Vorstellung gutheißen, daß es genauso wichtig ist, das eigene Wissen zu vergessen?
John Byrne, der Management-Redakteur von *Business Week*, beschäftigte sich jahrelang mit dem Einfluß der sogenannten »whiz kids«, der neuen Managerschule nach dem zweiten Weltkrieg in Amerika. Ihre rein quantitative Orientierung stellte ein dringend erforderliches Gegengewicht dar zu den eher instinktiven Managementformen vor dem Krieg. Doch irgendwann waren die Techniken der »whiz kids« ausgereizt.

Byrne zieht ein allgemeines Fazit: »Alle nützlichen Ideen werden ins Extrem gesteigert, und die Modellmanager werden immer wieder imitiert, bis das Unternehmen vollkommen durchdrungen ist von der ›einzig richtigen Denkweise‹. Und wenn es so weit ist, tritt die Leichenstarre ein.«

Der Managementexperte Karl Weick von der University of Michigan predigt schon lange die Anwendung biologischer Modelle auf Gestaltung und Strategie eines Unternehmens. Er spürt mit Leidenschaft der Frage nach, wie ein kollektives Unternehmensbewußtsein selektiv »Fakten« wahrnimmt und Problembereiche absteckt. Und er interessiert sich auch für das Vergessen. Das Erlernen einiger Dinge, ihre Beherrschung und die Einrichtung einer weitgehend unveränderlichen Unternehmenskultur sind zwingende Voraussetzungen für den Erfolg. Aber Weick erinnert uns mit allem Nachdruck daran, daß »Anpassung Anpassungsfähigkeit verhindert«. Wer Rituale etabliert und in einem bestimmten Bereich Effektivität (und immer mehr Effektivität) gewinnt, der lähmt damit zwangsläufig auch seine Fähigkeit zur Anpassung an Unvorhergesehenes.

»Wie können wir systematisch vergessen, was wir ›wissen‹, ehe es uns erstickt?«

Um Blindheit zu vermeiden, muß man nach der Überzeugung Weicks eine »ambivalente Haltung gegenüber einstiger Weisheit« entwickeln und »das Gedächtnis wie die Pest behandeln«. In diesem Zusammenhang zitiert er auch Gregory Bateson, der einmal sagte: »Ohne Tafelschwamm kann man nicht leben.«

Aber wie läßt sich in einem Unternehmen wie Ford (dort erforschte Byrne die »whiz kids«) ein lange Zeit dominierender Hang zur Zahlenanalyse ausradieren? Oder die immer noch fortlebende Vorliebe von IBM für Großrechner? Oder irgendwann in der Zukunft die Passion von Wal-Mart für Preisnachlässe?

Die Lehrbuchmethoden versagen hier praktisch alle. Dezentralisierung klingt nach einer guten Lösung, aber in Kapitel 2 wird auch darauf hingewiesen, daß die Leiter dezentralisierter Einheiten meist gemeinsam die Sprossen der Karriereleiter im Unternehmen erklommen haben; die meisten von ihnen reden und denken ähnlich und bringen daher auch Produkte heraus, die ähnlich aussehen und riechen.

Wie wär's mit den sogenannten »Skunkworks«, die in den Randbezirken eines Unternehmens eingerichtet und mit Abtrünnigen besetzt werden? Aber leider werden selbst unleugbare Erfolge solcher Renegaten vom Establishment des Unternehmens wegerklärt oder als Lappalie abgetan. Der Erfolg von NUMMI, einem gemeinsamen »Skunkwork« von General Motors und Toyota, hätte eigentlich ähnliche Praktiken im gesamten Unternehmen nach sich ziehen müssen. (Und genau zu diesem Zweck stellte General Motors gemäß dem Joint-Venture-Vertrag zahlreiche Manager turnusmäßig für NUMMI ab.) Doch fast bis Ende der achtziger Jahre wollte der Vorsitzende Roger Smith von den Erfolgslegenden nichts wissen, weil sie in direktem Widerspruch standen zu seiner auf dem Allheilmittel Technologie fußenden Strategie (die ihrerseits sehr gut zu den GM-Traditionen paßte). Auch bei IBM und Xerox stellten »Skunkworks« interessante Produkte her, aber sobald sich der Erfolg der Ketzer zeigte, wurden sie von der vorherrschenden Kultur aufgesogen und verloren ihre Eigenart.

Gibt es keinen Ausweg aus diesem Dilemma? Die Erfahrung eines Beinahe-Schiffbruchs und/oder des beruflichen Endes von Führungspersönlichkeiten können institutionelle Erinnerungen teilweise auslöschen. Nach dem unfreiwilligen Abgang der Vorsitzenden können General Motors und IBM ein wenig von ihrer ruhmreichen, aber inzwischen hinderlichen Vergangenheit vergessen. Eigentlich können auch Aufsichtsräte eine sehr segensreiche Rolle spielen, wenn sie Traditionen in Zweifel ziehen. Aber nur, falls sie wirklich unabhängig sind, und das ist immer noch sehr selten.

(Der Fairneß halber sei's gesagt: Wie sie es auch machen, sie machen es verkehrt. Ein zu ablehnend eingestellter Aufsichtsrat kann einer an sich gescheiten Strategie den Boden entziehen, bevor sie überhaupt richtig erprobt wird. Viele allzu empfindliche Kapitalanleger, die im Aufsichtsrat sitzen, verfahren nach diesem Muster mit aufstrebenden Unternehmen und ersticken damit ihre Entwicklung im Keim. Ja, das Leben!)

Silicon Graphics hat einen eigenen Weg eingeschlagen. Der Vorstandsvorsitzende Ed McCracken betonte gegenüber der *Harvard Business Review* seine Verachtung für normale strategische Planungen. Er setzt darauf, daß die besten und klügsten Forscher seines Unternehmens engen Kontakt zu richtungweisenden Kunden halten. Wenn sich das Unternehmen zumindest teilweise auf Basis dieser Interaktion für ein Produkt entscheidet, läßt man praktisch alles andere stehen und liegen und beschäftigt sich nur noch mit der Entwicklung dieses neuen Artikels. Das Produkt wird forciert, selbst wenn es einen aktuellen Verkaufsschlager des Unternehmens aus dem Rennen wirft, der hohe Gewinne oder sogar steigende Gewinnerwartungen verzeichnet. Anscheinend ist bei Silicon Graphics das Vergessen (das Ignorieren der Schönheit und des Cash-Flows von aktuellen Bestsellern) zum festen Bestandteil der Kultur geworden.

Auch durch Outsourcing kann man auf elegante Art ein Festhalten an der Kultur von gestern verhindern und das Vergessen fördern, aber Outsourcing bewegt nur dann etwas, wenn das Unternehmen den Mut aufbringt, einen beträchtlichen Teil seiner Kernkompetenzen nach außen zu verlagern (Forschung und Entwicklung, Logistik, was immer). Wie wir in Kapitel 5 gesehen haben, beherrschen nur wenige Unternehmen wie etwa MCI dieses Spiel.

Aber leider zeigt keine der hier aufgezeigten Methoden eine umfassende und lang anhaltende Wirkung. Sie helfen den Unternehmen zu vergessen, aber selbst Firmen wie Silicon Graphics oder MCI sind immer noch hauseigenen Überzeugungen oder Verfahrensweisen verpflichtet. Daher laufen sie Gefahr, letztlich über diese Grundsätze zu stolpern und von ihnen in den Abgrund gezogen zu werden.

Auch wenn ich es für schwierig halte, liebgewordene

Grundsätze und Methoden zu vergessen, möchte ich doch einen kleinen praktischen Rat loswerden: Lassen Sie Ihre 94er Strategiesitzung im Rahmen eines Ausflugs um folgende Fragen kreisen: »Was von unserem Wissen wissen wir mit Sicherheit?« und »Wie können wir systematisch vergessen, was wir ›wissen‹, ehe es uns erstickt?« Hinweis: Wenn alle gleich angezogen sind (ich stelle bei Freizeitbekleidung immer wieder fest, daß sie eine noch größere Uniformität aufweist als Bürobekleidung), dann werden Sie nur mühsam in die Gänge kommen.

Einspruch 2: Vergeßlichkeit in Großunternehmen institutionalisieren

- Verändern Sie regelmäßig und praktisch ohne vernünftigen Grund das Produkt-Portfolio der Geschäftsbereiche (3M macht dies gelegentlich).
- Verlagern Sie die Hauptverwaltung alle fünfzehn Jahre in eine andere Region oder ein anderes Land (Große Umzüge haben für Unternehmen wie General Motors Europa wahre Wunder bewirkt – warum also nicht weiter so?).
- Begrenzen Sie die Amtszeit eines Vorstandsvorsitzenden auf zehn (fünf? sieben?) Jahre.
- Steuern Sie bewußt den Anteil Außenstehender in Schlüsselpositionen (z. B. sollte mindestens ein Viertel der Bereichsleiter erst in den letzten fünf Jahren zum Unternehmen gestoßen sein; 10 Prozent sollten den größten Teil ihrer Karriere in anderen Branchen tätig gewesen sein).
- Verkaufen Sie ohne Rücksicht auf ökonomische Logik alle zehn Jahre ein Drittel Ihres Unternehmens-Portfolios (und unter anderem auch einige Ihrer erfolgreichsten Einheiten).

Entwickeln Sie einen systematischen Plan, um Ihre Lieblingsgrundsätze zu attackieren.

- Tragen Sie dafür Sorge, daß mindestens 20 Prozent Ihrer Aufsichtsratsmitglieder finanziell unabhängige Geschäftsleute sind, die ihre eigenen Firmen gegründet haben (wie zum Beispiel Warren Buffett).
- Lassen Sie alle zwei Jahre von einem Team von Außenstehenden (basierend auf Interviews mit Insidern, Kunden, Händlern usw.) eine Liste mit zehn Aussagen erstellen, die die besonderen Geschäftsgepflogenheiten Ihres Unternehmens zusammenfassen; entwickeln Sie einen Plan, um jeden dieser zehn Grundsätze zu attackieren.
- Seien Sie auf der Hut, wenn es bei Konferenzen keine Streitigkeiten (leidenschaftlicher Widerspruch) gibt; aber vermeiden Sie öffentliche Scheinkontroversen, die für einen Außenstehenden nicht mehr sind als Haarspaltereien (z. B. waren die berühmten Konfrontationen bei IBM, die sogenannten »performance shootouts«, zwischen Kandidaten für Neuprodukte in Wirklichkeit nur Debatten über winzige Abweichungen von traditionellen Ansätzen).

Vorsicht: Müll mit Lichtgeschwindigkeit

Das entstehende Informationssystem könnte ein Segen für die Zivilisation werden, aber es könnte auch, wie es ein Brancheninsider formulierte, »Müll mit Lichtgeschwindigkeit« ausstoßen.

Netzwerke zur Wissensentwicklung balancieren auf so mancher Messers Schneide. Die neuen Technologien sind als Medium unverzichtbar, aber dennoch spielt die Netzwerkanthropologie eine viel wesentlichere Rolle als die Netzwerk-Software. Erinnern (Lernen) ist wichtig, aber Vergessen ist mindestens genauso wichtig. Meist läuft das sogenannte Lernen – auch in Fällen wie dem des elaborierten neuen Programms von McKinsey – lediglich auf eine Ausschmückung bekannter Ideen hinaus.

Zwingend zu beachten ist auch der Unterschied zwischen Information und Wissen. Der Dichter Donald Hall behauptet:

»Information ist der Feind der Intelligenz.«

Donald Hall

»Information ist der Feind der Intelligenz.« Auch ich gebe zum Beispiel zu, daß mir der Fall VeriFone Sorgen macht. Bisher läuft alles bestens, sicher, aber bleibt bei einem solchen Arbeitstempo noch Zeit zum Nachdenken, wie es für echte Durchbrüche unerläßlich ist?

Samuel Johnson bemerkte einmal: »Jede geistige Verbesserung entsteht aus der Muße.« Wenn er nicht mehr weiterwußte, machte Thomas Edison immer ein Nickerchen. Rita Dove, Trägerin des amerikanischen Dichterehrentitels poet laureate, beklagte in einem Vortrag vor führenden Akademikern an der University of Virginia, daß wir nicht genug auf Tagträume achten, »ohne die keine Brücken aufsteigen, keine Glühbirnen leuchten und auch keine griechischen Kriegsschiffe auf Homers ›weindunkles Meer‹ ausfahren würden.«

Wenn wir darüber nachdenken, daß Cyberspace-Navigatoren mit Lichtgeschwindigkeit Müll ausstoßen könnten und daß es der Unternehmenskultur am Freiraum für Nickerchen und Tagträume fehlt, dann gelangen wir weit jenseits des Reengineering, aber auch jenseits »lernender Netzwerke« beim letzten wesentlichen Baustein einer geistig orientierten Wettbewerbstätigkeit an: der Neugier. Bleiben Sie dran.

Gefragt – getan

1. Bestehen Sie den Buckman-Test? Schließen Sie sich der Grundprämisse dieses Kapitels an, daß vernetzte Wissensentwicklung für Sie, Ihre Abteilung, Ihr Unternehmen, Ihre Kunden und Ihre Absatzkette das entscheidende Kriterium bildet? Wenn nicht, warum nicht? (Wenn nicht, sollten Sie

wieder bei Kapitel 1 anfangen: »mehr Intellekt, weniger Material«, »einziges Kapital die Phantasie«.)

2. Wissen Sie, wo in Ihrem Unternehmen das Wissen liegt? Woraus es besteht? Wieviel es wert ist? (Bob Buckman konnte diese Fragen anfangs auch nicht beantworten.) Haben Sie die Praxisgemeinschaften (informelle Lernnetzwerke, zu denen oft auch Außenstehende gehören) in Ihrem Unternehmen erkannt? Haben Sie sie auch gefördert?
3. Experimentieren Sie (Sie selbst, Ihre Abteilung, das gesamte Unternehmen) mit diesen neuen Netzwerktechnologien? (Hängt Ihr Heimcomputer am Netz von, sagen wir, CompuServe? Wie bitte? Keinen Computer zu Hause?) Wenn Sie nicht experimentieren, weshalb nicht?
4. Denken Sie über die anthropologischen Aspekte nach: eine Kultur des Teilens statt des Hortens von Wissen, Anwenderdemokratie statt Diktatur (oder Anarchie). Sind diese Ziele Hauptkriterien Ihrer Wissensentwicklung? (Werden diejenigen, die Wissen austauschen, deutlich und öffentlich gelobt, belohnt, befördert? Ernten die anderen Tadel? Wieviel Zeit verwenden Sie für die Propagierung des Wissensaustauschs?) Oder haben bei Ihnen supergescheite Techno-Freaks das Sagen, die mit Bits und Bytes herumjonglieren und alles zentral regeln möchten?
5. Was halten Sie von Arbeit als Gespräch, virtuellen Gemeinschaften und anderen solchen Begriffen? Ist das für Sie nur das neueste Business-Geschwätz? Oder leuchten sie Ihnen ein?
6. Verstehen (und sehen) Sie den Unterschied zwischen Reengineering und der organischen Arbeit als Gespräch?
7. Blättern Sie noch einmal zurück zur VeriFone-Geschichte. Nehmen Sie VeriFone als Maßstab. Können Sie sich vorstellen, daß Ihre Einheit so weit geht? Nein? Und wenn es ein Konkurrent an Ihrer Stelle schafft?
8. Sind Sie bereit für Pollocks Weg?

Bestehen Sie den Buckman-Test?

9. Lesen Sie dieses Kapitel noch einmal. Nehmen Sie sich einen Tag Zeit und diskutieren Sie mit Ihren Kollegen darüber. Wenn Sie sich meine Position zu eigen machen würden, müßten Sie dann nicht Ihr Unternehmen völlig erneuern und jede grundlegende interne und externe Beziehung verändern? Wenn ja, was hält Sie zurück? (Wenn nicht, was habe ich falsch gemacht?)
10. Wenn Sie das alles geschluckt und verdaut haben (es ist Ihnen bestimmt nicht leicht gefallen), sind Sie jetzt auch bereit für eine Computerpause, für Tagträume oder ein Nickerchen, für ein Leben mit Tafelschwamm und für ernsthaftes Vergessen? Sie wissen schon, F. Scott Fitzgerald ...

»Die Nationen werden vergehen, das Wissen wird triumphieren« – Alvin und Heidi Toffler. Die meisten Nationen scheinen zwar noch quicklebendig, aber ein Blick auf die *Fortune*-500 und die *Forbes*-400 belehrt uns über den Triumphzug von, ja wirklich, »mehr Intellekt, weniger Material«. Aber dennoch ist es kaum übertrieben zu behaupten, daß wir nicht die geringste Ahnung davon haben, was das für die Organisation von Unternehmen bedeutet. Dieses Kapitel wirft bewußt mehr Fragen auf, als es Antworten bietet. *Auch die Meister der Wissensnutzung räumen als erste ein, daß sie immer noch sehr viel mehr Fragen als Antworten haben.* Das soll uns (für den Augenblick zumindest) nicht weiter stören. Mein Ziel ist es, unabhängig von Ihrem Rang im Unternehmen Ihre grauen Zellen anzuregen, damit Sie wenigstens ins Grübeln kommen: »Und wenn er auch nur zur Hälfte recht hat?« Ich selbst bin mir gar nicht so sicher, ob ich mir eine solche Trefferquote bescheinigen würde – aber ich bin fest davon überzeugt, daß ich mit meiner Thematik richtig liege.

7. KAPITEL

Jenseits des Lernens

Das neugierige Unternehmen

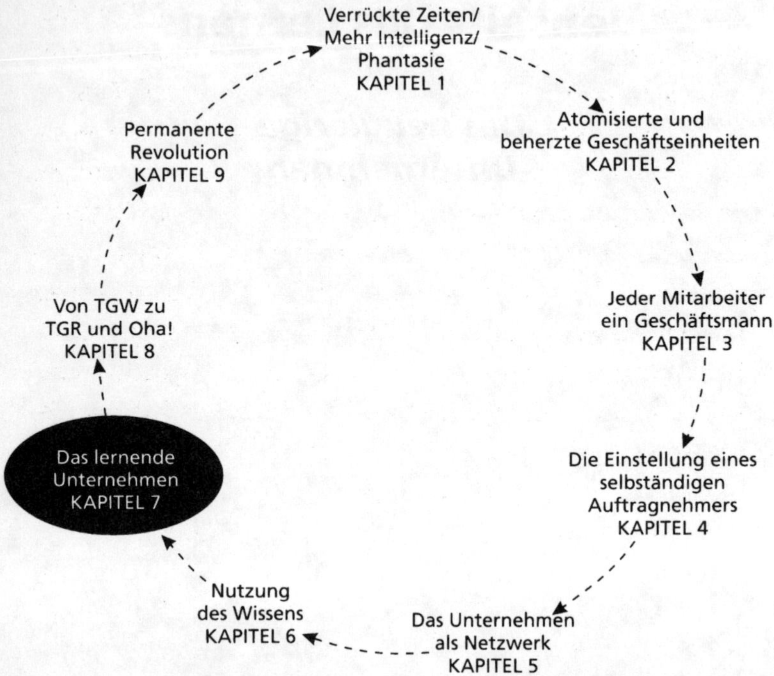
Verrückte Zeiten/
Mehr Intelligenz/
Phantasie
KAPITEL 1
Atomisierte und
beherzte Geschäftseinheiten
KAPITEL 2
Jeder Mitarbeiter
ein Geschäftsmann
KAPITEL 3
Die Einstellung eines
selbständigen
Auftragnehmers
KAPITEL 4
Das Unternehmen
als Netzwerk
KAPITEL 5
Nutzung
des Wissens
KAPITEL 6
Das lernende
Unternehmen
KAPITEL 7
Von TGW zu
TGR und Oha!
KAPITEL 8
Permanente
Revolution
KAPITEL 9

Unternehmen sind wahre Wirbelstürme an Aktivität. Die »Mitglieder« kommen von überall und nirgends und stehen nicht unbedingt auf der Gehaltsliste des Unternehmens. Das Arbeitsumfeld kann in einem Bürogebäude liegen, aber ebensogut auch im Cyberspace. Das allein reicht schon, um ins Schleudern zu kommen. Doch es reicht nicht, um im Geschäft zu bleiben. Arbeit im Cyberspace führt an der in Kapitel 1 gestellten Frage vorbei, die im Mittelpunkt des nächsten Kapitels (Jenseits des Total Quality Management: Oha!) stehen wird: Ist es auch interessant? Oder bloß »Müll mit Lichtgeschwindigkeit«? Tatsache ist, daß wir in diesem Buch und in der Geschäftswelt noch weit entfernt sind vom neugierigen Unternehmen. Gehen wir also aus von den Ideen der ersten sechs Kapitel und erhöhen den Einsatz ein weiteres Mal.

»Was für ein trauriger Gegensatz zwischen der strahlenden Intelligenz eines Kindes und der dürftigen Mentalität des durchschnittlichen Erwachsenen!«

Sigmund Freud

»Mehr Intellekt, weniger Material.« »Das einzige Kapital ist die menschliche Phantasie.« Immer wieder zieht es mich (wie Sie ja wissen) zu diesen Aussagen zurück und zu der des Vorstandsvorsitzenden von Wal-Mart, David Glass, daß »aufregende Vorreiter-Produkte absolute Mangelware« sind. Mehr Produkte, ja. Schneller entwickelt als je zuvor, ja. Aber die meisten sind nicht gerade brillant – vorsichtig ausgedrückt.

Wir haben also neue Unternehmen geschaffen, virtuelle Unternehmen und virtuelle Arbeitsumgebungen. Wir haben durchschnittliche Mitarbeiter zu Geschäftsleuten gemacht, sie in eine kleine Einheit gesetzt und sie mit allen von überallher vernetzt. Und wir haben uns mit der Frage der Wissensnutzung herumgeschlagen.
Aber ist *es* (die Tätigkeit des Unternehmens) auch interessant? Ist *es* aufregend?

Tödliche Langeweile

Die meisten Unternehmen strahlen tödliche Langeweile aus. Ich könnte mir überhaupt nicht vorstellen, für sie zu arbeiten. Und es würde mich traurig machen, wenn meine Kinder es täten. Der überwiegende Teil großer und auch kleiner Unternehmen ist so fad wie Tofu.
Ein häßlicher Gedanke? Ein *schrecklicher* Gedanke, wenn man sich vor Augen hält, wie sehr wir davon abhängen, daß diese Unternehmen in einem übergeschnappten Markt konkurrenzfähig bleiben.

»Was für ein trauriger Gegensatz zwischen der strahlenden Intelligenz eines Kindes und der dürftigen Mentalität des durchschnittlichen Erwachsenen!« sagte Sigmund Freud einmal. Und, so traurig es ist, Freud hat recht. Genau wie der Unternehmenssanierer Victor Palmieri: »In den Besprechungszimmern der Vorstände werden Strategien verabschiedet, von denen jedes Kind weiß, daß sie nichts taugen. Das Problem ist, daß eben nie ein Kind bei diesen Besprechungen dabei ist.«
Was macht man mit einem faden Unternehmen? Wie bekommt man ein (virtuelles) Kind in eine Vorstandsbesprechung? Die Antwort liegt auf der Hand: Man muß ein neugieriges Unternehmen aufbauen. Aber wie? Können wir mit einem solch »kuriosen« Begriff etwas anfangen? Sind wir zu einem Versuch bereit? Sind wir überhaupt dazu bereit, das Wort in den Mund zu nehmen? In aller Öffentlichkeit?

Eine Liste, nicht mehr und nicht weniger

Die folgende Liste ist eigentlich nichts Besonderes. Ich habe sie vor einiger Zeit in groben Zügen konzipiert und dann sofort auf Dias übertragen. Auf Dias wirkt sie beeindruckend und ordentlich. Aber das sollte sie eigentlich gar nicht. Ich wollte damit nur vorführen, daß man solch eine Liste aufstellen kann. Wie baut man also ein neugieriges Unternehmen auf? Versuchen Sie es mit diesen vierzehn Anregungen.

1. *Stellen Sie neugierige Leute ein.* Ja, ganz einfach. Abgesehen davon natürlich, daß man sich damit über konventionelle Anschauungen hinwegsetzt. Manchmal glaube ich fast, die erste Grundregel in der Einstellungspolitik von Unternehmen lautet: »Du sollst niemanden einstellen, dessen Lebenslauf vom Kindergarten

Die neugierigen Typen sind die, die – egal ob mit 6 oder 66 – immer in Schwierigkeiten stecken ...

bis zur Gegenwart auch nur den Hauch einer Lücke aufweist.«
Wen stellt man ein? Leute mit einwandfreiem Notendurchschnitt, die im Kindergarten, in der Grund- und in der Oberschule keinen Tag gefehlt haben. Perfekte Menschen. Makellos. Und unsäglich langweilig. Jedes Haar an seinem Platz, niemals etwas falsch gemacht. Aber auch nicht viel Interessantes. Neugierig? Ich bezweifle es. Die neugierigen Typen sind doch die, die – egal ob mit 6 oder 66 – immer in Schwierigkeiten stecken. Habe ich nicht recht?
Mit dieser Meinung stehe ich nicht alleine da. Stanley Bing liefert in einem Artikel in *Esquire* eine wunderbare Beschreibung eines Vorstellungsgesprächs, das im Sande verlief.

> Er kommt herein und setzt sich vorsichtig auf den Rand meines Besuchersessels. Er starrt auf die Spielsachen auf meinem Schreibtisch und versucht den Gedanken zu unterdrücken, daß ich ein infantiler Idiot bin, dessen Job er sehr viel besser machen könnte ... Natürlich faßt er die Spielsachen nicht an ... Er sieht lieber zum Fenster hinaus. »Schöne Aussicht«, sagt er ziemlich beiläufig, aber nicht: »Super!« – wie es der Anblick der Schluchten und Türme des Hochkapitalismus eigentlich verdienen würde ...
> »Ich suche nach einer Stelle für einen Anfänger im PR-Bereich. Vielleicht auch im Marketing, wenn ich Glück habe«, meint er.
> »Wirklich?« frage ich. »Aus der gesamten Palette menschlicher Möglichkeiten wollen Sie ausgerechnet das machen?« Pardon. Allmählich geht er mir wirklich auf den Wecker. Welcher Vierundzwanzigjährige will denn um Himmels Willen allen Ernstes in der Marketingabteilung eines Unternehmens arbeiten? ... Ich beobachte ihn, wie er etwas daherschwafelt über Zielgruppenplanung, Modernisierung des Unternehmensüberbaus oder ähnlichen Quatsch. Am liebsten würde ich auf den Schreibtisch springen und schreien: *»Booga-booga!«* Aber ich sage nur: »Wollten Sie niemals Rock-Sänger oder Fremdenlegionär oder so etwas werden?« Er sieht mich an, als hätte ich eine Bananenschale auf der Nase. Es ist mir völlig klar, daß er sich seit der Highschool darauf vorbereitet hat ... im Kommunikationsbereich tätig zu sein. Genau das sagt er zu mir.
> Verdammt. In dem Jungen steckt keine Poesie. Keine Seele. Keine Lust auf Abenteuer in seinen Augen. Er ist ... vertrocknet. Er macht mich traurig. Ich komplimentiere ihn hinaus.

Liegt Bing richtig? Leider ja. Urteilt er zu streng? Ich glaube nicht. Wen soll man also einstellen? Jungs mit Poesie? Mädels mit Seele? Auf jeden Fall. Ich schlage vor, nach der jungen Frau zu suchen, die am MIT mit dem Studium der Computerwissenschaften beginnt, nach zunächst guten Erfolgen aber mitten in ihrem zweiten Jahr das Handtuch wirft, weil sie das Institut furchtbar anödet, und dann zu einer Weltreise aufbricht, um vielleicht mit Mutter Teresa zu arbeiten oder aber um einfach herumzuhängen. Näheres wissen wir nicht über sie.

> **»Verdammt. In dem Jungen steckt keine Poesie. Keine Seele. Keine Lust auf Abenteuer in seinen Augen. Er macht mich traurig.«**
>
> *Stanley Bing*

Weshalb ich sie einstellen würde? Das kann ich Ihnen sagen. Sie hat – zumindest einmal in ihrem Leben – den Mut bewiesen, etwas Aufregendes und Außerordentliches zu tun, was den Rahmen des Normalen sprengt. Vielleicht haben wir Glück, und sie macht es wieder. Für uns.

VCW, Inc. aus Kansas City arbeitet in einer Branche, die man wohl kaum als besonders glanzvoll bezeichnen würde. Selbständigen Lastwagenfahrern Versicherunspolicen verkaufen? Gähn. Aber die Gründerin Cheryl Womack hat, so berichtet Fortune, aus ihrem Unternehmen ein Juwel mit hohen Wachstums- und Gewinnraten gemacht. Die Einstellungspolitik spielt hierbei eine Schlüsselrolle. »Wir suchen nach Leidenschaft, Flexibilität und Begeisterung«, bekundet Womack. Ganz nach meinem Geschmack. Und ich meine es bitterernst, wenn ich vorschlage, daß der erste Satz im Einstellungshandbuch aller Unternehmen lauten sollte: »Du sollst niemanden in ein Angestelltenverhältnis übernehmen, dessen Lebenslauf weder Lücken noch Pannen enthält.« Trauen Sie sich das zu? Nein? Ihr Unternehmen gehört wohl auch zu denen, die nur Imitate zu bieten haben.

2. *Stellen Sie ein paar echte Sonderlinge ein – absolute Nonkonformisten.* Neugier und Lücken im Lebenslauf sind nicht genug. Wir brauchen ein paar wirkliche Spinner. Originelle Produkte kann man am ehesten von originellen Leuten erwarten. Wie sonst würden Sie Leute wie Ted Turner, George Lucas, Steve Jobs oder Anita Roddick bezeichnen? Originale eben. Spinner, denen wir bahnbrechende Produkte und Dienstleistungen verdanken.

Diese Idee stammt keineswegs von mir, sondern von Gary Withers, dem Leiter des frechen britischen Dienstleistungsunternehmens Imagination. Manche haben Withers den Walt Disney Englands genannt. Er verdient sein Geld mit fabelhaften Veranstaltungen, Marketingkampagnen und Erneuerungen der Unternehmenskultur für wilde und weniger wilde Klienten. Er schaut sich, so sagte er mir, nach Exzentrikern mit einem unstillbaren »Appetit auf Abenteuer« um. Dabei spielt es nicht die geringste Rolle, ob es einen Job für sie gibt oder nicht. Er sagt, er trifft mit vielen kauzigen Genies zusammen, und wenn er sich mit ihnen versteht, dann stellt er sie ein. Wenn sie so gut arbeiten, wie er es vermutet, dann schaffen sie sich eine eigene Nische im Unternehmen und führen es zu einem neuen Höhepunkt (dank der dort geltenden Strategie, sich immer wieder zu überbieten). Nonkonformisten anzulocken, scheint mir eine hervorragende Idee.

Der Historiker Shelby Foote berichtet, daß General Ulysses S. Grant im Sezessionskrieg einmal wegen exzessiven Alkoholkonsums das Oberkommando entzogen wurde. Auch General T. Sherman wurde einmal abgelöst – wegen des »Verdachts auf Geisteskrankheit«. Aber genau die beiden retteten die Union, während ihre Vorgänger, die es durch Speichelleckerei bis ganz nach oben geschafft hatten, in schwierigen Situationen völlig versagten. Was wäre wohl geschehen, wenn Lincoln auf einem makellosen Lebenslauf beharrt und es nicht mit den Nonkonformisten probiert hätte?

> **»Wir suchen nach Leidenschaft, Flexibilität und Begeisterung.«**
>
> *Cheryl Womac*

Worte bringen es an den Tag. Wie steht es mit kauzig? Withers hat damit keine Schwierigkeiten. Und Sie? Wie steht's mit wahnsinnig? Ein Nintendo-Manager behauptet, daß sein Unternehmen »Wahnsinnige« braucht. Und Guy Kawasaki, der frühere Software-Manager von Apple, fordert uns auf, »jeden zu einem unerbittlich donnernden Kanzelprediger zu machen«. Können Sie sich vorstellen, daß ihnen solch eine Formulierung im Gespräch mit dem Chef Ihres Chefs glatt von der Zunge geht? Daß Sie solche Worte in ein Personalhandbuch schreiben? Wenn alles kopfsteht, dann muß auch die Sprache mitziehen. Und ob Sie's glauben oder nicht, die Wahl der Worte und Bilder liegt sehr nahe beim Schwerpunkt der Geschäftsstrategie.

3. *Sieben Sie die Trantüten aus, sponsern Sie die Spinner.* Alle Macht den Ketzern! Mike Koelker, Direktor Design von Foote, Cone & Belding, sagt völlig ernsthaft, daß er »gelernt hat, die Zukunft vorauszusagen. Wer öfter als einmal in zwei Jahren seinen ›Karriereweg‹ mit mir besprechen will, hat wahrscheinlich keinen vor sich.« Andererseits fällt es nach seinen Worten »ausnahmslos den Leuten in der Buchhaltung und in der Designabteilung, die ich am brillantesten finde, am schwersten, sich in die Struktur der Agentur einzufügen.« Seine wichtigste Aufgabe besteht darin, diese Außenseiter zu fördern.

Der legendäre Werbefachmann David Ogilvy würde hier wohl beifällig nicken. Eine einzige lustlose Seele, schrieb er in der offiziellen Erklärung zur Philosophie seiner Agentur, kann Hunderte von anderen infizieren. (Oder noch mehr.) Weg mit ihnen! Oder möchten Sie, daß die lahmen Enten den Energiebündeln die Kraft aussaugen?

Wir alle kennen es. Wir haben es schon in der ersten Klasse der Grundschule gelernt. Jemand (eine Führungskraft) kommt zur Tür herein, bisher lief es einigermaßen, aber jetzt erstarrt alles und verstummt. Oder es kommt ein anderer (Führungskraft) herein, und auch wenn es bis jetzt sehr schlecht gelaufen ist, fühlt man sich ein wenig besser, seine bloße Anwesenheit sorgt für eine Aufhellung der Stimmung. Wir alle kennen das, und wir wissen, was es bedeutet. Wir stimmen in diesem Punkt völlig überein. Aber bei der Einstellung neuer Mitarbeiter und vor allem bei der Beförderung richten wir uns nicht danach, ob jemand eine Schlaftablette ist oder ein Energiebündel. Genau das sollten wir jedoch tun. Wir müssen sogar. Auch hier geht es nicht um eine nebensächliche, sondern um eine ganz zentrale Frage.

4. *Halten Sie sich an die Jugend.* Einer der Gründe für die dauerhafte Vitalität von PepsiCo trotz jährlicher Einnahmen von 25 Milliarden Dollar liegt in der Bereitschaft, große Risiken mit neuen, erfrischenden Leuten einzugehen, die bei anderen wegen ihrer Unerfahrenheit nicht zum Zuge kommen würden. Ein ums andere Mal hat das Unternehmen die Leitung bedeutender Unternehmensbereiche 28-, 29- und 30jährigen anvertraut. (Ja doch, auch Thomas Jefferson hat die Unabhängigkeitserklärung im Alter von 33 verfaßt. Und die hat sich ziemlich gut bewährt.)
Die 85 Jahre alte Zeitschrift *New Republic* erfreute sich zwar hohen Ansehens, war aber in ihrer Routine festgefahren. 1991 berief der Besitzer Martin Peretz den 27jährigen Andrew Sullivan zum Herausgeber des altehrwürdigen Journals. Er brachte neuen Wind und schaffte eine durchgreifende Umstrukturierung. »Ich kann mir nicht vorstellen, daß ein 45jähriger soviel bewegt hätte wie er«, sagte Redakteur Jacob Weisberg. Und weshalb? »Jüngere Leute sind viel unbekümmerter und eher dazu bereit, sich weit aus dem Fenster zu lehnen«, erklärt sein Kollege Michael Lewis.
Der Gedanke leuchtet mir ein: die Suche nach unbekümmerten Grünschnäbeln. Wie viele Angehörige des Führungskaders in Ihrem Unternehmen sind unter 35? 30? ... 25? (Man kann sich nur wundern über die große Zahl von Unternehmen, die die Berufung eines 45jährigen als Teil einer »Jugendbewegung« feiern.)

5. *Bestehen Sie darauf, daß alle Urlaub nehmen.* Wenn man ein phänomenales Wachstum verzeichnet oder vor außeror-

dentlichen Problemen steht, arbeiten die Mitarbeiter und vor allem die Inhaber von Schlüsselpositionen oft dreizehn Stunden am Tag und sechs oder sogar sieben Tage die Woche. Sie meinen, daß sie so stark, ausdauernd, unverwüstlich und frisch sind wie je zuvor. Vielleicht sind sie so stark wie Ochsen. Aber frisch? Alles Quatsch. Besonders in Zeiten, da alles drunter und drüber geht, brauchen die Leute genügend Freiraum für ihre Erholung.

Ich hatte einen guten Freund bei McKinsey, einer der gescheitesten Menschen, mit denen ich je zusammengearbeitet habe. Er machte jeden Sommer einen Monat lang Urlaub. Ich konnte ihn nicht verstehen. Wir waren ein aggressives, leistungsorientiertes Unternehmen. Ich jedenfalls, mit meiner grenzenlosen Energie, brauchte keinen Monat Urlaub. Dann verbrachte ich einen ganzen August in einer Hütte an der nordkalifornischen Küste. Als ich zurückkam, wurde mir mit einem Schlag klar, wie ausgebrannt ich vor den Ferien war. Vielleicht kann man es so sagen: Entspannung ist die Voraussetzung für Anspannung.

6. *Unterstützen Sie großzügigen Studienurlaub.* Zur Auffrischung verbrauchter Kräfte. Und zur Selbsterneuerung. Urlaub, schön und gut. Aber wenn man nicht manchmal eine sehr große Pause von mehreren Monaten (oder noch länger) macht, um das eingefahrene Gleis zu verlassen, stehen die Chancen für einen zweiten großen Wurf (wenn denn der erste gelungen ist) denkbar schlecht. Sie arbeiten seit fünf Jahren ohne eine Unterbrechung von drei (oder sechs) Monaten? Sie sind fertig. Glauben Sie mir.

7. *Fördern Sie neue Interaktionsmuster.* Schaffen Sie eine Umgebung, in der a) die Mitarbeiter ihre Persönlichkeit zum Ausdruck bringen können, b) sich im Handumdrehen Projektteams bilden können, c) man gerne zu einem Gespräch zusammentrifft und d) die gewohnte Gruppenbildung nach Fachbereichen keine Chance hat.

Wie kein zweiter Faktor spiegelt (und formt) das räumliche Ambiente die Unternehmenskultur, sei sie nun agil oder senil. Die überwiegende Anzahl der Manager nimmt diesen Faktor auf die leichte Schulter. Und in diesem Buch kommt er leider viel zu kurz (warten Sie auf das nächste Buch). »Wir müssen unsere Anschauungen über die Verrichtung von Büroarbeiten grundlegend revidieren«, meinte der Designer Duncan Sutherland gegenüber der *Industry Week.* »Büros werden in der Regel immer noch als Informationsfabriken betrachtet, die Daten produzieren. Also hat man traditionellerweise darauf geachtet, wieviel sich produzieren läßt – wie viele Anschläge oder Memos man aus den Mitarbeitern herauskitzeln kann. Doch Sinn und Zweck eines Büros ist es, Wissen zu schaffen. Und das ist kein Produktionsvorgang, sondern ein intellektueller Prozeß.« Die meisten Büros wirken sterbenslangweilig auf mich. Und wenn sie mich anöden, dann liegt das nach meiner Erfahrung fast immer daran, daß dort nichts schrecklich Aufregendes passiert.

Legt Ihr Unternehmen Wert auf aufgeräumte Schreibtische? Wenn ja, dann ist das Unternehmen übergeschnappt, und Sie sind es auch, wenn Sie dort bleiben.

Manche Zeichen sind einfach verräterisch. Legt Ihr Unternehmen Wert auf aufgeräumte Schreibtische? Wenn ja, dann ist das Unternehmen übergeschnappt, und Sie sind es offen gesagt auch, wenn Sie dort bleiben. (Ja, dieses eine Kriterium reicht.) Wie viele Büros habe ich schon besucht, von denen man niemals glauben würde, daß sie von Menschen bevölkert werden. Und dann wundern wir uns, wenn sie nichts als Imitate zustande bringen (sehr schnelle Imitate, zugegeben, und nur so strahlend vor »totaler Qualität«).

8. *Richten Sie Klubs ein, ziehen Sie Außenstehende hinzu, unterstützen Sie unkonventionelle Bildungsprogramme.* Laden Sie nicht Tom Peters oder Peter Drucker ein, verdammt noch mal! Laden Sie Steven Spielberg ein, Kenneth Branagh oder Tim Burton. Oder Ihren Lieblings-Science-Fiction-Autor – wie wär's mit William Gibson? Laden Sie jemanden von

der anderen Seite des Zauns ein, jemanden, dessen Tätigkeit im krassen Gegensatz zu der Ihres Unternehmens steht.

9. *Bewerten Sie Neugier.* Ja, das meine ich ernst. Ist es wieder Zeit für die halbjährlichen Leistungsbeurteilungen? Lassen Sie jeden Mitarbeiter einen einseitigen Aufsatz schreiben über a) »Das Seltsamste, was ich in diesem Jahr außerhalb der Arbeit gemacht habe«, b) »Die verrückteste Idee, die ich in der Arbeit ausprobiert habe«, c) »meine originellste Panne bei der Arbeit und in der Freizeit« und d) »die fünf dümmsten Regeln hier im Unternehmen«.
Kein Scherz. (Die Fragen stammen von mir, aber die Idee habe ich von Max de Pree, dem ungewöhnlichen Leiter des Unternehmens Herman Miller. Er stellt seinen Managern Fragen, die sie stark aus der Reserve locken.) Warum nicht? Wir wollen die Leute dazu bewegen, ihre Fesseln abzuschütteln. Zumindest wird damit das Lesen von Leistungsbeurteilungen amüsanter. Und vielleicht hilft es ja sogar.

10. *Suchen Sie nach ausgefallener Arbeit.* Withers von Imagination nimmt nach eigenem Bekunden keine Arbeit an – und sei sie noch so lukrativ –, wenn er sich nicht vorstellen kann, wie er sie zu etwas Aufregendem machen soll, das sein Unternehmen zu neuen Höchst-Leistungen treibt.

11. *Sehen Sie in den Spiegel.* Wenn der Chef nicht neugierig ist, dann sind es wahrscheinlich auch seine Leute nicht. (Das ist eine Untertreibung.) Wie oft habe ich schon die typischen Videos gesehen, in denen der Vorstandsvorsitzende über einen »Kulturwandel« spricht. Er ist ganz in schwarz gekleidet, zumindest hat es den Anschein. Das Büro ist aufgeräumt (also steril). Er selbst wirkt völlig teilnahmslos. Und was erzählt er uns (in monotonem Tonfall)? Wir sollen größere Begeisterung zeigen. Damit dringt er nicht durch. Er ist völlig leblos. Und dann wundert er sich, daß er mit seiner Rede die

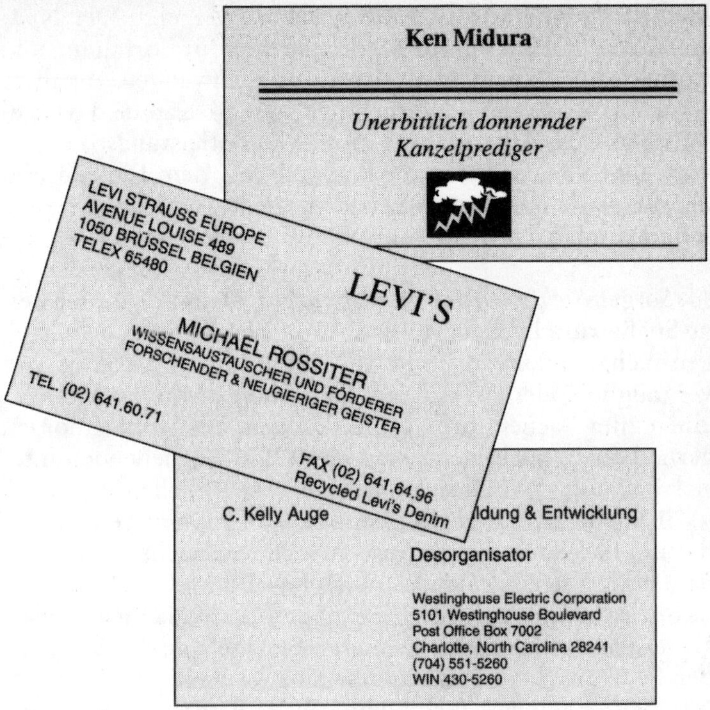

Mitarbeiter nicht zu elanvollen Taten anstacheln kann. Wenn Sie selbst kein Irrer sind (im positiven Sinne: nicht laut, sondern begeisternd), dann kann auch Ihr Laden nicht irre sein. Das gilt übrigens genauso für den Leiter einer Buchhaltungsabteilung mit acht Mitarbeitern wie für den Vorstandsvorsitzenden eines Unternehmens mit 100 000 Beschäftigten.

12. *Vermitteln Sie Neugier.* Brainstorming ist nicht der alleinige Auslöser für Kreativität. Aber es ist ein Auslöser. Es gibt bewährte Techniken, um die Mitarbeiter zu verrückteren Ideen anzuregen (besonders empfehlen kann ich die Seminare des Kreativitäts-Gurus Edward de Bono); schöpfen Sie diese Methoden für die Lösung aller Probleme voll aus – vom Einkauf über Buchhaltung und Qualität bis hin zum Marketing.

Und damit sind wirklich alle Probleme gemeint. Der Neugiererlaß gilt nicht nur für Marketing oder für Forschung und Entwicklung. Neugier läßt sich auf alles anwenden, vor allem wenn man sich das Unternehmen, wie in Kapitel 5 vorgeschlagen, als Ansammlung von »Dienstleistungspaketen« vorstellt. Neugier ist in der Buchhaltung, dem Einkauf und der Logistik mindestens genauso wichtig wie in der Forschung und in der Konstruktion.

13. *Sorgen Sie dafür, daß es Spaß macht.* Damit meine ich keine Späße zum Lachen. (Obwohl von Zeit zu Zeit auch dagegen nichts einzuwenden ist.) Ich meine Spaß im Sinne von vergnüglich oder erfrischend. Sie wissen schon: ein Ort, der einen zum Lächeln bringt und den man am Montagmorgen gerne betritt, auch wenn man ein tolles Wochenende hinter sich hat. Und das läßt sich durchaus verwirklichen.
»Wir haben immer gesagt, bei Silicon Graphics geht es nur darum, daß Technologie Spaß macht und leicht anwendbar ist«, erklärt der Vorstandsvorsitzende Ed McCracken, »und das heißt, die Arbeit hier sollte Spaß machen. Viel zu viele Unternehmen in den Vereinigten Staaten und Japan haben den Spaß aus dem Geschäft verdrängt ... Spaß und Respektlosigkeit nehmen auch dem Wandel den Schrecken.« McCracken weiß den Faktor Spaß zu schätzen. Können Sie dasselbe von sich behaupten? (Und auch danach leben?)

14. *Bringen Sie Abwechslung in den Alltag.* Gehen Sie nächsten Donnerstag zur Arbeit und erklären Sie ihn zum Minigolf-Tag. Zeigen Sie diesen Nachmittag einen Lehrfilm? Bestellen Sie Popcorn. Ein tropisch heißer Augustmorgen? Kaufen Sie mittags zehn Spritzpistolen, aber gute – und fangen Sie in der Buchhaltungsabteilung eine Spritzschlacht an. (Diese Idee habe ich von einem Software-Unternehmen – doch, doch, auch das mit der Buchhaltung.) Neugier hat sehr viel damit zu tun, daß man sich die Welt ständig aus einer gewissen Schräglage ansieht.
Ich bin mir sicher, daß Sie zusammen mit einigen Ihrer Kollegen in einer halben Stunde eine ganz andere und bessere Liste

als meine aufstellen können. Wichtig daran ist vor allem die Einsicht, daß man die verwaschene – aber strategische – Idee der Schaffung eines neugierigen Unternehmens in handfeste und realisierbare Vorschläge umsetzen kann.
Im übrigen mag meine Liste zwar nicht gerade genial sein, aber ich bin felsenfest davon überzeugt, daß jeder Punkt darin sinnvoll ist. In diesen närrischen Zeiten ... einziges Kapital die Phantasie ...

Oh, fast hätte ich Punkt 15 meiner Liste vergessen. Ich bin zwar im Zeitalter des Lean Management gegen die Schaffung weiterer Positionen, möchte aber hier eine Ausnahme machen: Wie wär's mit einem Kurator für Kreativität, einem Großpascha für Pandämonium, Nestor für Neugier, Sponsor für Spinner? Und auch wenn Sie keine neuen Titel einführen wollen, wie wär's, wenn Sie wenigstens den Titel auf Ihrer Visitenkarte nach dem Beispiel der Abbildung oben verändern würden? Ich meine es wirklich ernst. Und Sie? Wann haben Sie zum letzten Mal im Korridor einen Freudenschrei losgelassen? In der Cafeteria ein Tänzchen aufgeführt? Ihr Arbeitsplatz ödet Sie an – und das geht auch nicht spurlos an Ihnen vorüber. Stimmt's?

Erneuerte Unschuld

»Wenn man erwachsen wird, muß man unter anderem die Lektion lernen«, schreibt John Seabrook im *New Yorker*, »daß sich Neugier nicht immer auszahlt. Manche Menschen verlernen ihre Neugier völlig. [Bill] Gates [von Microsoft] hat sich diese Lektion anscheinend überhaupt nicht zu Herzen genommen.« Und Gates ist nicht der einzige. Der Psychologieprofessor Howard Gardner aus Harvard hat herausgefunden, daß Genies allgemein am Rande der Gesellschaft leben (immer skeptisch gegenüber Konventionen und ihren Vertretern) und sich ein Leben lang ihre »geistige Unschuld« erhalten.
Die meisten von uns sind keine Genies, sind nicht Bill Gates.

Aber wir können zumindest eine Unternehmenskultur und Arbeitsplätze schaffen, die die Neugier nicht radikal austilgen, sondern die Unschuld fördern.

Die Pest der Langeweile

Die Bedeutung der räumlichen Umgebung für die Atmosphäre in einem Unternehmen wird leider vollkommen unterschätzt. (Denken wir nur zurück an die Acordia-Gesellschaften in Kapitel 2: die voneinander getrennten Gebäude für die kleinen Einheiten führten zu einem stark gesteigerten Unabhängigkeitsgefühl.) Diesen lehrreichen Hinweis habe ich der Städteplanerin und Philosophin Jane Jacobs zu verdanken. Nur wenige Bücher haben mich so beeinflußt wie ihr *The Death and Life of Great American Cities.* »Niemand freut sich darüber, auf einer Treppe zu sitzen und auf eine leere Straße zu blicken«, schreibt die Autorin an einer Stelle. Ihrer Ansicht nach entstehen die meisten bedeutenden Probleme in Städten daraus, daß diese von der Großen Pest der Langeweile (sie liebt Großbuchstaben) befallen sind, das heißt, daß sie (von Städteplanern) perfekt und eintönig entworfen worden sind. Im Gegensatz dazu plädiert sie für bunt bevölkerte Gehsteige, kleine Häuserblocks, viele alte Gebäude, verschiedenartige Nutzung (Häuser und Läden, Büros und Bars alles eng aneinander gedrängt). Und im besten Falle führt dies zu einer »exquisiten Vielfalt«.

Die meisten Unternehmenstreppen führen hinaus auf leere, unbelebte Straßen. Die exquisite Vielfalt geht mir nicht aus dem Kopf. Wie schneiden Sie, Ihre Einheit und Ihr Unternehmen auf EVI ab – dem »Exquisite-Vielfalt-Index«? (Eine glatte 10 geht an Microsoft oder den Planeten Hollywood, an General Motors leider noch immer eine niederschmetternde 1.)

Kurator für Kreativität?
Großpascha für Pandämonium?
Nestor für Neugier?
Sponsor für Spinner?

Microsoftler (samt Spielsachen) bei der Arbeit

Dabei fällt mir die 39ste Ausgabe des Jahresüberblicks von *I. D. (International Design)* ein, die vor einiger Zeit in meinem Briefkasten landete. Als Möchtegern-Architekt blätterte ich zu den Abschnitten über Gebäude, Innenausstattung und Möbel. Ohne jede Ausnahme stießen mich die Entwürfe der Preisträger ab. Ich empfand sie als lähmend und geisttötend.

Wie sehen Räumlichkeiten aus, die den Geist beleben? Sie sind behaglich, freundlich, wach. Zu Hause trage ich gerne Sweatshirts und Trainingshosen, und falls möglich auch bei der Arbeit. Ich umgebe mich gerne mit vertrauten Gegenständen, ich blicke gerne auf zu roh behauenen, hundert Jahre alten Balken, und ich erfreue mich am Anblick von Bäumen und Vögeln oder einer belebten Straßenszenerie. Wie Stanley Bing von *Esquire* kann ich mir ein Büro ohne Spiel-

zeug genausowenig vorstellen wie einen Computer ohne Software.
Meine heftige Aversion gegen die Arbeiten der *I.D.*-Preisträger ließ mich an mir selbst zweifeln. Also stellte ich ein paar Recherchen an.
Der Architekt Christopher Alexander beschreibt in seinem vielgerühmten, Zen-angehauchten Buch *The Timeless Way of Building* »eine zentrale Qualität, die das Hauptkriterium für Leben und Geist eines Menschen, einer Stadt, eines Gebäudes oder einer Wildnis ausmacht. Diese Qualität ist objektiv und präzise, aber sie läßt sich nicht benennen.«

»Manchmal frage ich mich, welche Qualität meine Arbeit hätte, wenn ich in einem strengen, rechteckigen Hochglanzbüro mit glatten Oberflächen und gleichmäßiger Beleuchtung tätig wäre.«

Dennoch versucht Alexander, sie näher zu umschreiben: »Wenn ich jemandem von dieser Qualität erzähle, denke ich zuerst an die Ecke eines ländlichen Gartens in England, in dem ein Pfirsichbaum an einer Mauer wächst ... Die Sonne scheint auf den Baum und erwärmt die Ziegel dahinter, die wiederum die Pfirsiche am Baum erwärmen. Die Qualität des Ganzen ist ein wenig schläfrig.«
Prägen Sie sich die Worte (schon wieder!) »lebendig«, »ganz«, »behaglich« und »ewig« ein. Nach Alexanders Auffassung beschreiben sie Orte, die »unsere inneren Kräfte auslösen und uns befreien; wenn sie [die Orte] jedoch tot sind, bleiben wir in inneren Konflikten befangen.« Ich glaube, daß diese Eigenschaften auch für die Wertschöpfung in Unternehmen bestimmend sind.
Ein viel zu großer Teil der Energie eines Unternehmens wird durch eine deprimierende räumliche Umgebung betäubt. Meist schüttle ich verwundert den Kopf – und reagiere manchmal mit Zorn, Trauer oder einer Mischung aus beidem –, wenn ich ein Unternehmensgebäude betrete. Vom Empfangsbereich bis hin zum Forschungslabor fehlt es an Esprit.

Gary Withers engagiert
kauzige Genies mit
»Appetit auf
Abenteuer«.

Die Oberflächen sind glattpoliert. Wo man hinsieht, kahle Schreibtische mit Glasplatten auf Chrombeinen. Das Licht ist künstlich. »Es ist wissenschaftlich erwiesen, daß man sich krank fühlen kann, wenn man den ganzen Tag in künstlichem Licht arbeitet«, schreibt der Architekt Christopher Day in *Places of the Soul.* »Hingegen kann das Frühlingslicht Freude in unserem Herzen wecken und sogar einen Kranken aus dem Bett holen!«

Holt Sie Ihre Arbeitsumgebung morgens aus den Federn? Erhöht sie die Wahrscheinlichkeit kluger, kooperativer und energischer Problemlösung?

Wohl kaum. Die typische Firmenlandschaft mit städtischem Stein oder ländlichem Rasen führt nicht zu Austausch und Offenheit, sondern zu Verschlossenheit und Versteckspielen. Dies sind, ich wiederhole es, zentrale Fragen. Wenn der Wertzuwachs in der neuen Volkswirtschaft durch Courage, Energie, Gespräche, Zusammenarbeit und Phantasie entstehen soll, dann müssen auch die Räumlichkeiten, an denen wir unserer kaufmännischen Tätigkeit nachgehen, diesen Prinzipien entsprechen.

Natürlich ist das räumliche Ambiente nicht alles entscheidend. Aber seine Rolle für das – neugierige oder desinteressierte – Gepräge eines Unternehmens sollte man keinesfalls unterschätzen.

(P. S. Nicht unerwähnt lassen möchte ich einen Artikel im *Design Management Journal,* in dem Duncan Sutherland berichtet, daß Benjamin Franklin seine beste Arbeit im Adamskostüm leistete und Martin Luther die zündendsten Ideen auf der Toilette hatte. Computer-Koryphäe Seymour Cray gräbt, wenn nichts vorwärtsgeht, Stollen im Garten. Was um uns ist, ist in uns.)

Neue Realitäten

Ein anderer Charakter (neugierig) und ein anderer Betrieb (couragiert) sind erforderlich, um im Markt von heute und erst recht von morgen zu den Gewinnern zu zählen. Peter

Drucker schreibt in der *Harvard Business Review:* »Die Beziehung zwischen Wissensarbeitern und ihrem Unternehmen ist ein entschieden neues Phänomen.« Er fährt fort mit der Anregung, alle Wissensarbeiter als »Freiwillige« zu begreifen. Man kann vor allem in einer wirtschaftlich schwierigen Phase verlangen, daß die Mitarbeiter pünktlich zur Arbeit erscheinen. Aber man kann nie verlangen, daß sie Leidenschaft, Schwung und Phantasie mitbringen. Man muß besondere Mitarbeiter anlocken und sich ihre Neugier zunutze machen. Aber was wollen diese Wissensarbeiter? In einem Artikel vom Juli 1993 stellte die Zeitschrift *Inc.* folgende fiktive Bewerbung vor, die sich jeder Manager eingerahmt an die Wand hängen sollte:

> An: Magazin *Inc.*
> Abs.: Entschlossener Sucher nach dem perfekten Arbeitsplatz
>
> Ich will nicht mehr in einem Laden herumkrebsen, der schlecht geführt ist und so blöd, daß ich dort nur meine Zeit verschwende. Oder in einem Laden, wo man Bereichsleiter sein muß, um eine Chance zu bekommen. Ich will meine Hunde zur Arbeit mitbringen, zumindest am Samstag, und wenn ich um vier Uhr nachmittags »La Paloma«, anstimme, dann möchte ich, daß die Leute mich nicht schief anschauen, sondern mitsingen.
> Ich möchte kooperativ in einem Team arbeiten. Die Branche ist für mich eher nebensächlich, aber je umweltbewußter, desto besser. Ich suche ein ehrliches, konstruktives, faires, aufgeschlossenes und spielerisches Umfeld. Ich beherrsche mein Metier ganz hervorragend und werde jetzt auch einen ganz hervorragenden Arbeitsplatz dafür finden. Ich will Gleitzeit, Freiräume für Experimente, Unterstützung durch die Gemeinschaft und viele Chancen zum Lernen. Ich will Bäume und Parkmöglichkeiten!
>
> Mit entschlossenen Grüßen

Klingt vernünftig. Auch für Alan Webber, den Befürworter der Arbeit als Gespräch. Er schreibt in der *Harvard Business Review:* »In der neuen Volkswirtschaft sind Mitarbeiter auf allen Unternehmensebenen und in allen nur erdenklichen Branchen dazu aufgerufen, neues Wissen zu entwickeln, neue Werte zu schaffen, Verantwortung zu übernehmen für ihre

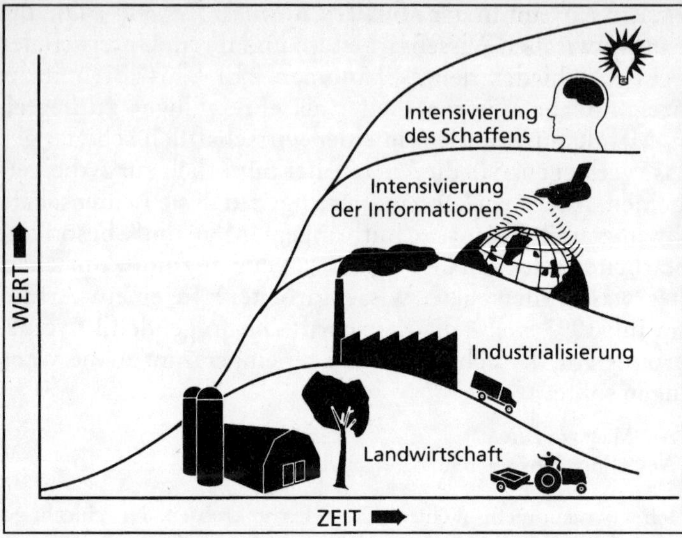

Sanders/Tikkanen bearbeitet nach Murikami Teruyasu

Ideen und sie bis zum Äußersten zu verfolgen. Wer in der neuen Wirtschaft zu Rande kommen will, der muß sich die emotionale Energie zunutze machen, die aus dem Ringen mit dem eigenen Schicksal entspringt. Und letzten Endes würden wohl die meisten solch eine Arbeitsplatzbeschreibung begrüßen.«

Sicherlich, aber heutzutage ist sie noch immer ein Wunschtraum – weit, weit entfernt von der Norm.

Spitzenleistung 1994

Sähen Sie es gerne, daß Ihre Kinder dort arbeiten?

Etwas Großartiges!

David Sheffs Buch *Nintendo Game Boy* zeichnet den kometenhaften Aufstieg des umstrittenen und unkonventionellen japanischen Unternehmens Nintendo nach. Der Geist von Nintendo kommt am besten in einem sehr einfachen Wortwechsel zum Ausdruck. Gunpei Yokoi, ein Spieledesigner, fragte seinen Chef. »Was soll ich machen?« Der Vorstandsvorsitzende Hiroshi Yamauchi erwiderte: »Etwas Großartiges!«

Diese entwaffnende Replik ließ mich tagelang nicht zur Ruhe kommen. Bald darauf stellte ich zum ersten Mal meinen Seminarteilnehmern folgende Frage: »Hat je ein Chef im Verlauf Ihrer Karriere zu Ihnen gesagt: ›Machen Sie etwas Großartiges?‹ Haben Sie es selbst schon einmal zu einem Ihrer Untergebenen gesagt?« (Kein Aufrunden erlaubt: nicht etwas Wichtiges, Gutes oder Flottes, sondern etwas Großartiges.)

Traurig, aber wahr, es hob sich kaum eine Hand. Keine von 500 Teilnehmern in London. Keine von 200 in Frankfurt. Eine von 5000 in Sydney und Melbourne. Keine in Kuala Lumpur. Auch bei großen Versammlungen in Silicon Valley und Chicago keine einzige. Eine von 1200 in Atlanta.

Was soll ich machen? Etwas Großartiges. Oha! Was für ein Ansporn! Was für eine Motivation! Was für eine Herausforderung für die Phantasie! Was für ein Weckruf an die Neugier! Erinnern wir uns an Tom Strange und Joe Tilli, das Schnelle Eingreifteam von Titeflex. Etwas Großartiges können nicht nur Software-Entwickler von Nintendo oder Microsoft, Chefköche im Chez Panisse oder Flugzeugkonstrukteure von Boeing hinzaubern. Auch Schlauchhersteller. Oder Hotelwirtschafterinnen. »Etwas Großartiges machen« – ich kann mir vorstellen, daß solch eine Aufforderung genügt, um das Hotelpersonal zu besonderen Leistungen anzustacheln. An solche Herausforderungen müssen sich Chefs aller Ebenen, Abteilungen und Unternehmen halten, wenn sie wirklich daran glauben, daß die Phantasie das einzige Kapital ist, wenn sie wirklich daran glauben, daß die ökonomische Sicherheit in den entwickelten Ländern einzig und allein von der Nutzung des Wissens abhängt.

Intensivierung des Schaffens

Drucker begreift es. Yamauchi von Nintendo begreift es. Und auch Murikami Teruyasu vom Nomura Research Institute. Nach seiner Auffassung läßt sich die Geschichte in vier Epochen unterteilen. Zunächst das Zeitalter der Landwirtschaft, das weitestgehend vorüber ist. Dann das industrielle Zeitalter, das sich seinem Ende zuneigt. Als nächstes das Zeitalter der Intensivierung von Informationen, in dem wir uns wohl derzeit befinden (die meisten würden sagen, daß es uns vollkommen durcheinanderbringt). Aber das ist noch nicht das Ende, sagt unser Freund von Nomura. Wir steuern mit hohem Tempo auf das Zeitalter der Intensivierung des Schaffens zu.

Und das ist ein ganz anderes Spiel. Informationen bereitzustellen und hilfreich zu verpacken, ist eine Sache. Allein das in den Griff zu bekommen, ist schwierig genug (die meisten sind noch nicht so weit). Auch das Eliminieren überflüssiger Managementebenen ist eine (gute) Sache. So wie das Reengineering. Aber hier geht es um etwas anderes: die Intensivierung des Schaffens. Um den Aufbau des neugierigen Unternehmens. Wie man es auch nennt, dies ist der Faktor, der in Zukunft Gewinner und Verlierer voneinander unterscheiden wird.

Die »richtigen« Bilder

Worte sind wichtig. Bilder sind noch wichtiger. Die neue Ära läßt sich nur mit neuen Bildern beschreiben. Jazz-Combos (Forscher Karl Weick); Improvisationstheater (Charles Savage von Digital Equipment); Organisation als Karneval (ich selbst in *Jenseits der Hierarchien*); Kleeblatt-Organisationen (Charles Handy); intellektuelle Dachgesellschaften (Brian Quinn von Dartmouth); virtuelle Arbeitsumgebungen (Steve Truett und Tom Barnett); Arbeit als Gespräch (Alan Webber); Zusammenarbeit wie in der Liebe (Michael Schrage); Spinnennetze (noch einmal Quinn). Wir müssen diese neuen Bilder wirklich sehen. »Wettbewerb ist heute ein ›Bewegungskrieg‹, in dem derjenige Erfolg hat, der Markttendenzen vorhersieht und schnell auf sich wandelnde Kundenbedürfnisse reagiert«, schreiben George Stalk, Philip Evans und Lawrence Schulman in der *Harvard Business Review.* »Erfolgreiche Wettbewerber drängen blitzschnell in Produkte, Märkte und manchmal sogar in eine ganze Branche hinein – und wieder heraus ... Ein Prozeß, der eher einem interaktiven Videospiel gleicht als einem Schachspiel.«

Interaktives Video. Gefällt mir.

»Andy Grove, Vorstandsvorsitzender von Intel ... vergleicht [Silicon Valley] mit der New Yorker Theaterwelt, die über eine wechselnde Schar von Schauspielern, Regisseuren, Autoren und Technikern sowie über erfahrene Finanziers verfügt«, schreiben Geoffrey Owen und Louise Kehoe in der *Financial Times.* »Wenn man dieses Netzwerk anzapft, kann man in Windeseile eine Produktion auf die Beine stellen. Das Stück kann zu einem großen Kassenschlager werden oder aber zu einem Flop. Die Zahl der lange auf dem Spielplan stehenden Stücke ist zwangsläufig gering – aber es tauchen immer wieder neue kreative Ideen auf.« Das Theater als Modell. Denken Sie darüber nach.

Wichtigste Anregung dieses Buchs: Wenn Sie morgen zur Arbeit gehen, versuchen Sie Ihr Unternehmen mit den Augen eines furchtsamen neuen Mitarbeiters an seinem ersten Tag zu sehen.

...... »Etwas Großartiges.«

☛ **Lernpensum**

✔ Eigenschaften des neugierigen Unternehmens (Ihre Liste oder meine)
✔ Geliebte Spinner
✔ Worte bringen es an den Tag
✔ Der Pest der Langeweile Einhalt gebieten
✔ Arbeitsumfeld mit Schwung
✔ Neue Beziehungen mit Wissensarbeitern
✔ Etwas Großartiges machen
✔ Intensivierung des Schaffens
✔ Neue Metaphern braucht das Land
✔ Kurator für Kreativität

Fazit: Ein Platz für Kinder

In *Auf der Suche nach Spitzenleistungen* verwendeten Bob Waterman und ich langfristige finanzielle Gesundheit als den Maßstab für Spitzenleistungen. In Wirklichkeit jedoch lagen uns ganz andere Dinge auf der Seele. Aber wir dachten, daß wir den Anschein wahren mußten, damit wenigstens 5000 Konformisten das Buch kaufen würden.

Finanzielle Maßstäbe sind natürlich nicht falsch. Ohne sie geht gar nichts. Aber sie machen nicht das Gesamtbild aus. In den letzten Jahren haben wir es zum Beispiel geschafft, auch Qualität und Kundendienst zu bewerten. (Und das ist gut so!) Doch inzwischen denke ich wiederum in anderen Begriffen. Und ich habe tatsächlich einen neuen eindimensionalen Maßstab für Hochleistungen gefunden: Sähen Sie es gerne, daß Ihre Kinder dort arbeiten?

Wie müßte sich ein Unternehmen präsentieren, um gut genug für Ihre Kinder zu sein? Ethisch? Gewinnorientiert? Wachsend? Ja. Ja. Ja.

Und wenn Sie mich fragen, auch voller Elan, couragiert und neugierig. Und sie müßten regelmäßig zu hören kriegen: »Machen Sie etwas Großartiges!« Vielleicht würden Sie ja für

Ihre Kinder andere Prioritäten setzen. Aber eigentlich kann ich es mir nicht recht vorstellen. Und das ist ein weiterer Grund dafür, in diesen ach so kuriosen Zeiten neugierige Unternehmen zu schaffen.

Gefragt – getan

1. Wichtigste Anregung dieses Buchs: Wenn Sie morgen zur Arbeit gehen, versuchen Sie Ihr Unternehmen mit den Augen eines furchtsamen neuen Mitarbeiters an seinem ersten Tag zu sehen. (Auch wenn es noch so schwerfällt.) Fangen Sie beim Parkplatz an, bei der Eingangstür und dem Empfangsbereich. Verleiht die »Ankunft« Ihrem Schritt ein wenig neuen Schwung? Oder fühlen Sie sich beklommen? Überschwang oder Langeweile? Wiederholen Sie diese Übung mit einer Handvoll Kollegen. Fragen Sie einen neuen Mitarbeiter an seinem ersten Tag (wenn Sie in der glücklichen Lage sind, noch welche einzustellen).
2. Beurteilen Sie sich und Ihre Kollegen im Hinblick auf meine Liste von fünfzehn Ideen für das neugierige Unternehmen. Wie schneiden Sie ab? (Ich denke, es gibt eine breite Übereinstimmung.) Erstellen Sie jetzt ihre eigene Liste. Gehen Sie bis zum Äußersten. Beurteilen Sie sich auch hier. Das Ganze vierteljährlich wiederholen.
3. Was fangen Sie mit Wörtern wie »Spinner« an? Fühlen Sie sich unwohl dabei? Weshalb? Die Zeiten sind doch überdreht, oder? (Denken Sie darüber nach, »mehr Intellekt ...« »Einziges Kapital ...« Das ist ja schließlich nicht auf meinem Mist gewachsen.)
4. Sehen Sie sich noch einmal die Bemerkungen zum räumlichen Ambiente an. Rufen Sie eine Revision zur »Vitalität des Arbeitsumfelds« oder etwas Ähnliches ins Leben. Sind Ihre Räumlichkeiten ein Ansporn für Sie und Ihre Mitarbeiter? Oder das Gegenteil?
5. Sind Sie schon einmal gebeten worden, oder haben Sie selbst schon einmal jemanden gebeten, etwas Großartiges

zu machen? (Nicht etwas Gutes, Flottes, sondern ...) Wenn nicht, warum nicht? Läßt sich das wirklich auf die Haushaltsabteilung eines Hotels anwenden? Wenn nicht, warum nicht? (Wenn Sie ein Hotel führen: Ist ihre Haushaltsabteilung toll – nicht gut im Sinne von Total Quality Management, sondern irre, phantastisch, fabelhaft?)

6. Sind Sie bereit für den Kurator für Kreativität? Wenn Sie eine leitende Stellung haben, weshalb schaffen Sie nicht solch eine Position? Oder üben Sie sie selbst ein halbes Jahr lang aus? (P. S. Wenn Sie nicht das Interesse und auch nicht den Nerv haben, den Titel auf Ihrer Visitenkarte mit Sponsor für Spinner anzugeben, dann sollten Sie dieses Buch schleunigst aus der Hand legen. Sie verschwenden nur Ihre Zeit, tut mir leid, Sie so lange aufgehalten zu haben.)

Dies ist das verrückteste Kapitel in diesem Buch. Dies ist das vernünftigste Kapitel in diesem Buch. Die Zeiten: verdreht. Die Unternehmen: Verliese der Vernunft. Das kann nicht gutgehen. Trotz meines offenen Engagements für den Wahnsinn in diesem Kapitel verfolge ich dabei immer noch völlig logisch die Argumentation, die ich buchstäblich von der Titelseite an entwickelt habe. Die Schritte in den Kapiteln 2 bis 6 führen zu einer deutlichen Auflockerung des Unternehmens und zu einem weit flexibleren Wiederaufbau (Spinnennetze usw.); aber sie umgehen noch immer das Thema Neugier an sich. Das haben wir nunmehr gründlich nachgeholt. Und daher ist es jetzt an der Zeit, uns um die letzte Frage zu kümmern. Die lautet natürlich: Wie kann man sich in einem unglaublich dichtgedrängten und beweglichen Markt dabei hervortun, die Bedürfnisse der Kunden zu erfüllen?

8. KAPITEL

Jenseits des Total Quality Management

Oha!

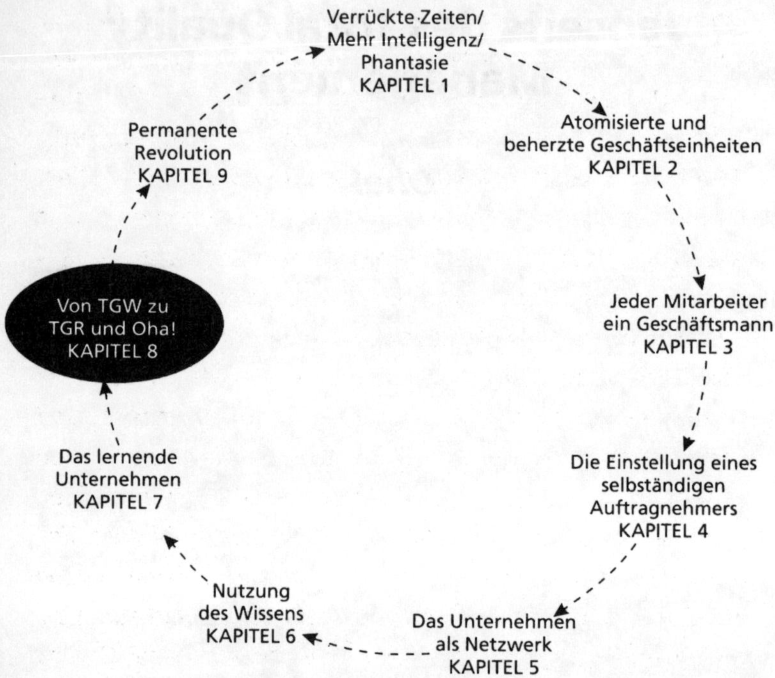
Verrückte Zeiten/
Mehr Intelligenz/
Phantasie
KAPITEL 1
Atomisierte und
beherzte Geschäftseinheiten
KAPITEL 2
Jeder Mitarbeiter
ein Geschäftsmann
KAPITEL 3
Die Einstellung eines
selbständigen
Auftragnehmers
KAPITEL 4
Das Unternehmen
als Netzwerk
KAPITEL 5
Nutzung
des Wissens
KAPITEL 6
Das lernende
Unternehmen
KAPITEL 7
Von TGW zu
TGR und Oha!
KAPITEL 8
Permanente
Revolution
KAPITEL 9

Der Markt ist dichtgedrängt, mit steigender Tendenz. Sind Sie imstande, sich von der Konkurrenz abzuheben? Weil er wollte, daß sich sein Unternehmen hervortut, daß es sich Kundennähe und Innovation auf die Fahnen schreibt, hat Percy Barnevik die Hauptverwaltung aufgelöst und 5000 Profit Center auf den Markt losgelassen. Und aus dem gleichen Grund ist das an sich nützliche und leider immer noch nicht zum Ziel gelangte Streben nach Qualität nicht mehr genug. Wie Pilze schießen weltweit qualitätsbewußte neue Wettbewerber aus dem Boden und überschwemmen den Markt mit makellosen Produkten. Makellos, aber meist auch nicht berauschend. Und genau darin liegt die Grundlage für die nächsten großen Schritte in Richtung Kunden: *Zeigen Sie sich von Ihrer überspanntesten Seite, und versuchen Sie, sie zu verblüffen.* Zeigen Sie sich von Ihrer angenehmsten Seite, und gewinnen Sie ihre Zuneigung. Wie auch immer: Was jetzt an Marketingstrategien erforderlich ist, liegt weit jenseits vom Total Quality Management der Achtziger Jahre.

»Das heutige Umfeld ist für Kunden ziemlich langweilig, nur mit ein bißchen Aufregung kann man die Leute in die Läden locken.«

Bill Wyman

Zeit für Oha!

Endlich werden also auch die Kunden erwähnt? Falsch. Kunden sind das Thema jeder einzelnen Seite dieses Buchs. »Verrückte Zeiten brauchen verrückte Unternehmen«. »Mehr Intellekt, weniger Material«. »Einziges Kapital die menschliche Phantasie.« Jeder einzelne dieser Wahlsprüche, die dieses Buch leitmotivisch durchziehen, ist schlicht und einfach ein marktbestimmtes Gebot.

Weshalb soll man wie Percy Barnevik von ABB und Ben Lyte von der Associated Group das Unternehmen desintegrieren? Antwort: um energisch zu werden, um kleine Geschäftseinheiten zur bedingungslosen Kundennähe zu treiben.
Wozu »Selbstzerstörung« nach dem Vorbild von Quad/Graphics? Um wählerischen Kunden, die in ihren eigenen Konkurrenzgefechten gefangen sind, weit mehr zu bieten als das Beste von heute.
In der Folge sind in rascher Abfolge mehrere Themen zur Sprache gekommen:

- Unternehmerische Gestaltung – jeder Aufgabenbereich wird zu einem Geschäft und alle Mitarbeiter zu Geschäftsleuten wie Tom Strange und Joe Tilli
- Netzwerkarbeit – direkte Verbindung zum Kernbetrieb des Kunden nach dem Vorbild von Baxter, UPS und anderen
- Wissensentwicklung – weltweite Ausschöpfung des systemischen Wissens zur Lösung von Kundenproblemen bei ABB, Buckman-Laboratorien, McKinsey, VeriFone
- Schaffung des neugierigen Unternehmens – es wird zur

Attacke geblasen gegen die Pest der Langeweile, die die meisten Unternehmen und demzufolge auch ihre Produkte kennzeichnet

Der Sinn der ganzen Übung? Um zu beweisen, daß es nicht nur wünschenswert, sondern auch möglich ist, phantasievoll und rasch auf Kundenwünsche einzugehen in einem Markt, der nur so überquillt von guten Produkten, guten Dienstleistungen und guten Konkurrenten aus allen Himmelsrichtungen des Erdballs.
Aber noch haben wir uns nicht mit Qualität an sich befaßt! Ach ja, Qualität. Sie war die neue Welle im Marketing und Management der Achtziger Jahre.

TGW vs. TGR

Die neue Qualitätsbesessenheit war das Wichtigste, was sich in der amerikanischen Wirtschaft der letzten fünfzehn Jahre ereignet hat. Punktum. Historisch gesehen zeigten die Amerikaner nur wenig Neigung zur Qualitätsproduktion. Das goldene Zeitalter des Handwerks geriet in Vergessenheit, und danach hielt die Wegwerfmentalität Einzug. Später wurden die USA zum Land der unbegrenzten Massenproduktion. Amerika blickt nicht wie Deutschland zurück auf eine jahrhundertealte oder wie Japan auf eine jahrtausendealte Qualitätstradition.
Dann schaffte man in jüngster Zeit mit einer gewaltigen Kraftanstrengung einen phänomenalen Umschwung. Dies gilt vor allem für die Autohersteller in Detroit. Vor fünfzehn Jahren war die Qualität amerikanischer Autos gemessen an japanischen und deutschen Konkurrenten ein Witz. Doch das hat sich geändert.
Eines der strengsten Qualitätskriterien in Motown trägt den Namen »Things Gone Wrong« (Mängel), kurz TGW, oder

Verminderung von TGW = notwendig, aber nicht ausreichend

genauer gesagt, TGW pro hundert produzierte Autos. Durch die Reduzierung der TGW-Rate hat Detroit fast schon zu Japan aufgeschlossen. Doch während die Amerikaner mit der Verringerung von TGW alle Hände voll zu tun hatten, verlagerten die Japaner ihren Schwerpunkt auf *miryokutehi hinshitsu,* das heißt »Things Gone Right« (richtige Dinge). TGR demnach.

»Die Amerikaner bauen heute solide Durchschnittsautos«, meinte der Branchenkenner Robert D. Knoll gegenüber *Newsweek,* »aber nichts, was einen vor Begeisterung vom Hocker reißen könnte.« Die Japaner hingegen betonen »die subtilere, ›sinnlichere‹ Seite eines Autos [wie] Blinkerhebel, die nicht wackeln, oder Kontrolltasten für die Klimaanlage, die sich angenehm anfühlen.« Die USA haben große, sogar fabelhafte Fortschritte gemacht. Aber nicht genug.

Mehr als die Hälfte der getesteten Produkte schnitten auf der Skala »Neu und Anders« mit »Ausreichend« oder »Ungenügend« ab.

»Nach Statistiken kann jeder Hersteller produzieren«, erklärte Mazda-Vorsitzender Kenichi Yamamoto respektlos gegenüber der *Business Week.* Ganz so einfach ist es natürlich nicht, aber im Prinzip hat Yamamoto recht. Wenn man heutzutage mit Zahlen und statistischen Methoden die Qualität in den Griff bekommen hat, dann hat man damit erst den Passierschein für den Spielereingang – aber ein positiver Punktestand erscheint deshalb noch lange nicht auf der Anzeigentafel. Mittlerweile kommen regelmäßig erstklassige Produkte aus ganz Westeuropa, aus Japan und Taiwan, Korea und Thailand, aus Malaysia, Indien und Teilen Chinas, aus den USA und Kanada, aus Mexiko, Argentinien und Brasilien. Ist Spitzenqualität nach Zahlen überhaupt noch wesentlich? Selbstverständlich. Und reicht sie? Bitte keine Scherze.

Richard Saunders Technologies in Cincinnati testet eine zufällige Auswahl der 15 000 neuen Produkte, die jährlich in die amerikanischen Läden drängen. Nach einem Bericht von

Advertising Age gaben die Forscher des Instituts mehr als der Hälfte der von ihnen bewerteten Produkte auf der sehr wichtigen Skala »Neu und Anders« die Note »Ausreichend« oder »Ungenügend«. Betroffen waren neue Artikel von Procter & Gamble, Spic and Span, Sterling Winthrop und Farbérgé.
Besucht man die Läden selbst, hört man die gleichen Klagen. »Das heutige Umfeld«, meint der Einzelhandelsberater Bill Wyman, »wo jeder jeden mit niedrigen Preisen unterbietet, ist für Kunden ziemlich langweilig. Nur mit ein bißchen Aufregung kann man die Leute über die Schwelle locken.« Dieses aufregende Etwas findet man vielleicht im neuen Taj Mahal von Barney's in Manhattan, aber im allgemeinen herrscht hier Fehlanzeige.
Das gilt selbst für die High-Tech-Branche. Computer-Läden bieten ganze Straßenzeilen von Software und Hardware, aber nur die wenigsten Produkte fallen aus dem Rahmen. Sogar Apple scheint sein Gespür fürs Besondere verloren zu haben. Eine neuere Umfrage in *Computerworld* deutet darauf hin, daß Apple in seiner Spezialität – der Anwenderfreundlichkeit – bereits von anderen in den Schatten gestellt wird.
Es wäre dumm und arrogant, wollte ich die riesigen Qualitätsfortschritte seit 1975 als bedeutungslos abtun. Aber Qualität, in der Bedeutung »Qualität = niedrige TGW-Raten«, ist bestimmt nicht der einzige Bewertungsmaßstab für Produkte und Dienstleistungen.

Äpfel und Birnen

Das Problem: Als Maßstäbe sind TGR und TGW im Grunde wie Äpfel und Birnen. Zu einer beträchtlichen Verringerung von TGW gehört ein uns bereits bekanntes menschliches Element: das Delegieren. Dennoch handelt es sich letzten Endes um eine Aufgabe der technischen Planung, die sich auf statistische Daten beruft. Eine Steigerung von TGR hingegen erfordert echtes Können. Und so

»Faszinierend«, »bezaubernd«, »glänzend«, »betörend«.

war denn auch der Artikel in der *Business Week*, der meine Aufmerksamkeit auf TGR lenkte, geradezu gepfeffert mit Ausdrücken wie »faszinierend«, »bezaubernd«, »glänzend« und »betörend«. Und alleine mit einer Reduzierung von TGW kann man die »Faszination« oder den »Glanz« eines Produkts leider überhaupt nicht anheben. Das schafft man nur, wenn man sich direkt mit TGR befaßt.

Tommy Boy Records, ein Überflieger in einer knallharten Branche, hat begriffen, worauf es ankommt. »Wir gehen nicht davon aus, daß wir in der Schallplattenbranche sind«, erzählte der Gründer Tom Silverman dem Magazin *Fast Company*. »Wir *wissen*, wir sind im Lifestyle-Geschäft.« Gleiches gilt für Nike, MTV, Body Shop und, zu seiner Blütezeit, Apple. Und auch für ein ungewöhnliches Unternehmen aus einem präzisionsbesessenen Land: Swatch aus der Schweiz.

In seinem Buch *Sur/Petition* beschreibt Edward de Bono die Nöte und Sorgen der Schweizer Uhrenindustrie, die

> »... das Quarzuhrwerk erfand, diese Erfindung aber nicht einsetzte, da man der Auffassung war, daß sie das Ende der bestehenden Märkte bedeuten würde. Eine Quarzuhr konnte schließlich jeder produzieren, während nur die Schweizer über die notwendige Geschicklichkeit verfügten, Zahnrädchen und Unruhfedern herzustellen. Sie dachten zwar richtig, aber ihre Strategie war trotzdem falsch. Uhrmacher in Japan und Hongkong stürzten sich auf die Entwicklung der Quarzuhr, und die Verkaufszahlen für Schweizer Uhren gingen innerhalb eines Jahres um 25 Prozent zurück.
>
> Gerettet wurde die Schweizer Uhrenindustrie durch das ganz unschweizerische Konzept der *Swatch*. Der Umsatz der Swatch machte zwar nur 2 Prozent in einem 4-Milliarden-Dollar-Markt aus, aber die Swatch... signalisierte, daß das Wesentliche an einer Uhr nicht mehr das Ablesen der Zeit ist. Eine Uhr für zehn Mark liefert eine ebenso zuverlässige Zeitangabe wie eine Uhr für 50000 Mark. Mit der Swatch erwarb man jedoch keinen Zeitmesser, sondern einen Modeschmuck, der Spaß macht.
>
> Die Schweizer Uhrenindustrie erholte sich unmittelbar nach ihrer Erkenntnis, daß sie nicht Uhren, sondern Schmuck verkaufte. Für einen Mann ist eine teure Uhr in der Tat oft der einzige ›angemessene‹ Schmuck, den er tragen und stolz herzeigen kann. Und auf diese Tatsache hat sich die heutige Uhrenindustrie eingestellt.«

Die nicht weniger anspruchsvollen Japaner haben ebenfalls begriffen, was die Stunde geschlagen hat, und nicht nur in der Autoindustrie. »Bisher hat Japan beim Verkauf von Produkten auf technologische Fortschritte und hohe Qualität vertraut«, erklärt Yoshihara Fukuhara, der Vorstandsvorsitzende des führenden Kosmetikunternehmens Shiseido. »Aber in der nächsten Ära wird das alleine nicht mehr reichen. Wir müssen anfangen, Produkte mit Esprit zu machen.«
Einen besseren Beleg für Fukuharas Behauptung als den kleinen Artikel auf der ersten Seite des *Press Democrat* in Santa Rosa, Kalifornien, hätte ich mir nicht wünschen können. Ich las den Artikel mit der Überschrift »Japan Markets Noodles with Classical Bent« (»Japan bringt Nudeln mit klassischer Neigung auf den Markt«) zufällig am Morgen des Tages, an dem ich mit der Niederschrift dieses Kapitels begann.
Der Milliarden-Markt für Nudeln in Japan war gesättigt. Aber der führende Hersteller Takasago Shokuhin entwickel-

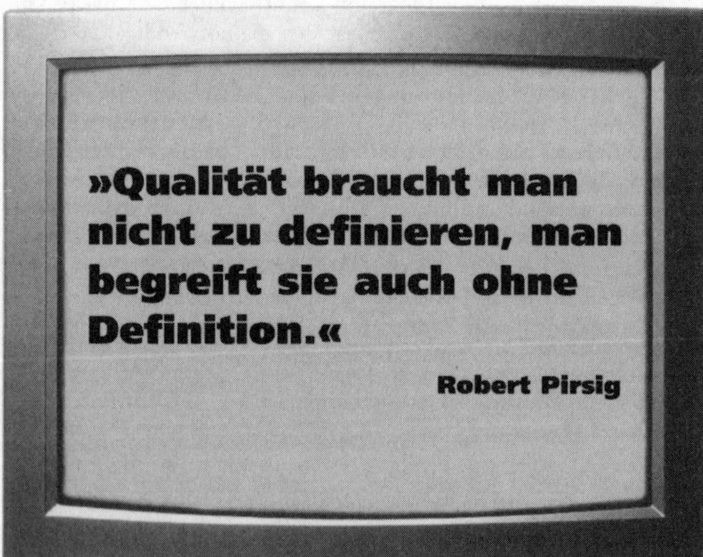

te eine Strategie um sich von der Masse abzuheben. Man wollte »musikunterstützte« Produkte verkaufen, das heißt *udon* (Weizennudeln), deren Rohstoffe mit Beethoven und Vivaldi beschallt worden waren. »Die Theorie hinter diesen mit klassischer Musik unterstützten Produkten ist die«, berichtet das Blatt, »daß im Gegensatz zu Menschen, die sich bei klassischer Musik entspannen, die Pilzaktivität von Enzymen und Hefe bei den erlesenen Klängen lebhafter wird.« Das Produkt stieß bei Marktversuchen auf begeisterte Resonanz, und der Hersteller plant für seine musikalischen *udon* einen Preisaufschlag von 50–70 Prozent.

Der Kitzel der Erregung

Paul Sherlock wäre bestimmt ein überraschender Kandidat für den Fanclub musikalischer *udon.* Er hat für das High-Tech-Unternehmen Raychem mit Hauptsitz im kalifornischen Menlo Park Produkte entwickelt und vermarktet. Aber in seinem Buch *Unternehmen als Kunden* behauptet der Fachingenieur Sherlock ausdrücklich, daß die zwei wichtigsten Eigenschaften eines hochkomplexen technischen Produkts sein »Glitzern« und »Kitzel« sind. (Na schön, Sherlock ist auch ausgebildeter Psychologe. Ingenieur + Psychologe = Spinner. Einer nach Gary Withers' Geschmack.)

Man sitzt einem potentiellen Kunden gegenüber, fährt er fort. Man beschreibt ihm voller Liebe zum Detail das neueste Prachtstück aus dem eigenen Hause. Irgendwann sieht man, daß ein Glänzen in seine Augen tritt. Jetzt hat man ihn an der Angel. Natürlich arbeitet er für eine kenntnisreiche Firma, und sein Chef wird eine detaillierte Rechtfertigung für den Einkauf des Produkts (und seinen vergleichsweise deutlich höheren Preis) verlangen. Und natürlich muß er eine Regressionsanalyse aus dem Hut zaubern und einen sorgfältigen Plan zur Abwägung der verschiedenen Faktoren herleiten. Aber jeder Ingenieur, der etwas taugt, schüttelt derlei einfach aus dem Ärmel. Letzten Endes entscheiden über den Kauf des Produkts nur sein »Glitzern« und »Kitzel«.

DEN RAHMEN SPRENGEN . . . .

Sherlocks Erfahrungen sind ein Spiegelbild meiner eigenen – ob es sich nun bei dem Produkt um frappant »intelligentes« High-Tech-Material (von Raychem) handelt, um einen PC für 3000 Mark, einen 100-Millionen-Kontrakt für Informationsdienstleistungen oder um einen Flugzeugmotor. Wirklich beeindruckt hat mich Sherlock mit seiner kurzen Liste von Lieblingsprodukten. Ziploc-Tüten* und Velcro-Klettverschluß stehen ganz oben. Amen! Ziploc-Tüten? Ohne sie könnte ich nicht leben. Ich brauche sie für die verschiedensten Dinge. Wenn ich auf eine zwei- oder dreitägige Reise gehe, schnappe ich mir ein paar. Ich liebe sie einfach.

Ziplocs und Velcros sind nicht leicht herzustellen, und die Qualität des Fertigungsprozesses muß hundertprozentig stimmen. Aber wir beide wissen doch, daß ich mehr kaufe als nur die Qualität, wie sie die TGW-Tabelle des Herstellers mißt. Ich kaufe Glitzern, Kitzel und Oha!

Wir müssen einen viel breiteren Begriff von Qualität akzeptieren, als den von Techno-Freaks und TQM-Besessenen gepredigten. »Qualität braucht man nicht zu definieren«, schreibt der Autor Robert Pirsig (sein bekanntestes Buch ist *Zen und die Kunst ein Motorrad* zu *warten*) in seinem letzten Roman *Lila*. »Man begreift sie auch ohne Definition. Qualität wird unmittelbar erlebt; sie ist unabhängig von intellektuellen Abstraktionen, und man erfährt sie bereits vor diesen Abstraktionen.« Noch einmal: Amen!

Haben Sie gestern abend ein tolles Stück gesehen? Warum hat es Ihnen gefallen? Weil die Schauspieler nicht über ihren Text gestolpert sind? (TQM am Broadway. Die Parole heißt: Keine Fehler!) Wohl kaum. Ein fehlerloser Textvortrag ist nicht der Grund, aus dem man ein Stück mag. Was man mag, sind Gefühle, Schwung und Freude.

---

* Vakuum-Beutel mit Druckverschluß (Anm. d. Übers.).

. . . alles kann zu etwas Besonderem werden.

Die Lektion des Chado-Meisters

Chado, die Übung des Teeservierens in Japan, wurde als Kunst über Jahrhunderte hinweg immer mehr verfeinert. Auch heute noch brauchen Schüler jahrelang, um die Einzelheiten zu erlernen. Aber *chado,* so meint ein Tee-Meister, verlangt auch ein »ehrliches Herz«. Folgende Legende, die sich um den alten Tee-Meister Rikyu spinnt, enthält eine wichtige Botschaft für alle Mitglieder der Geschäftswelt:

> Rikyu beobachtete seinen Sohn Sho-an beim Kehren und Bewässern des Gartenpfades. »Es ist noch nicht sauber genug«, sagte Rikyu, als Sho-an seine Aufgabe beendet hatte, und bat ihn, es noch einmal zu versuchen. Nach einer mühsamen Stunde wandte sich der Sohn an Rikyu: »Vater, es gibt nichts mehr zu tun. Die Stufen sind zum dritten Mal gewaschen, die Steintöpfe und die Bäume sind gut mit Wasser besprengt, Moos und Flechten strahlen in frischem Grün; keinen Zweig und auch kein Blatt habe ich auf dem Boden liegengelassen.« »Junger Narr«, schalt der Tee-Meister, »das ist nicht die richtige Art, einen Gartenpfad zu kehren.« Mit diesen Worten trat Rikyu in den Garten, schüttelte einen Baum und verstreute goldene und karminrote Blätter über den Garten, Bruchstücke des herbstlichen Brokats! Rikyu verlangte nicht allein Sauberkeit, sondern auch das Schöne und Natürliche.

Sauberkeit fällt unter die Rubrik TQM und TGW. Das meisterliche Schütteln eines Baums und das Verstreuen der Blätter ist ein Schulbeispiel für TGR.

Ein Taxifahrer mit Missionserklärung

Stellen Sie sich die erste Fokusgruppe vor, die sich mit Post-it-Notizzetteln zu befassen hatte. »Leute«, beginnt der eifrige Marketingexperte, »ich habe hier kleine Blocks mit gelbem Papier. Auf der einen Seite haben sie einen Kleber. Kein besonders guter Kleber. Ich meine, die Blätter halten nicht besonders gut. Erst hält es ein wenig, dann aber nicht mehr. Also, dieses Zeug wird die Büroklammern ersetzen. Wir glauben, daß das irgendwann mal einen Markt von 1 Milliarde Dollar gibt.« Hätten Sie damit etwas anfangen können? Bestimmt nicht. Und können Sie heute ohne Post-its leben? Vielleicht, aber nur sehr ungern.

»Wenn ich einen Bekannten treffe, der gerade von einem Besuch im Krankenhaus oder beim Arzt zurückkommt«, schreibt der anerkannte Gesundheitsfuturologe Leland Kaiser im *Healthcare Forum Journal,* »frage ich: ›Hat es dir Spaß gemacht?‹ Dieselbe Frage würde ich einem Freund stellen, der gerade einen Ausflug nach Disneyland hinter sich hat. Ein Besuch bei einer Gesundheitseinrichtung sollte eine herrliche Erfahrung sein.« Gefällt mir. Kaisers Frage gefällt mir, weil sie schön ist und überraschend, weil sie gegen die Regeln verstößt und TGR propagiert.

Freilich bin ich absolut für ein »Reengineering« in Krankenhäusern (siehe das Beispiel Lakeland Regional Medical Center in Kapitel 2). Und natürlich stimme ich ein Hoch an auf das Qualitätsteam, das das Empfangsverfahren neu gestaltet und damit lästige, überflüssige, zeitaufwendige Schritte abschafft. Fein. Großartig sogar. Aber es geht nicht weit genug. »Hat es dir Spaß gemacht?« – diese Frage ist eine Herausforderung, ein Schlachtruf, um den sich nach meiner Vorstellung sehr gut ein Krankenhaus aufbauen läßt. Ja, sie gefällt mir wirklich.

Verwandlung. Den Rahmen sprengen. Alles – ALLES – kann zu etwas Besonderem werden. Der Autor Harvey Mackay erzählt von einer Taxifahrt von Manhattan zum Flughafen La Guardia:

> Als erstes überreicht mir der Fahrer ein Papier, auf dem steht: »Hi, ich heiße Walter. Ich bin Ihr Fahrer. Ich bringe Sie sicher, pünktlich und vor allem höflich an Ihr Ziel.« Eine Missionserklärung von einem Taxifahrer!
>
> Dann hält er mir eine *New York Times* und eine *USA Today* hin und fragt mich, ob ich sie haben will. Also nehme ich sie. Wir sind noch

nicht einmal losgefahren. Dann bietet er mir einen kleinen Korb mit Snacks an. Als nächstes fragt er: »Hören Sie lieber Hardrock oder klassische Musik?« Er hat vier Kanäle zur Auswahl.

In der Folge zählt Mackay noch weitere Vorteile auf, wie zum Beispiel ein schnurloses Telefon, das zu seiner Verfügung steht. Abschließend stellt er fest: »Und wissen Sie was? Der Mann verdient im Jahr 12 000 bis 14 000 Dollar zusätzlich mit Trinkgeldern. Das Trinkgeld, das ich ihm gegeben habe, hätten Sie sehen sollen. Unglaublich.«
Einfach fabelhaft! Man nehme das banalste Erlebnis schlechthin – eine Taxifahrt – und verwandle sie in etwas Besonderes. »Hat es dir Spaß gemacht?« ist keine schlechte Frage nach einer Taxifahrt oder einem Arztbesuch, aber sie birgt einen Maßstab in sich, der in der Geschäftswelt kaum vorstellbar, geschweige denn realisierbar scheint. Der genaugenommen überhaupt nicht Teil des Geschäftsbewußtseins ist.

Der Valerio's-Test

Auf meiner ersten Reise nach Auckland in Neuseeland wollte ich mit meiner Frau Kate in einem Restaurant zu Abend essen. Wir nahmen ein Taxi zur Parnell Street, weil es dort eine Menge netter Lokale geben sollte. Wir stiegen ohne besonderen Grund an einer bestimmten Stelle aus und befanden uns fünf Meter vor dem Valerio's. Außen an der Wand hing die allerorten übliche Menütafel. Aber es gab keine Speisekarte. Voller Verwunderung lasen wir folgende Erklärung:

> Manchmal bringen Speisekarten nicht zum Ausdruck, was man in einem Restaurant finden kann. Also habe ich darauf verzichtet.
> In unserem Restaurant finden Sie Atmosphäre und Charakter. Freundliches und geistreiches Personal. Einen halbverrückten Besitzer und wirkliches Essen.
> Die Küche kann von den Kunden direkt eingesehen werden, und Sie können sie gerne auch inspizieren.
> Die Küchenschaben haben mich schon vor langer Zeit verlassen. Als einzige Tiere sind mir meine Katzen Jeffrey und Luigi geblie-

ben. Ansonsten habe ich es mit einem Haufen paranoider Menschen zu tun.

Wenn Ihnen das alles nicht fremd ist, dann kommen Sie doch herein und speisen mit uns zu Mittag oder zu Abend.

Das machte uns neugierig. Wir traten in einen gemütlichen Raum und wurden an einen Tisch direkt gegenüber von Valerio plaziert. Begrüßung? Keineswegs. Geschäftig kramte er in Rechnungen und Quittungen herum. Wir erhielten jedoch sofort eine Speisekarte, die zur Erklärung am Eingang paßte. Sie begann mit den Hausregeln.

»Darf ich Sie daran erinnern, daß wir keine Familienberatung sind. Wir lieben Kinder (unsere!). Nichts ist hier kostenlos. Wir begrüßen unkomplizierte Touristen. Wenn der Lärmpegel zu laut wird, müssen Sie sich entsprechend zurückhalten.«

Auch eine kulinarische Philosophie wurde artikuliert: »Mamma hatte immer recht. Keine extravaganten Saucen, keine Kinkerlitzchen, keine Nouvelle Cuisine, nur vernünftiges, echtes, herzhaftes Essen.« Herzhaft? Es war super.

Später auf dem Weg zur Toilette fiel mir eine Wand mit eingerahmten Briefen auf. Preise? Keine Chance. Hier doch nicht. Es waren Beschwerdebriefe. Einer stammte vom Verkaufsleiter einer ortsansässigen TV-Anstalt und schalt Valerio wegen schlechter Bedienung. Auch die dürftige Weißweinauswahl war nicht nach dem Geschmack des Gastes gewesen. Im gleichen Rahmen hing eine Kopie von Valerios scharfer Antwort. Der Gast hatte »bei einem sogenannten Geschäftsessen drei Stunden Zeit, sich zu beschweren«, aber keinen Ton gesagt. Weshalb also jetzt? Und Weißwein ist keine Spezialität des Hauses.

Bester Laune kehrte ich an unseren Tisch zurück. Danach folgte ein bemerkenswertes Gespräch. In der nächsten Dreiviertelstunde unterhielt ich mich mit Kate ernsthaft darüber, die berufliche Karriere an den Nagel zu hängen und ein Restaurant, einen Restaurant/Buchladen oder ein Straßencafé zu eröffnen. Nur ein sehr tiefer Eindruck konnte solch eine Reaktion hervorrufen.

Was kann man von Valerio's lernen?

Valerio hat die
Erwartungen an ein
Restaurant neu definiert.
VALERIOS
WELCOME TO VALERIO's
Valerio

- Oha! Das Essen war wunderbar, aber inspirierend war vor allem das Ambiente. Valerio's zeigte Esprit, Charakter, Verschrobenheit und Persönlichkeit.
- Überraschung. Der Macintosh mit Mouse und Icons überraschte 1984 die meisten Anwender und veränderte ihre Vorstellung vom Umgang mit Computern. Auch die Post-it-Notizzettel haben unseren Begriff vom Kleben verwandelt. Und Valerio's war eine Riesenüberraschung.
- Wahnsinn! Jenseits von Oha! Und Überraschung war der Besuch dieses Etablissements ein solches Ereignis für uns, daß wir (zumindest ein paar Stunden lang) mit dem Gedanken spielten, unser Leben zu ändern.
- Subversiv. Angefangen bei der Anti-Speisekarte bis hin zur öffentlichen Zurschaustellung von Beschwerdebriefen mokiert sich Valerio über Konventionen. Ganz ähnlich schwammen auch die frühen Apple-Produkte gegen den allgemeinen Computerstrom – abzulesen am komischen Firmenlogo und den skandalumwitterten Unternehmensgründern. Solche Dinge machen den Kunden zum Komplizen bei einem privaten Abenteuer. Genau dieses Gefühl hatte ich beim Diner im Valerio's.
- Herzlich. Valerio's stellte eine erfrischend menschliche Verbindung her.
- Lebhaft. Valerio's sprüht nur so vor Energie. Es ist nicht laut (Valerio hat etwas dagegen, wie Sie wissen), und es ist bestimmt nicht protzig.
- Jenseits der Zufriedenheit. Valerio's stellt nicht »zufrieden«, und es »übertrifft« auch nicht nur »die Erwartungen«. Diese unpersönlichen Ausdrücke treffen die Sache überhaupt nicht. Valerio's definiert die Erwartungen neu. Ein Restaurant? Ein Ereignis? Ein Lebensstil?

Ich schlage einen VT (Valerio's-Test) für alle Produkte und Dienstleistungen vor. Für gewerbliche Kredite. Verbraucherkredite. Reiseunternehmen. Software. Tomatensuppe. Heiße

Würde Ihr Produkt Velerio's Test bestehen?

Schokolade. Verändert es mein Leben? Oder ist es nur eines von vielen?
Ich denke, mehr muß ich dazu nicht sagen. (Aber Sie sollten mehr *machen!*)

Liebe

Swatch-Uhren. Ausgefeilte High-Tech-Erzeugnisse, die einen »Kitzel« hervorrufen. »Spaß« im Krankenhaus. Eine Taxifahrt zum Flughafen mit klassischer Musik und Snacks. Nudeln auf Beethoven- und Vivaldi-Basis zu einem 50prozentigen Preisaufschlag. Und ein Restaurant in Auckland, das seinen Gästen zu verstehen gibt, daß einige Leute dort alles andere als zufrieden waren. Was ist da los?
»Wir waren davon überzeugt, wenn wir alle unsere Phantasie und Kultur in ein emotionales Produkt stecken würden, dann könnten wir jeden schlagen«, erzählte Swatch-Präsident Nicholas Hayek der *New York Times.* »Emotionen kann keiner kopieren.«
Auch der kürzlich zum Leiter des Verbraucherbereichs von AT&T ernannte Joseph Nacchio schreibt die jüngsten Erfolge und Marktanteilgewinne von MCI (Friends & Family usw.) der Herstellung »emotionaler Bande« zum Kunden zu; jetzt möchte er das gleiche für den bedrohten Marktführer selbst erreichen. Marilyn Bruner, die Direktorin des Markham Stouffville Hospital in Ontario, hat sich von Leland Kaiser inspirieren lassen und ihre Missionserklärung umgeschrieben: »Wir betrachten es als unsere grundlegende Mission, daß der Besuch jedes Patienten im Markham Stouffville Hospital zu einem großartigen Erlebnis wird.«

Kann man den Gebrauch von Wörtern wie »Liebe« erlernen, also sozusagen liebenlernen?

Der Marketing-Professor Robert Peterson von der University of Texas hat dies nicht nur begriffen, er kann es auch belegen. Er ist der Verfasser von mehr als hundert Fachaufsätzen und befaßt sich schon seit Jahren eingehend mit der Kundenzufriedenheit. Dabei konnte er keine signifikante Korrelation zwischen Kundenzufriedenheit und Wiederholungskäufen feststellen.

Dann stieß er auf das fehlende Glied: Wenn die Verbrauchererfahrung zu Wiederholungskäufen führen soll, dann muß zwischen dem Kunden und dem Produkt eine gefühlsmäßige Verbindung entstehen. »Aus Sicht der Verbraucher gibt es bei Dienstleistungen eine stark ›affektive‹ Komponente, die wir völlig unberücksichtigt lassen« meint Peterson. Zu dieser Schlußfolgerung gelangte er, als er zum ersten Mal die Begriffe für den Grad der Verbraucherzustimmung veränderte. Statt Wörtern wie »mögen« und »nicht mögen« verwendete er nunmehr »lieben« und »hassen«.

Aber kann man den Gebrauch von Wörtern wie »Liebe« erlernen, also sozusagen liebenlernen? Kann man sie in Strategiepapieren verwenden? John Peterman kann es. Er ist Besitzer der J. Peterman Company, eines gehobenen Versandhauses, das sich innerhalb von sechs Jahren von Null bis zu Jahreseinnahmen von 50 Millionen Dollar entwickelte. Peterman verkauft fabelhafte Produkte. Zumindest mir scheint es so (der ich einige davon besitze). Was die Produkte selbst angeht, bin ich gar nicht so sicher, weil ich *weiß*, daß ich vom Sog seiner Phantasie erfaßt worden bin. Petermans schnurrige, handgezeichnete Kataloge verbinden jedes Produkt mit einem Abenteuer. »Das Großartige an unseren Produkten sind die Umstände ihrer Entdeckung«, erzählte er uns. »Jeder Artikel hat eine Vorgeschichte und wird dadurch erst interessant. Das Unternehmen steht unter großem Druck, die Qualität der Produkte zu bewahren, weil ihre Geschichte so wunderbar ist.«

Nehmen wir als Beispiel den »falschen Postsack« aus J. Petermans Sommerkatalog 1993:

> Die geheimen Gedanken eines ganzen Landes wurden in genau solchen Ledersäcken [unten im Katalog eine Zeichnung] transportiert. Nur daß dieser, eine Kopie, nicht in einem Museum ausgestellt wird. Man kann ihn kaufen.

> Ich habe mir ein Original von einem Freund ausgeborgt, einem pensionierten Postboten, der wie Tausende seiner Kollegen vor ihm die Freundlichkeit hatte, ihn überall im Land in den baumbewachsenen Straßen kleiner Städte auszuprobieren. Bevor Sie geboren wurden.
> Der Test verlief erfolgreich; und auch wenn er inzwischen nicht mehr verwendet wird, läßt sich dieser Sack nicht verbessern. Er ist schlicht und einfach eine vollkommene Vorrichtung für den Transport wichtiger Ideen und Gefühle.

Natürlich ist das irgendwie kitschig. (Wie die Menschheit allgemein.) Aber »der Transport wichtiger Ideen und Gefühle« hat es mir wirklich angetan. Ich habe diesen verdammten Sack gekauft. Aber damit haben Sie erst eine andeutungsweise Vorstellung. Danach beschreibt Peterman nämlich in seinem Katalog, wie man den Postsack pflegen sollte.

> Der erste Kratzer wird Ihnen wahrscheinlich in der Seele weh tun, aber eigentlich ist es der erste Schritt in die richtige Richtung: Patina. Je eher er also verkratzt, abgeschabt, angestoßen, abgewetzt, zerbeult, zusammengedrückt, fallengelassen, geknickt, gefaltet und dem Regen ausgesetzt wird, desto besser. Wirklich.
> Wenn Sie Ihren Postsack erhalten, sieht er so schrecklich neu aus, daß ich mich fast dafür schäme. Aber ich habe keine Wahl. Es würde einfach zuviel kosten, jeden Sack vor dem Versand an den Kunden künstlich zu altern...
> Hier ist mein Rezept zur »Beschleunigung« des Alterungsvorgangs. Erfreuen Sie sich zunächst einmal einen Tag lang (den Tag, an dem Sie ihn bekommen) an dem brandneuen Postsack. Am nächsten Tag dann zerkratzen Sie die *gesamte* Oberfläche mit den Fingernägeln. Nur leicht natürlich. Das wird Ihnen am Anfang bestimmt sehr gegen den Strich gehen. Dann sprühen Sie ihn mit normalem Wasser ein und lassen ihn trocknen. Die Kratzer verlieren ihre Frische und sehen alt aus. Wiederholen Sie diese Behandlung einmal pro Woche, sooft Sie es übers Herz bringen. Fünfmal sollte reichen.

Was will Peterman damit erreichen? Er sucht völlig ungeniert eine Beziehung zum Kunden, die er ganz offen mit einer Liebesaffäre vergleicht. »Solange der eine Partner den anderen interessiert, dauert die Liebesbeziehung an. Wenn ein Partner für den anderen nicht mehr interssant ist, ist die Affäre beendet.«

Diese Ideen sind wichtig für Versandhäuser. Aber nicht nur für sie. Auch für High-Tech-Unternehmen. Für Unternehmensabteilungen mit fünfzehn Mitarbeitern, die die Außenstände bearbeiten, nicht weniger als für Krankenhäuser und Taxifahrer. Für kleine wie für große Unternehmen.

Kein Genie ohne Leidenschaft

Wenden wir uns einen Augenblick kleinen Unternehmen zu. Im Angebot ortsansässiger Betriebe gleicht Ihre Stadt wahrscheinlich der meinigen: Restaurants und Läden kommen und gehen. Es verblüfft mich immer wieder, wie hart die Leute arbeiten, um etwas Neues auf die Beine zu stellen, wenn letzten Endes doch nur etwas so Gewöhnliches dabei herauskommt. Das Essen in dem neuen Restaurant schmeckt zwar gut, aber es hat auch nichts Besonderes. Es fehlt die Leidenschaft. Und die Seele. Der neue Laden veranlaßt Sie nicht dazu, »Oha!« oder »Super!« zu rufen. Er vermittelt Ihnen nicht den Wunsch, Ihr Leben zu ändern. Es ist keine Liebe auf den ersten Blick.

Wenn Sie ein neues Unternehmen, ein Restaurant oder einen technischen Beraterdienst gründen möchten, stellt sich als erstes folgende Frage: Können Sie in höchstens 25 Wörtern das absolut Besondere daran erklären, das die Leute nicht nur »nett«, sondern »klasse« und »irre« finden?

Die gleiche Frage gilt auch für die Haushaltsabteilung eines Hotels mit ihren 35 Mitarbeitern. »Was können wir tun, um uns von anderen Haushaltsabteilungen zu unterscheiden?« »Wie können wir der Arbeit unseren eigenen Stempel aufdrücken, damit die Gäste etwas Begeisterndes, Überraschendes, Einmaliges erleben?« Das sind bestimmt nicht die dümmsten Fragen, aber dennoch werden sie meistens nicht gestellt. Oder schlimmer noch, sie sind nicht einmal im Bereich des Vorstellbaren.

Ich bin keineswegs dafür, das möchte ich noch einmal betonen, daß eine Haushaltsabteilung ihre mit Zahlen gespickten Tabellen zur Qualitätskontrolle verbrennt. Selbstverständlich muß die Hotelleitung wissen, daß alle Zimmer rechtzeitig gemacht werden und daß bestimmte Sauberkeitsanforderungen eingehalten werden. Das ist natürlich wesentlich, denn sonst erfüllt die Abteilung ihre Aufgabe nicht. Aber es ist nicht genug – nicht genug, um den Gästen den Schlaf zu versüßen und ihre Phantasie zu wecken.

Sie erinnern sich: Gary Withers, der Chef von Imagination, sucht »kauzige Genies«. Der ehemalige Software-Experte und jetzige Management-Guru Guy Kawasaki möchte den durchschnittlichen Mitarbeiter zum »unerbittlich donnernden Kanzelprediger« machen. Und Anita Roddick vom Body Shop möchte, daß der Durchschnittskunde in ihren Läden etwas »Spannendes« erlebt.

»Sehen Sie, es gibt zwei Arten von Sängern«, erzählte Luciano Pavarotti dem Magazin *New Yorker.* »Dem einen fällt alles ganz leicht. Die höchste Note ist für ihn ein Kinderspiel, das er mühelos bewältigt. Und dann gibt es noch die Sänger, die ein wenig Schwierigkeiten mit der höchsten Note haben, aber sie legen ihr ganzes Herz hinein. Ich persönlich mag einen Sänger, der mir ein großes Gefühl vermittelt. Die Sänger der ersten Art kommen von der Schule, und sie können ein wahres Feuerwerk an Technik veranstalten. Na und? Ich glaube, ein wenig Anstrengung muß sein. Ein Schrei. Schmerz. Damit man glaubt, daß es wahr ist – für den Sänger und für das Publikum.«

Pavarottis Argument scheint mir sehr treffend. Technische Brillanz ist nicht genug. Herz. Schreien. Schmerz. Es kommt auf das Besondere an, das die Verbindung zwischen Sänger und Publikum, zwischen Restaurantinhaber und Gast, zwischen Krankenversicherung und Patienten herstellt.

Nur nicht hinhören!

Das durchschnittliche »neue« Produkt im Ladenregal sieht nicht anders aus als die 47 Versionen der gleichen Sache daneben. Keine Leidenschaft. Beim durchschnittlichen »neuen« Personalcomputer ist es genauso. Und beim durchschnittlichen »neuen« Auto. Beim durchschnittlichen »neuen« Katalog im Briefkasten (Anfang 1994 zählte ich in der Regel vier pro Tag). Beim durchschnittlichen »neuen« Büroartikel, den ich für das Unternehmen kaufen möchte. Und bei der durchschnittlichen professionellen Dienstleistung im übrigen auch. Unauffällig, berechenbar. Zum Teil mag das auch daran liegen, daß die Unternehmen zu viel auf ihre Kunden hören. Das meine ich ernst.

»Könner fragen nicht, ob *sie* es mögen«, verkündet der Talkshow-Gastgeber Larry King. »Könner sind selbstgenügsam. Das ist der Unterschied zwischen talentierten und normalen Leuten.« Beim ersten Lesen dachte ich, das ist eine der arrogantesten Aussagen, die ich je gehört habe. Aber dann dachte ich ein wenig weiter. Fast alle Fortschritte auf der Welt gehen von Menschen aus, die ihren Kopf durchsetzen.

»Das läßt sich mit dem Instinkt für das Modemachen vergleichen … Er kann ein paar Jahre vorausdenken … er hört auf keinen anderen.« Das sind die Worte eines Nintendo-Managers über den Unternehmensgründer Hiroshi Yamauchi. Yamauchi hört auf niemanden. Wie arrogant!

Sigeru Miyamoto, der Schöpfer des Nintendo-Spiels Super Mario, schließt sich seinem Chef an. »Ich erschaffe kein Spiel, sondern ich bin in dem Spiel. Das Spiel ist nicht für Kinder, sondern für mich.«

Äh, wie bitte?

»Viele Leute fragen nach den Marktbedürfnissen und richten sich mit ihren Produkten danach«, meint Paul Saffo, Direktor für neue Medien des Institute for the Future. Rick Smolan, der Schöpfer von *Day in the Life of (Ein Tag im Leben von),* »fragt«, so Saffo, »›Was empfinde ich als aufregend?‹ und macht es. So entstehen großartige Produkte.«

»Ich habe einfach gekauft, was mir gefallen hat. Ich habe nie etwas gekauft, wenn es mir nicht gefallen hat … Glücklicherweise«, sagt Chuck Williams, der Gründer von Williams-Sonoma, Einzelhändler und Versandhaus für hochwertige Kochgeräte, »hat es immer eine Menge Leute gegeben, denen gefällt, was mir gefällt.«

Die Begeisterung des Time Warner-Chefs Steve Ross »für

Kabelsender hatte eine emotionale Quelle«, schreibt Connie Bruck im *New Yorker.* »Er war ein unersättlicher Konsument.«

»Er ist selbst sein bestes Studienobjekt«, schreibt Terrence Rafferty vom *New Yorker* über James Carville, den Strategen der Wahlkampfkampagne von Bill Clinton. »Wenn es den Staatskörper juckt, dann kratzt sich Carville.«

»Machen Sie sich keine Sorgen um das, was die ›Leute‹ denken. Wir glauben an unsere eigenen Ideen«, ertönt es aus dem Mund von Gary Withers.

»Wenn ich nicht etwas Nahrhaftes für *meine* Seele entwerfe – nahrhaft, wohlgemerkt, nicht nett, dramatisch, fotogen oder neuartig – dann kann ich auch nicht erwarten, daß es für jemand anderen nahrhaft ist«, verkündet der Architekt und Autor Christopher Day.

Natürlich sollten sich die meisten Unternehmen um eine bessere Einbindung ihrer Kunden bemühen (siehe unten). Aber andererseits könnte heutzutage der Leitsatz für das Durchschnittsunternehmen heißen: Interessant werden! Und das heißt, man muß seinem eigenen Geschick folgen – hinein in Sackgassen bis hin zu öffentlicher Bloßstellung und mitunter ins verheißene Land überragender kommerzieller Erfolge.

Platz für die Tausender

Aber wie viele Unternehmen haben den Nerv, ihrem Sigeru Miyamoto freie Bahn zu lassen? Nur die wenigsten, die von einem ungewöhnlichen Menschen wie Yamauchi geleitet werden. Wahrscheinlicher ist schon eine Geschichte wie im Fall von Rick Smolan: einer, der mit den normalen Beschränkungen des Verlagsgeschäfts nicht leben konnte, der sich selbständig gemacht und dabei einen Teilbereich der Branche neu erfunden hat.

Wir haben viel von Befreiung und Demokratisierung gesprochen: die Mitarbeiter an vorderster Linie sollen genug Macht haben, um mit ihrer Arbeit voranzukommen. Dies sind überaus wichtige Grundsätze. Aber überaus wichtig ist auch die Rolle des völlig Andersdenkenden.

»Der Unterschied zwischen einem durchschnittlichen Arbeiter und dem allerbesten Arbeiter kann enorm sein. Manchmal ist es ein Faktor von 1000«, sagt der Forschungsleiter von Microsoft, Nathan Myhrvold.

»Kein normaler Durchschnittsmensch«, erklärt Yamauchi von Nintendo, »kann ein gutes Spiel erfinden, er mag sich noch so sehr bemühen. Nur eine Handvoll von Leuten auf der ganzen Welt kann Spiele entwerfen, die alle besitzen und spielen wollen. Und ebendiese Leute wollen wir bei Nintendo haben.«

Bei unserer Erörterung des neugierigen Unternehmens habe ich angeregt, neugierige Menschen einzustellen. Angeregt habe ich auch, daß man wirklich geniale Spinner an das Unternehmen bindet, auch wenn man damit das Gehaltsgefüge arg durcheinanderbringt. Die Verpflichtung der leicht verrückten Koryphäen, der Tausender (Faktor 1000 laut Myhrvold), wird eine immer größere Rolle spielen in einem Markt, der nach unverkennbaren Produkten und Dienstleistungen geradezu schreit.

Auch hier erschallt der Schlachtruf. Verrückte Zeiten brauchen verrückte Unternehmen. Die Zeit des Wandels ist vorbei. Die Zeit der Revolution naht (wenn sie nicht schon da ist).

Vorsicht, Verbesserungswahn

Es »zählt nicht die [Preis-]Konkurrenz«, schreibt der Ökonom Joseph Schumpeter, »sondern die Konkurrenz ... der neuen Technik, der neuen Versorgungsquelle, des neuen Organisationstyps ... jene Konkurrenz, die ... die bestehenden Firmen nicht an den Profit- und Produktionskosten, sondern in ihren Grundlagen, ihrem eigentlichen Lebensmark trifft.«

Vor zehn Jahren revolutionierten zwei Büromöbelhersteller (Herman Miller und Steelcase) mit neuartigen Komponentenmöbeln ihre Branche und unsere Form des Arbeitens.

Gleichzeitig entfachte ein Computerhersteller (Apple) seine eigene Revolution und machte den Umgang mit Computern zu einer anwenderfreundlichen Sache. Und schon seit Jahrzehnten nutzt ein Anbieter für abgepackte Waren (Procter & Gamble) Verbraucherinformationen, um seine Konkurrenten zu überlisten und in vielen Nischen des Marktes eine beherrschende Stellung zu erlangen.
Doch inzwischen sind alle vier Unternehmen ins Schwimmen gekommen. Weshalb? »Es ist eine Welt der Preisnachlässe. Ein echter Alptraum«, klagte ein Topmanager. Alle vier blasen Trübsal: Zuviele Discounter, die Gewinnspannen schmelzen dahin, der Himmel fällt ihnen auf den Kopf.
Kern des Problems: Alle vier haben ihre Risikofreude verloren. Sie haben sich in den Treibsand des Massengüterwettbewerbs hineinziehen lassen.
Sie haben nicht geschlafen. Sie haben sich ins Zeug gelegt, um die Qualität zu verbessern, um den Kundendienst freundlicher zu gestalten und um die Zeit für die Entwicklung von Neuprodukten auf intelligente Weise zu reduzieren. Ja, sogar vor einem Reengineering haben sie nicht haltgemacht. Aber sie haben sich nicht selbst erneuert. Sie haben den Wandel unterstützt, aber nicht die Revolution. Sie haben die Auslöser von Veränderungen begrüßt, aber von Verrätern und Anarchisten wollten sie nichts wissen.
Ich habe mir Kataloge der beiden von infamen Niedrigpreisanbietern und kostenbesessenen Kunden geplagten Büromöbelhersteller angesehen. Und bin eingeschlafen dabei. Vor zehn Jahren hatten mich ihre Produkte in Begeisterung versetzt. Aber jetzt waren sie wie alle anderen auch. Natürlich pries man nicht wenige neue Vorzüge an, von denen einige auch als revolutionär bezeichnet wurden. Und die Qualität war wirklich hervorragend. Aber es ist nun einmal so, daß eine ganze Reihe von Konkurrenten ausreichendes Design und mehr als ausreichende Qualität bieten. Das ehemals Besondere ist von den anderen weitestgehend (oder gänzlich) eingeholt worden. Wer überdurchschnittliche Preise verlangt, muß mehr zu bieten haben.
Apple steckt im gleichen Dilemma, wie die bereits angespro-

chene Umfrage in *Computerworld* belegt. Apple ist immer noch ein Pionier, aber man hat nur noch einen Vorsprung von einer Nanosekunde vor der Meute. Nanosekunden rechtfertigen keinen Preisaufschlag von 25 Prozent (nicht einmal 5 Prozent), geschweige denn 50 Prozent, wie ihn das Unternehmen vor nicht allzu langer Zeit noch festsetzen konnte.
Procter & Gamble betreffend berichtet die *Financial Times* von einer allgemeinen Malaise der Branche. Händlermarken und ladeneigenen Erzeugnissen wird von den amerikanischen Verbrauchern eine mindestens gleichwertige Qualität bescheinigt; und die Produzenten ladeneigener Marken verfügen vor allem oft über schnellere und genauere Informationen als ihre großen Konkurrenten. Aber wenn uns die Artikel der Großen nur ein Gähnen entlocken ... Naja, Sie wissen schon.
Im Herbst 1993 ging das Gerücht, die Besitzer führender unabhängiger Buchläden wollten eine Einkaufs- und Vertriebskooperative ins Leben rufen, um damit auf Riesenläden wie Barnes & Noble zu reagieren, die die freundlichsten Vorzüge der Unabhängigen (Sessel zum gemütlichen Lesen, Autorenauftritte) oberflächlich imitiert hatten. Gesetzt den Fall, diese Strategie ist von Erfolg gekrönt, und die Kooperative erhält von den Verlagen Mengenrabatte wie die Großen. Was wäre damit erreicht? Einige der Unabhängigen würden auf der Kostenseite ein paar Pfennige einsparen – und einer Imitation der Riesenläden sehr nahekommen.
Wie unklug!
Jede legitime Form von Einsparungen ist an sich in Ordnung. Aber es wäre idiotisch, solch einen Schritt als Kernstrategie zu begreifen, mit der man finanzstarken Konkurrenten den Kampf ansagen kann. Unabhängige Buchläden sollten etwas völlig Neues erfinden und dadurch den Einsatz erhöhen. Und Entsprechendes gilt auch für die Hersteller von Büromöbeln, den Computerpionier und den Anbieter abgepackter Waren.
Wenn man es richtig anfängt, dann lehrt man die Konkurrenz das Fürchten. Händlermarken beispielsweise »leben vom *Status quo*«, schreibt Marketingprofessor David Aaker von

der University of California. »Sie bauen auf Erfahrung und nutzen Größenvorteile. Sie hassen Innovation ... Sie hassen alles, was den Wettbewerb auf andere Dinge als den Preis verlagert ... Ein dynamisches, innovatives Umfeld ist Gift für Händlermarken.«

Wer phantasievoll und kreativ ist, der wird kopiert. Die meisten Menschen und Unternehmen kopieren nur. Aber ein Unternehmen, das sich an der Spitze seines Marktes halten und dementsprechend höhere Preise erzielen will, kann nicht einfach nur die Nachahmer kopieren und seine alten Produkte immer weiter verbessern, auch wenn sie irgendwann noch so kreativ waren.

Die Geschichte des Handels deutet leider darauf hin, daß Marktführerschaft die Unternehmen fast immer zum Konservatismus verführt – zum Verbesserungswahn, wie ich es nenne. Und selbst wenn man die noch schlimmeren Übel Arroganz und Selbstgefälligkeit vermeidet, auch Konservatismus kann einem Unternehmen das Genick brechen. Wer auch weiterhin eine beherrschende Stellung einnehmen will, muß kontinuierlich Neues schaffen und das Alte umstoßen. Es ist so einfach – und unwahrscheinlich und beängstigend –, wie es Schumpeter formuliert hat. Eine andere Möglichkeit gibt es nicht.

> **»Es besteht die Gefahr, daß die Prozeßbesessenheit zu einer Kurzsichtigkeit führt, die die Leute davon abhält, Hypothesen zu überprüfen und sich für neue Durchbrüche einzusetzen.«**
>
> *Patricia McLagan*

Der Kampf gegen den Verbesserungswahn bedeutet, daß man auf sich und alles, wofür man steht, pfeift. Es bedeutet, daß man einen erfolgreichen Frontalangriff gegen die heiligen Geldkühe führt, denen man seinen Aufstieg verdankt.

Es gilt, all die perfektionierten Verbesserungsprozesse der achtziger Jahre in Zweifel zu ziehen. In einem Artikel mit der Überschrift »Die dunkle Seite der Qualität« schreibt die Qualitätsforscherin Patricia McLagan: »Es besteht die Gefahr, daß die Prozeßbesessenheit zu einer Kurzsichtigkeit führt, die die Leute davon abhält, Hypothesen zu überprüfen und sich für neue Durchbrüche einzusetzen.«

Ob man es nun Einsatz für Durchbrüche nennt oder Selbsterneuerung, spielt keine Rolle. Was die Führungsetagen der Unternehmen heute brauchen, ist die Courage, sich selbst schonungslos und unaufhörlich zu attackieren. Ohne den Mut zur Selbstzerstörung ist jedes Unternehmen anfällig für Niedrigpreise eines Konkurrenten, der schon hinter der nächsten Ecke lauert. Und diese Ecke ist näher, als die meisten Leute wahrhaben wollen.

(P. S. Es ist allerdings unfair, einfach vier Unternehmen herauszupicken, so wie ich es oben getan habe. Im letzten Jahr mußte ich mir von vielen Unternehmen den »Massenmarkt-Blues« anhören; von großen Wirtschaftsprüfungsfirmen, mehreren Weiterbildungsunternehmen, einem führenden Konstruktionsbüro, einem Nahrungsmittelanbieter, ein paar Einzelhändlern und einer weltweit operierenden Versicherungsgesellschaft. Von Unternehmen, die Jahreseinnahmen von mehreren Milliarden verzeichnen, und von selbständigen Auftragnehmern. Aber ich habe nicht das geringste Mitleid mit ihnen. Niente, Null, Nada. Und hier noch eine Kurzliste von ehemals besonderen Produkten, die heute nur noch Kopien sind: Papierhandtücher und Toilettenpapier von Procter & Gamble, der Service von American Airlines, Honda Accords, alles bei McDonald's einschließlich der einst vorbildlichen Sauberkeit … und … und …)

Preisträger Bert Roberts

Im Januar 1994 sagte ich vor mehreren tausend Einzelhandelsmanagern: »Ich bin fest davon überzeugt, daß die Klage über sparsame Verbraucher, die mehr für ihr Geld wollen, darauf hinaus läuft, zu sagen: ›Uns fällt partout nichts mehr ein, und deshalb können wir nichts anderes machen, als bei Billigpreisen mitzuziehen.‹«

Nein, der Sog des Massenmarktes ist nicht unwiderstehlich.

»Der Besuch jedes
Patienten in unserem
Krankenhaus wird zu
einem großartigen
Erlebnis.«
M. Bruner

Fragen Sie Valerio. Oder Mackays Taxifahrer aus Manhattan. Oder Hayek von Swatch. Oder die guten Leute von Rubbermaid, deren Begeisterung für Innovationen und den Aufbau des Markenwerts den Hersteller banaler Plastik- und Gummigeräte nach Angaben von Fortune zum meistbewunderten Unternehmen der USA gemacht hat. In der Erhebung von 1993 verdrängte man sogar Merck vom ersten Platz.

Oder fragen Sie Bert Roberts.

Der MCI-Vorsitzende gewann 1993 (für die Entwicklung der besten Werbung) den Adman-of-the-Year-Preis von *Advertising Age.* Er half mit bei der Schaffung der ersten Fernsehwerbung des Unternehmens 1984, berichtet die Zeitschrift, und »spielte auch eine entscheidende Rolle für die allmähliche Entwicklung von Persönlichkeit und Markentaktiken bei MCI in der Kategorie Ferngespräche«.

Er machte aus einem Massenartikel ein personalisiertes Markenprodukt und erlebte, wie der Marktanteil an Ferngesprächen 1990 von 13 auf 20 Prozent angestiegen ist. Er schuf ein emotionales Band zum Verbraucher, dessen Bedeutung der Hauptkonkurrent AT&T inzwischen durch seinen Imitationsversuch indirekt bestätigt hat. Zuerst begann MCI 1991 mit der Friends & Family-Kampagne. Dann wandte man sich mit Friends of the Firm an den Sektor Kleinunternehmen. Und 1993 kamen Dienstleistungen wie Friends Around the World und Proof Positive (ein Programm für kleine und mittlere Unternehmen, das niedrigstmögliche Tarife garantiert). Begeisterung kann man wecken in einem Restaurant für fünfzig Gäste in Auckland, aber auch im weltweit hart umkämpften Ferngesprächmarkt mit einem Gesamtumsatz von 65 Milliarden Dollar.

Roberts schreibt einen Großteil seines Erfolgs einer Philosophie zu, die der von Gary Withers ähnelt. »Man darf nie davon ausgehen, etwas nicht zu können«, lautete ein Wahlspruch des früheren, schon verstorbenen MCI-Chefs Bill McGowan. »Daß es niemand macht, heißt noch lange nicht, daß man es nicht machen kann.«

Amen! Die Galle kommt mir hoch, wenn ich die typische Reaktion eines Unternehmensleiters auf einen neuen Vorschlag

höre: »Wer macht das sonst noch?« Statt sich über die Chance auf Originalität zu freuen (wenn es andere gibt, dann sollte der Chef sein Veto einlegen!), hat er Angst vor dem Sprung ins Wasser, in dem noch kein anderer geschwommen ist.
Ein Trauerspiel.

Selbsterneuerung: Alle Linienmitarbeiter zum Verkauf

Selbsterneuerung heißt ab und zu, dem eigenen Geschick zu folgen. Und sich auf die Wellenlänge der oft unbequemen »Tausender« einzustellen. Aber die Betonung von TGR bedeutet auch, daß man auf die Kunden hört. Und zwar auf eine Weise, die weit über Fokusgruppen und Kundenbefragungen hinausgeht, die meist ohnehin nur Antworten zutage fördern wie »Ich hätte gerne, was Sie mir bis jetzt verkauft haben, nur etwas besser«. Das Ziel heißt totale Vernetzung, *Symbiose.*
Stimmt schon, da draußen ist die Hölle los. Der Markt ist überfüllt. Kauzige Genies sind gefragt. Und jetzt widerspreche ich mir scheinbar selbst: Während manche Unternehmen viel zu sehr auf ihre Kunden hören, wie oben behauptet, kommen doch die meisten Unternehmen ihren Kunden nicht so nahe, daß sie sie hören können.
Nahe? Wie nahe?
Tom Strange und Joe Tilli, die Mitglieder des Schnellen Eingreifteams von Titeflex, waren vorher Linienmitarbeiter und sind jetzt hervorragende Verkäufer. Aber die Idee, Nichtverkäufer in den Verkauf zu werfen, läßt sich noch weiterführen. Sehr viel weiterführen. Weshalb sollten nicht alle

Bindet man die Kunden frühzeitig in den Prozeß ein, macht man sie zu Mitverschwörern in einem schöpferischen Abenteuer und kann sie damit oft für aufregende (und riskante) Projekte gewinnen, die phantastische Resultate versprechen.

verkaufen? Nehmen wir als Beispiel einen verdrehten »Verkaufsansatz« der Containerhersteller von Ball Corp. Clifton Reichard, der Entwicklungsleiter des Unternehmens, schreibt im *Wall Street Journal:*

> Stellen wir das Verfahren doch einfach auf den Kopf. Nicht draußen verkaufen, sondern drinnen. Nicht der Vertreter soll verkaufen. Man muß die Voraussetzungen dafür schaffen, daß das Unternehmen selbst verkaufen kann.
> Wir teilen unseren potentiellen Kunden mit, daß wir sie auf Wunsch binnen 24 Stunden mit den Leuten bekanntmachen, die die von ihnen gesuchten Produkte herstellen – von ganz unten bis hinauf zum Vorstandsvorsitzenden und seinem Führungsstab. Sie können sich selbst ein Urteil darüber bilden, ob wir die Art von Leuten und Unternehmen sind, bei denen sie gerne kaufen würden.
> Wir alle zusammen können viel besser verkaufen als ein einzelner aus unseren Reihen. Das gesamte Unternehmen gewinnt aus den kombinierten Persönlichkeiten und Fähigkeiten von den untersten bis hinauf zu den höchsten Rängen eine geballte Glaubwürdigkeit, die ein einzelner Vertreter niemals adäquat repräsentieren kann. Mit einem Besuch in unseren Fabriken und Büros können wir mehr vermitteln als ein Vertreter, der sein Leben lang unterwegs ist, mit all seinen Besuchen bei potentiellen Kunden.
>
> Wenn Sie natürlich Fabriken haben, die der Kunde nicht sehen, und Mitarbeiter, die er nicht kennenlernen soll, dann sind Sie ein Konkurrent nach unserem Geschmack. Wir werden dem Kunden sogar die Reisekosten für einen Besuch bei Ihnen bezahlen, damit er auch wirklich die richtigen Vergleiche und Schlüsse ziehen kann.

Das nenne ich den Rahmen sprengen. Wie viele Kunden haben wohl seine Einladung zu einem kostenlosen Besuch bei der Konkurrenz angenommen?

Symbiose ist angesagt

Der Ansatz von Ball Corp. zeigt, wie weit bahnbrechende Unternehmen gehen können, um alle Mitarbeiter am Prozeß der Wertschöpfung zu beteiligen. Die Zeit für eine enge Verflechtung mit Kunden ist reif. Aber wie geht man eine solche Verflechtung mit den Kunden ein? Jaja, die Phantasie.

Die Associated Group gliederte sich in winzig kleine Unternehmen auf, die Acordia-Gesellschaften. Diese hatten überhaupt keine andere Möglichkeit, als intensiven, hautnahen und gefühlsmäßigen Kontakt zu Mikroparzellen des Marktes für Finanzdienstleistungen zu suchen.

Body Shop-Gründerin Anita Roddick gibt keinen Pfennig für konventionelle Werbung aus. Sie möchte mit ihren Läden das Gespräch zwischen Mitarbeitern und Kunden in Gang bringen. Body Shop soll nicht einfach ein weiterer Kosmetikhändler sein, sondern auch eine erzieherische Funktion ausüben.

Nach ähnlichen (selbst erfundenen) Regeln arbeitet der führende deutsche Werkzeugmaschinenhersteller Trumpf. Man sieht sich als Lehrinstitution und arbeitet eng mit Kunden zusammen, damit diese von den beispiellosen technischen Fähigkeiten des Unternehmens (die natürlich auch ihren Preis haben) profitieren können.

Der Erfolg der Werbeagentur Chiat/Day resultiert aus ihrer verrückten Kreativität, so die gängige Meinung. Chiat ist kreativ, kein Zweifel, aber ein weiterer Grund für den Erfolg ist die (für Werbeagenturen) ungewöhnliche Politik, die Kunden von Anfang an intensiv an der Erarbeitung der Werbung zu beteiligen. Konservative Etatdirektoren in Werbeagenturen (die mit den »Künstlern« in Dauerfehde leben, was sogar so weit gehen kann, daß sie sie vor dem Kunden verbergen) geben ihre Konzepte frühestens dann an den Klienten weiter, wenn sie zu 90 Prozent ausgefeilt sind. Und wird der arglose Kunde zu diesem Zeitpunkt mit einer wilden Idee konfrontiert, kann es natürlich leicht sein, daß er davon nichts wissen will. Bindet man jedoch wie Chiat/Day die Kunden frühzeitig in den Prozeß ein, macht man sie zu Mitverschwörern in einem schöpferischen Abenteuer und kann sie damit oft für aufregende (und riskante) Kampagnen gewinnen, die phantastische Resultate versprechen.

Offene Türen = Strategischer Austausch

Nypro auf Schmusekurs

Die Erfolgsstorys von Ball Corp., Body Shop, Trumpf und Chiat/Day mögen beeindruckend klingen, aber niemand versteht die Vorteile eines Schmusekurses mit Kunden besser als Nypro, ein Anbieter von spritzgegossenen Plastikkomponenten mit Jahreseinnahmen von 165 Millionen Dollar. Das Unternehmen mit Sitz in Clinton, Massachusetts, entwickelte einen fabelhaften Qualitätsprozeß, durch den man sich um Meilen von den rund 2800 US-Konkurrenten absetzen konnte. Dank einer Fehlerquote von 3,4 pro 1 Million – im Vergleich dazu beträgt der Industriestandard 10 000 Schnitzer pro 1 Million – kann sich Nypro die anspruchsvollsten Kunden wie etwa Johnson & Johnson oder die Abbott-Labors aussuchen und sich ihnen ganz widmen.

Aber der größte Wettbewerbsvorteil ergibt sich für Nypro aus dem nächsten Schritt, ein tatsächlich einmaliger Einsatz von Kundenteams. Vistakon, eine Einheit von Johnson & Johnson, die die Acuvue Einweg-Kontaktlinsen herstellt, bezieht die 120 Formen für die Fertigung ihrer Linsen von Nypro. Von Anfang an schlug Vistakon ein gemeinsames Projektteam zur Beurteilung von Produktionsprozessen, Produktqualität und Produktivität vor. Dieses Team trifft alle sechs Wochen zwei Tage lang zusammen und legt damit das Fundament für eine Partnerschaft, die sich mit den vertraulichsten Details beider Unternehmen befassen kann.

Die Vistakon-Manager in Jacksonville, Florida, stehen via Computer in Kontakt mit den betrieblichen Vorgängen bei Nypro in Clinton und können die dortigen Arbeiten in Echtzeit überprüfen – wie viele Einheiten produziert werden, die Abfallmenge, sogar die statistischen Zahlen zur Prozeßkontrolle. Aber noch bemerkenswerter ist, daß es sich hier nicht um eine Einbahnstraße handelt. Da Nypro seine Produktionsformen auf die fertigen Linsen von Vistakon abstellen muß, können die Teammitglieder von Nypro ihrerseits Produktivität, Qualität und Abfall bei Vistakon elektronisch überwachen. Um die Lieferung der erforderlichen Komponenten noch reibungsloser zu gestalten, können beide Part-

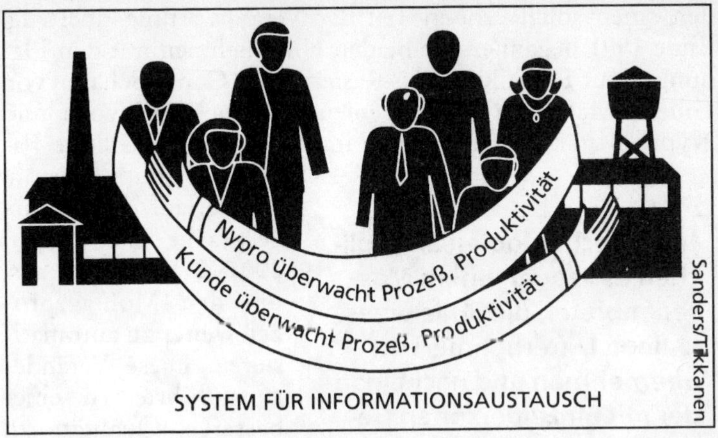

SYSTEM FÜR INFORMATIONSAUSTAUSCH

ner Veränderungen in der Produktion des anderen verlangen. Mit diesem strategischen Informationsaustausch »steht und fällt die Beziehung zwischen Zulieferer und Kunden«, sagte Gary Collins, Manager Qualitätsüberwachung von Vistakon, zu uns. »Wir erklären uns bereit, alle Türen zu öffnen und uns gegenseitig bis aufs Skelett zu durchleuchten.«
Der Mut zu einer solch offenen Beziehung ist belohnt worden. Nypro lieferte kürzlich die milliardste Komponente an Vistakon aus – ohne daß es auch nur ein einziges Mal zu einer Verspätung oder einem Fehler gekommen wäre. Für Vistakon wiederum führte die enge Zusammenarbeit mit Nypro zu einer Reduktion:

- der Produktvorlaufzeit um 50 bis 70 Prozent je nach Linse;
- der Kosten für Produktinspektion um 60 bis 90 Prozent;
- der Lagerhaltung um 20 bis 80 Prozent;
- des Raumbedarfs um 30 bis 60 Prozent; und
- der Jahreskosten um 5 bis 20 Prozent.

Nypros letzter Millionenauftrag stammte von Gillette. Die Vergabe der Herstellung und Montage des Lady-Sensor-Rasierers war zugleich das erste Mal, daß Gillette Außenstehenden einen solch großen Teil der Verantwortung übertrug. Ende 1991 begannen die beiden Unternehmen mit den Planungen zur Produktion des Rasiergeräts. Ganze Scharen von Gillette-Managern und -Ingenieuren besuchten Nypro, und Nypro-Mitarbeiter besuchten im Gegenzug die Gillette-Fabrik in South Boston. Im Verlauf dieser Vorgespräche gab Nypro 200 000 Dollar aus, um den Montageprozeß weiter zu automatisieren. Diese Veränderung führte zu einer besseren Qualität, zu einer Verminderung des Personalaufwands um 50 Prozent und zu einer 30prozentigen Produktivitätssteigerung. Die Einsparungen kamen zu gleichen Teilen Gillette und Nypro zugute. Danach setzte das Nypro-Gillette-Team ähnliche Verbesserungen im Betrieb von Gillette um.

Neue Technologien ermöglichen es »sogar einem Massenanbieter, die Rolle eines kleinen Unternehmers zu übernehmen und nacheinander mit Einzelpersonen Geschäfte zu machen«.

Don Peppers und Martha Rogers

»Wir meinen es ernst, wenn wir von Kundenzufriedenheit sprechen, weil wir nur davon leben. Wir haben keine ›Produkte‹«, erklärt Gordon Lankton, der Vorstandsvorsitzende von Nypro. (Mehr Intellekt, weniger Material – und das bei einem Hersteller von Plastikgeräten.) »Wir sind wie McDonald's. Genauso international ... aber die einzelnen Einheiten sind ganz in der Nähe des Kunden.« Die meisten der vierzehn Nyprofabriken wurden auf Wunsch eines Kunden eröffnet, doch manchmal macht Lankton auch den ersten Schritt. Nypro erklärte sich beispielsweise bereit, auf Wunsch der Abbott-Labors vor den Toren Chicagos für 8 Millionen Dollar ein Werk zu errichten, obgleich der Auftrag zu Beginn der Bauarbeiten noch nicht sicher war.
Was ein Schmusekurs mit dem Kunden so alles erfordert!

Peppers und Rogers: die neue elektronische Symbiose

Elektronische Verbindungen sind ein kleiner, aber wichtiger Bestandteil der Nypro-Story, doch eine zentrale Rolle spielen sie in der Schlacht zwischen UPS und Federal Express. (Maxiships gegen Powerships in einer Art Krieg der Sterne, Sie erinnern sich.) Aber das ist erst der Anfang.

In ihrem Buch *The One-to-One Future: Building Relationships One Customer at a Time* behaupten Don Peppers und Martha Rogers, daß uns eine fundamentale Neudefinition der Marketinggrundlagen bevorsteht. Neue Technologien, so schreiben sie, ermöglichen es »sogar einem Massenanbieter ... die Rolle eines kleinen Unternehmers zu übernehmen und nacheinander mit Einzelpersonen Geschäfte zu machen«.

Im Kern wirkt hier ein sehr einfacher Mechanismus. Man trägt möglichst viele Informationen über den Kunden zusammen (Peppers und Rogers schlagen vor, 20 Prozent des Marketingetats für die Beschaffung solcher Informationen bereitzustellen) und richtet sich durch Veränderungen in der Organisation auf die Bedürfnisse von Einzelkunden ein. Eine kunden- (und nicht produkt-) bezogene Segmentierung existiert ja bereits – beispielsweise die verschiedenen Programme für Vielflieger von American Airlines oder die reiche Auswahl von Kreditkarten bei American Express. Darüber hinaus landen auch in den Briefkästen immer mehr Kataloge, die zumindest in groben Zügen auf individuelle Bedürfnisse (wie sie sich aus vergangenen Einkäufen erschließen lassen) zugeschnitten sind und eine Auslieferung praktisch über Nacht anbieten.

Doch Phantasie kennt keine Grenzen. In der nahen Zukunft könnte laut Peppers und Rogers ein geschäftstüchtiges Versandhaus

- dem Kunden ermöglichen, bis zu sechzehn Monate im voraus Bestellungen für eine beliebige Zahl von Geschenken an Freunde und Bekannte aufzugeben;

Kunden lassen sich in erster Linie davon beeinflussen, ...

- die Auslieferung des Geschenks auf einen vom Kunden im Bestellschein angegebenen Termin festlegen; Abbuchung zwei Tage vor dem festgesetzten Liefertermin;
- dem Kunden zehn Tage vor Lieferdatum eine Postkarte schicken, die noch einmal an die Vereinbarungen über Artikel, Liefertermin, Adresse und Begleittext erinnert;
- dem Kunden in der Folge mit jedem Katalog vorgedruckte Formulare mit einer Liste der Adressen, Termine und Geschenkartikel des vergangenen Jahres zusenden.

Ziel einer solchen Vertrautheit auf elektronischem Wege ist eine dramatische Verlagerung des Augenmerks weg vom Marktanteil hin zum Kundenanteil. »Gemäß dem Paradigma des Massenmarktes, das die Geschäftstätigkeit von Kellogg und fast jedem anderen Anbieter von Verbrauchsgütern bestimmt, haben zwar die Marken eigene Manager, die sich um sie kümmern«, schreiben Peppers und Rogers, »aber nicht die Kunden. Die Aufgabe des Markenmanagers besteht darin, 26,7 Millionen gesichtslose Kunden dazu zu bewegen, so viele Schachteln Frosted Flakes zu kaufen, wie sich Kellogg für das kommende Quartal erhofft. Die Alternative hieße für Kellogg, einen Kundenmanager ermitteln zu lassen, wie sich der Anteil von Kellogg an den vielleicht 1800 Packungen Frühstücksflocken, die der Kunde in seinem Leben verzehrt, verbessern läßt.«
Um die Mitarbeiter bestehender Marketingabteilungen auf diese neue Denkweise des »Kundenmanagements« einzuschwören, bedarf es einer grundlegenden Umstrukturierung der Organisation. Die Organisation sollte sich also nicht mehr nach Produkten richten, sondern nach Kunden-Portfolios, die sich beispielsweise auf die auf Lebenszeit berechnete Kaufkraft beziehen. In solch einer Konstellation hätte mithin

auch die Produktentwicklung gegenüber der Struktur des Kundenmanagements eine nachgeordnete Rolle.
Offen gestanden möchte ich nicht alles auf die Karte von Peppers und Rogers setzen. Schließlich war ja in der ersten Hälfte dieses Kapitels nicht umsonst davon die Rede, daß man Produkte und Dienstleistungen mit einem »Oha!«-Faktor auffrischen sollte. Spielen die Produkte nach den Kunden nur die zweite Geige, dann ist das wohl kaum eine Erfolgsgarantie. Dennoch entnehme ich dem Buch von Peppers und Rogers eine aufregende Botschaft und eine deutliche Warnung. Bislang sind fast alle elektronischen Verbindungen zu Kunden ziemlich primitiv. Das Potential ist jedoch enorm. Ausschöpfen läßt es sich freilich nur, wenn eine Umstrukturierung stattfindet, die Dinge wie die auf Lebenszeit berechnete Kaufkraft verschiedener Kundengruppen berücksichtigt. Eine ernsthafte Auseinandersetzung mit diesen Themen ist unumgänglich. Denn wenn die Konkurrenz schneller schaltet, dann müssen Sie unter Umständen Ihren Laden zusperren.

Eine zeitlose Lektion von Dr. Tattersall

Geschickte und intensive elektronische Verbindungen, wie in dem nur leicht futuristischen Beispiel eines Versandhauses, dienen dem Zweck, auf Einzelbasis enge und dauerhafte Beziehungen zu Kunden und selbst zu einer großen Zahl von Kunden einzugehen. Geschäftsbeziehungen sind ein prozeßhafter Vorgang, dessen Erfolg von winzigen Details im Umgang mit dem Kunden abhängt. Peppers und Rogers bestätigen dies. So wie Lankton von Nypro. Und auch Len Berry, Guru für Dienstleistungsmarketing und Professor bei Texas A&M, vertritt diese Auffassung. »Wie die Leute eine Dienstleistung beurteilen«, schreibt er, »hängt wohl mindestens so sehr vom Serviceprozeß ab wie vom letztendlichen Resultat.«

Erzählen Sie so etwas bloß nicht dem normalen administrativ oder wissenschaftlich ausgebildeten Geschäftsmann. Er konzentriert sich ausschließlich auf das Resultat. Und Resultate sind ja auch nicht unwichtig, aber Kunden, so Berry, lassen sich nun einmal in erster Linie davon beeinflussen, wie man sie behandelt.

Als kleiner Beleg dafür dient der Fall des australischen Arztes M.H.N. Tattersall. Das *Wall Street Journal* beschreibt ein Experiment, das er in seiner Praxis durchführte. Nach Besuchen von 48 Patienten unterteilte der Arzt diese willkürlich in zwei Gruppen. Die eine Hälfte erhielt nach der Behandlung einen Brief, die andere nicht. Dreizehn der 24 Briefempfänger äußerten sich bei einer späteren Befragung »vollkommen zufrieden« – die bestmögliche Bewertung. Nur vier aus der Gruppe, die keinen Brief erhielt, beurteilten ihre Behandlung genauso positiv. Eine echte Lektion: Ein einziger Brief erhöhte die Quote vollauf zufriedener Patienten um mehr als das Dreifache.

»Wir besprechen alles, dann treffe ich die Entscheidungen.«

Eine Befragte in einer australischen Umfrage von 1993 zur Rolle der Frauen bei Kaufentscheidungen

Was ist ein Besuch beim Arzt? Ein komplexes Ereignis. Dr. Tattersall (oder Dr. Werauchimmer) greift bei seiner Diagnose auf jahrelange medizinische Ausbildung und Erfahrung zurück. Und trotzdem kann ein einziger Brief nach der Behandlung die Einschätzung des Patienten radikal verändern. Anders betrachtet ist eine ärztliche Behandlung mit nachfolgendem Brief eine völlig andere Dienstleistung als eine Behandlung ohne Brief.

Kommen wir noch einmal auf das Total Quality Management zurück. Nein, ich möchte hier nicht vorschlagen, die Ausbildungszeit für Mediziner um ein Jahr zu kürzen und sie statt dessen auf die »Charme-Schule« zu schicken. Ich will darauf hinaus, daß die technische Seite der Behandlung keineswegs alles ist und daß der Wert nichttechnischer Aspekte oft völlig unterschätzt oder überhaupt nicht beachtet wird.

In ihrem Buch *Verdict Pending* untersucht Fredonia French Falschbehandlungen von Ärzten in den USA. Sie zitiert eine Verwaltungskraft in einem Krankenhaus: »Es sind die Patienten, die gekränkt, schroff oder unpersönlich behandelt worden sind … deren Gefühle verletzt worden sind, die vor Gericht ziehen … Wer sich freundlich um seine Patienten kümmert, der wird auch nur selten verklagt.« Schlußfolgerung: Krankenhausdienstleistungen sind zwar bis ins kleinste durchdacht, doch diejenigen, die aus Verärgerung einen Rechtsanwalt einschalten, tun dies meist aufgrund geringfügiger menschlicher Aspekte der Behandlung.

Bestechende Gesten

Ja, Peppers und Rogers haben eine revolutionäre Botschaft (auf die fast niemand hört). Ja, das Milliarden teure Rückverfolgungssystem von UPS hinterläßt bei den Kunden den Eindruck, positiv behandelt zu werden und einen guten Gegenwert für ihre Ausgaben zu erhalten. Aber bitte unterschätzen Sie nicht den Effekt des Sich-Kümmerns nach dem Modell von Dr. Tattersall. Dienstleistungsexperte Ron Zemke geht sogar so weit, zwischen »kleinen Gesten« und »spontanen kleinen Gesten« zu unterscheiden, die ein Unternehmen zusammen mit ihren Dienstleistungen bietet. Laut Zemke sind dies erst die für den Kunden »bestechenden« Gesten.

Als Beispiel führt Zemke Jeff Amland (auch bekannt unter dem Namen AAgro-Green Corporation) an, den Mann, der in den sehr, sehr langen Minnesota-Wintern den Schnee aus der Hauseinfahrt der Zemkes in Minneapolis wegschaufelt. Eines Tages, als gerade ein Schneesturm tobte, kamen die Zemkes früher von der Arbeit nach Hause. Da sich der Schnee immer höher türmte, griffen sie zu den Schaufeln. Dann kam Jeff, und sie arbeiteten zu dritt. Er arbeitete nach einem Vertrag mit festem Pauschalpreis. Aber trotzdem wies die nächste Rechnung von AAgro-Green einen 10prozentigen Abzug für die »Unterstützung« der Zemkes beim

Schneeräumen. Solche Dinge bewegen nicht nur zum Schmunzeln, sie fördern auch Kundentreue.
Bei genauerem Nachdenken erscheint mir Zemkes Haarspalterei zwischen »kleinen« und »spontanen kleinen« Gesten gar nicht so abwegig. Eigentlich trennt beide sogar ein Abgrund voneinander. Noch einmal zu UPS. Die große Investition in Informationssysteme hat dafür gesorgt, daß man in diesem Bereich praktisch zum Konkurrenten FedEx aufschließen konnte. Doch bei den» bestechenden Gesten« bleibt der paramilitärische UPS seinem Erzrivalen noch sehr viel schuldig. Das Schließen einer solchen Lücke mag zwar nicht so teuer sein wie das Aufholen eines technologischen Fortschritts, aber dafür ist es um so schwieriger.
»All we need is love«, singen die Kunden unisono mit den Beatles.

Wer *sind* die Kunden?

»Wir besprechen alles, dann treffe ich die Entscheidungen.« So hat es eine Befragte in einer australischen Umfrage zur Rolle der Frauen bei Kaufentscheidungen ausgedrückt. Die Erhebung fand heraus, daß die Meinung der Frauen in der Familie den Ausschlag gab zu: 94 Prozent bei Anschaffungen größerer Möbelstücke und Küchengeräte; 92 Prozent bei Entscheidungen über Urlaub und Reisen; 91 Prozent beim Erwerb eines Eigenheims; 89 Prozent bei der Wahl eines neuen Bankkontos; 88 Prozent im Hinblick auf Krankenversicherungen; 85 Prozent bei Hausratsversicherung; 82 Prozent bei Autoversicherungen; 79 Prozent bei Lebensversicherungen; und zu 71 Prozent beim Kauf eines Personalcomputers.
Einfache Frage: Paßt Ihre Belegschaft in der Produktentwicklung und im Marketing zu diesen Ergebnissen? Das würde mich überraschen. Sehr sogar.

☛ **Lernpensum**

- ✔ TGW vs. TGR
- ✔ Glitzern, Kitzel, Oha! (auf genau diese Wörter kommt es an)
- ✔ Qualität braucht man nicht zu definieren
- ✔ Hat es Ihnen Spaß gemacht im Krankenhaus?
- ✔ Der Valerio's-Test und Harvey Mackays Taxifahrer
- ✔ Liebe ist eine Himmelsmacht
- ✔ Ohren zuhalten (»Ich habe einfach gekauft, was mir gefallen hat«)
- ✔ Die tödliche Massenmarktfalle (Vorsicht, Verbesserungswahn) und die Alternative Rubbermaid und MCI
- ✔ Symbiose; den Kunden die Reise zur Fabrik der Konkurrenz bezahlen; Nypro und hautnahes Zusammenleben
- ✔ Enge elektronische Beziehungen, millionenfach
- ✔ Prozeß 1, Resultate 0 (Dr. Tattersall)

Fazit: Symbiose und Oha! unter einem Hut

Ich sagte, Sie sollen nicht mehr zuhören und Ihrem inneren Gespür folgen (»Ich habe einfach gekauft, was mir gefallen hat« – Chuck Williams). Dann sagte ich, Sie sollen noch genauer hinhören und noch darüber hinausgehen, um eine Symbiose nach dem Modell Nypro zu erreichen. Läßt sich dieser schroffe Gegensatz zwischen dem, was einem selbst gefällt, und dem, was dem Kunden gefällt, überhaupt versöhnen?

Ja, zum Glück. In seinem autobiographischen Buch *Meine Karriere bei PepsiCo und Apple* denkt der frühere Apple-Chef John Sculley zurück an seine Zeit bei PepsiCo und kommt zu dem Ergebnis, daß er sich nicht an eine einzige kluge Marketingentscheidung erinnert, die sich auf Zahlen stützte. Natürlich muß man Zahlen und Daten zusammentragen, aber anwenden darf man sie nur mit aller Vorsicht und geleitet von einer durch lebenslange Erfahrungen geprägten Intuition. (Sculley kritisierte später einige seiner Entscheidungen bei Apple und räumte in diesem Zusammenhang auch ein, daß er wohl fünfzehn oder sechzehn Jahre gebraucht hat, um sich auf den Softdrink-Markt einzustellen.)

Gründliche Zahlenkenntnis ja, aber nur, wenn man mechanistische TGW-Programme hinter sich läßt und in den Bereich von »Glitzern«, »Kitzel,« und »Oha!« vordringt. Suchen Sie engen (sehr engen) Kontakt zum Kunden, und denken Sie gleichzeitig daran, daß der Renner von morgen sehr viel eher dem verdrehten Gehirn eines genialen Spinners entspringt als dem eines spießigen Markenmanagers Mitte Vierzig, der sich den Kopf zerbricht über die statistische Erkenntnis, daß die meisten wichtigen Kaufentscheidungen von Frauen getroffen werden.

Tom Silverman von Tommy Boy Records bescheinigte Nike, als erstes Unternehmen verstanden zu haben, was »Lifestyle«- oder »Identity«-Marketing bedeutet, und damit einen großen Schritt weg getan zu haben, so fügt er hinzu, von »der tristen Wissenschaft der Segmentierung« hin zur »schwierigen Arbeit kulturellen Wissens«.

Ich weiß nicht recht, was Silverman genau meint, aber mir scheint, daß er trotz seiner Neigung zum Jargon recht hat. Ich glaube, Phil Knight von Nike weiß, worum es geht. Genauso wie Hiroshi Yamauchi von Nintendo, Jay Chiat von Chiat/Day, Chuck Williams von Williams-Sonoma, Clifton Reichard von Ball Corp. und Gordon Lankton von Nypro.

Es geht um die Verschmelzung von Phantasie, Intuition und enge Kooperation mit Kunden. Es geht darum, *zum* Markt zu *gehören* (»Das Spiel ist nicht für Kinder, sondern für mich.« – Sigeru Miyamoto), nicht etwas für den Markt zu *machen.* Diese fundamentale Unterscheidung gilt für die Herstellung von Plastikkomponenten zur industriellen Nutzung nicht weniger als für die Musikbranche. Und sie unterstreicht noch einmal die Kluft zwischen TGW und TGR.

Lassen Sie Ihren Produktkatalog von Ihrer 16jährigen Tochter durchsehen.

Gefragt – getan

1. Wie steht's? Ist das typische Produktangebot Ihres Unternehmens soso? Eine Nachahmung? Eine Kopie? (»Wenn ich in ein Lebensmittelgeschäft gehe, dann stimmt das natürlich. Aber nicht bei *unseren* Produkten. Sehen Sie denn nicht das kleine Dingsda, das wir extra noch hinzugefügt haben ...« Noch einmal bitte, aber diesmal ernsthaft.)
2. Worauf sind Sie fixiert? TGW? TGR? Sind Sie auch der Meinung, daß sich die beiden unterscheiden? Stark unterscheiden? Im Gegensatz zueinander stehen? Also?
3. Was sagt Ihnen »Glitzern«, »Kitzel« und »Oha!«? Sind sie die Basis für Ihre Kaufentscheidungen? Zu Hause? Bei der Arbeit? Bei 08/15-Produkten? Bei High-Tech-Geräten? Nein? Seien Sie ehrlich. Denken Sie noch einmal nach. Über drei oder vier der letzten Käufe zu Hause oder im Geschäft. Weshalb haben Sie *dort* gekauft? (Arbeiten Sie diese Fragen zusammen mit Kollegen durch. Mit Managern und Mitarbeitern im Außendienst.)
4. Muß man Qualität definieren? (Denken Sie an den letzten Film, der Ihnen gefallen oder mißfallen hat.) Ist der Teil, den Sie definieren können, entscheidend für Ihre Wertschätzung eines Produkts oder einer Dienstleistung? Oder zerstört man gerade durch den Akt des Definierens den Reiz des Produkts und verstellt sich so den Zugang zu den wichtigeren Elementen der Qualität?
5. Gehört »Spaß haben« zu den Erfahrungen der Kunden im Umgang mit Ihrem Unternehmen? Sollte es? Könnte es? Besteht der Umgang mit Ihrem Unternehmen (Schallplatten, Stahl usw.) den Valerio's-Test?
6. Liebe. Liebe. Liebe. Benutzen Sie dieses Wort im Geschäft? Glauben Sie Professor Petersons Forschungsergebnissen über den Zusammenhang zwischen Zuneigung und Wiederholungskäufen (und die Nutzlosigkeit bloßer »Zufriedenheit«)? An John Petermans Wachstumsstrategie durch »Liebesaffären« mit seinen Katalogkunden? Folgen Ihren Einsichten auch entsprechende Taten?

7. Haben sich neue bahnbrechende Ideen in Ihrer Branche aus systematischem Zuhören ergeben? Oder aus dem inneren Gespür? Wird Ihr Marktsegment von Nachahmerprodukten heimgesucht (überschwemmt)? Weshalb? Und von Marktforschung überzogen? (Denken Sie über die Verbindung zwischen dem Aufkommen von Marktforschung und der Flut von Nachahmerprodukten nach, wenn Sie Mut haben.)
8. Noch einmal das neugierige Unternehmen: Bemühen Sie sich um die Tausender, und halten Sie sie auch unter schwierigen Bedingungen? Und wichtiger noch, bemühen sich die Tausender um Ihr Unternehmen?
9. Setzen Ihnen Billiganbieter zu? Lassen Sie Ihren Produktkatalog von einigen Außenstehenden (z. B. Ihrer 16jährigen Tochter und deren Freunden) durchsehen. Erkennen sie in ihnen etwas wirklich Besonderes? Haben Sie Ihr winziges oder riesiges Unternehmen in den letzten vier Jahren völlig erneuert? (Wenn nicht, weshalb wundern Sie sich dann über das Vordringen der Billigkonkurrenz?)

Bemühen Sie sich um die Tausender, und halten Sie sie auch unter schwierigen Bedingungen? Und ... bemühen sich die Tausender um Ihr Unternehmen?

10. Wer sagt, Sie können sich dem Massenmarkt nicht entziehen? Bert Roberts hat es doch mit Ferngesprächen trotz schärfster Konkurrenz auch geschafft. Warum also nicht Sie?
11. Wie sieht Ihr »Verflechtungsquotient« aus – wenn Sie Nypro als Maßstab nehmen? Gehen Sie – kühn, proaktiv und begeistert – auf Schmusekurs mit Ihren Kunden? Sind *alle* Verkäufer wie bei Ball Corp.?
12. Geben Sie 20 Prozent Ihres Marketingetats für die Beschaffung von Informationen über Ihre Kunden aus, so wie es Peppers und Rogers vorschlagen? Sind Sie besessen von der Vorstellung des »Beziehungsverkaufs«, auch wenn Sie (nach den Maßstäben von gestern) ein Massenmarktanbie-

ter sind? Was halten Sie von einer Reorganisation im Sinne des »Kundenmanagements«? Leuchtet Ihnen diese Idee ein? Wenn nicht, warum nicht?

13. Sind Sie ein Anhänger des Serviceprozesses, so wie es Ihnen Len Berry nahelegt? Und das Experiment von Dr. Tattersall? Überzeugend? Glauben Sie, daß der Prozeß eine wichtigere Rolle spielt als das Resultat?
14. Geben Sie Ihren Mitarbeitern genügend Spielraum, damit sie genauso spontan wie Jeff Amland reagieren können? Ermutigen Sie Ihre Mitarbeiter dazu, ihre Phantasie zu benutzen?
    (P. S. Fragen Sie bei Ihren Außendienstlern nach, den Neulingen wie den Veteranen, ehe Sie sich zu diesen Fragen vorschnell eine gute Note geben.)

Die Amerikaner haben in den letzten fünfzehn Jahren große Fortschritte gemacht, und das hat sich auch ausgezahlt. (Fragen Sie einen japanischen Unternehmenspräsidenten nach der heutigen Qualität von US-Autos. Und von Halbleitern. Und ...) *Aber das ist nicht genug. Bei weitem nicht,* wenn eine Revolution nach der anderen über den Markt hinwegfegt. Kurioserweise haben ausgerechnet die mit der Brechstange erzielten Erfolge bei Qualität und Geschwindigkeit das Spielfeld plattgewalzt. Letzten Endes haben dadurch Qualitätsniveaus Einzug in den Massenmarkt gehalten, die noch vor zwanzig Jahren ins Reich der Fabel gehört hätten. Die in diesem Kapitel zusammengefaßte Frage »Was kommt als nächstes?« (TGR, Kitzel, Symbiose, elektronische Verbindungen, nicht hinhören, genau hinhören usw.) durchzieht als unterschwellige Botschaft das gesamte Buch: Kleinsteinheiten für enge Kundenkontakte, Mittel zur Nutzung des Wissens, Netzwerke mit den aufgewecktesten Leuten der Welt, Neugier ohne Grenzen, entfesselte Innovation und Innovatoren.

Verrückte Zeiten ...

9. KAPITEL

Jenseits des Wandels (aufs neue)

Die permanente Revolution

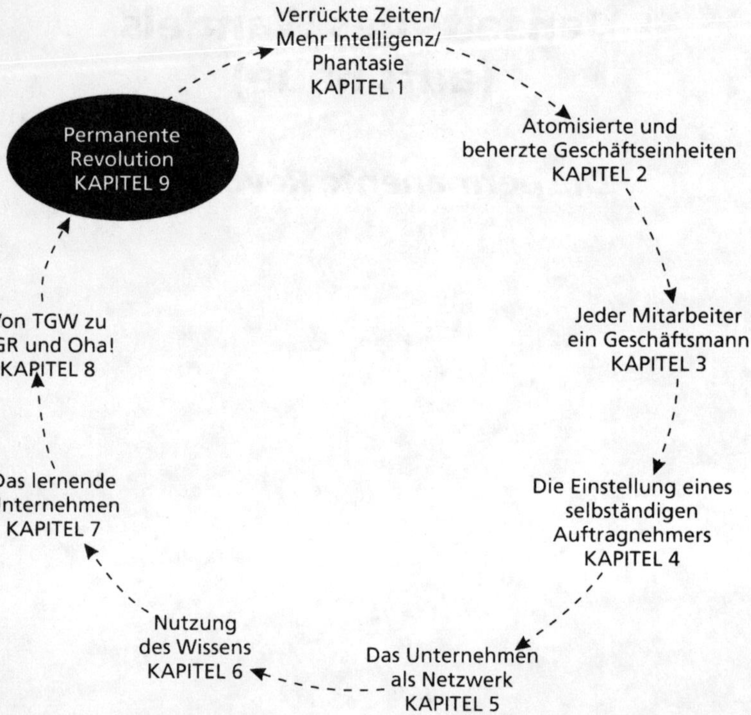
Verrückte Zeiten/
Mehr Intelligenz/
Phantasie
KAPITEL 1
Atomisierte und
beherzte Geschäftseinheiten
KAPITEL 2
Jeder Mitarbeiter
ein Geschäftsmann
KAPITEL 3
Die Einstellung eines
selbständigen
Auftragnehmers
KAPITEL 4
Das Unternehmen
als Netzwerk
KAPITEL 5
Nutzung
des Wissens
KAPITEL 6
Das lernende
Unternehmen
KAPITEL 7
Von TGW zu
TGR und Oha!
KAPITEL 8
Permanente
Revolution
KAPITEL 9

Wandel und ständige Verbesserungen (*kaizen*, für die Japaner), die Lösungen der achtziger Jahre, sind nicht mehr genug. Nicht einmal annähernd. Jetzt hilft nur noch Revolution, und zwar permanente Revolution. Führungskräfte aller Ebenen müssen akzeptieren, was uns die Prediger des Umbruchs sagen: daß Unternehmen enorme Veränderungen verkraften können und daß sie nur dann Fortschritte erzielen werden, wenn sie ständig handeln und dabei kleine und auch größere Fehlschläge in Kauf nehmen. Zehn Jahre Wandel, nach dem Maßstab von gestern, müssen komprimiert werden zu einem Jahr oder nur einigen Monaten. Dann heißt es tief durchatmen und von vorne anfangen. Vergessen Sie die Ruhe nach dem Sturm. *Wenn Sie Ruhe fühlen, dann nur, weil Sie sich im Auge des Taifuns befinden.*

»Dies ist eine Revolution im Unternehmen, und wir müssen das alte Regime stürzen.«

David Kearns

Erfolgreiche Fehlschläge

»Wir haben das Gefühl, dieser rasante, chaotische Wandel wird kein Ende mehr nehmen und immer schneller werden«, meint Ed McCracken, der Vorstandsvorsitzende von Silicon Graphics. »Die Unternehmen [müssen] alle paar Jahre niedergebrannt und wiederaufgebaut werden«, sagt der Unternehmensberater Roger Martin.

Die meisten Führungskräfte sind den Herausforderungen, die in diesen Bemerkungen zum Ausdruck kommen, nicht gewachsen. Dies gilt für Topmanager genauso wie für Aufseher, für kleine Unternehmen nicht weniger als für große. Vieles von dem, was die Unternehmen heute plagt, ist auf fehlende Courage in allen Teilen und auf allen Ebenen der Organisation zurückzuführen.

Die Tachonadel zum Anschlag bringen

Courage. Lars Kolind, der Chef von Oticon, hat sie. Er scheint nach dem alten chinesischen Sprichwort zu leben: »Es ist sehr gefährlich, einen Abgrund in zwei Sätzen zu überspringen.« Denken wir daran, daß Kolind seine verdrehte »Spaghetti-Organisation« praktisch über Nacht ins Leben rief. Der Schlüssel zur erfolgreichen Umsetzung war nach seinen Angaben, daß alles auf einmal verändert wurde. Im Falle seines Unternehmens bedeutete das Organisationsstruktur, Kultur, Gebäude und sogar die Arbeit selbst.

Der frühere Chef von Union Pacific Railroad, Mike Walsh, trug seinen Topmanagern auf, für die Neugestaltung des Un-

ternehmens von einem »leeren Blatt Papier« auszugehen. Es folgte eine 120tägige Revolution, die dem Stahlroß Union Pacific den Rost von 120 Jahren abkratzte. »Die Tachonadel zum Anschlag bringen«, rät Walsh anderen, denn, so fügt er hinzu, »Unternehmen können noch sehr viel mehr verkraften, als die meisten ihrer Leiter glauben.«
McCracken von Silicon Graphics spricht davon, daß die Bewältigung des immer schneller werdenden chaotischen Wandels »leicht« ist; man muß nur »den Mut zu großen Risiken aufbringen. Wir gehen große Risiken in der Strategie unseres Unternehmens ein ... bei der Einstellung von Mitarbeitern und geben ihnen dann die Freiheit, nein wir drängen sie dazu, selbst große Risiken einzugehen.«
Natürlich wissen die meisten Chefs mittlerweile, daß der Ruin droht, wenn sie die Hände in den Schoß legen, und daß sie ständige Verbesserungen realisieren müssen. Aber ständige Verbesserungen reichen nicht mehr. Es hilft nur noch Revolution, und zwar permanente Revolution. Die *Financial Times* berichtet von einer Rede des umstrittenen José Ignacio Lopez, der Ende 1993 noch bei VW war, vor Repräsentanten der in Nöte geratenen europäischen Autohersteller. *Kaizen*, oder Veränderungen von ein paar Prozent sind nicht genug, sagte er. Die Antwort ist ein Quantensprung um »30 bis 40 bis 50 Prozent Verbesserungen, die erreicht werden müssen«.

> **»Unternehmen können sehr viel mehr verkraften, als ihre Leiter glauben.«**
>
> *Mike Walsh*

Paul O'Neill, der Vorstandsvorsitzende des Werkstoffgiganten Alcoa, weiß, was Lopez meint. Ständige Verbesserungen sind »wohl eine ziemlich verheerende Idee, wenn man weit hinter dem Weltstandard zurückliegt«, erklärt er. Die Beraterin Marion Steeples berichtet, daß O'Neill dem Unternehmen 1991 das Ziel setzte, binnen 24 Monaten »mindestens 80 Prozent des Abstands zwischen Alcoa und weltweit führenden Konkurrenten aufzuholen«; und schon Ende 1992 »waren die Kernziele erreicht oder sogar übertroffen.« Die

Chefs verlassen sich auch auf Auslöser des Wandels, und das ist immerhin ein Fortschritt, aber noch lange nicht genug. Anita Roddick, die Gründerin von Body Shop, weiß, wovon sie spricht, wenn sie nur »Anarchisten« vertraut. Den Vorsprung in der rauhen Kosmetikbranche kann sie nur dann halten, wenn sie diejenigen im Unternehmen fördert, die auf die Konvention und auch auf die Unternehmensgründerin pfeifen.

Der frühere Xerox-Vorstandsvorsitzende David Kearns ist einer der wenigen, dem das Wort »Revolution« nicht im Hals stecken bleibt. »Dies ist eine Revolution im Unternehmen«, sagte er zu Beginn eines Qualitätsprogramms, mit dem er sein angeschlagenes Unternehmen zu einem Branchenvorbild machte, »und wir müssen das alte Regime stürzen. Das Qualitäts-Übergangsteam ist die ›Junta‹, die vorübergehend das Geschehen bestimmt. Die Standards und Bewertungskriterien entsprechen den Gesetzen des Landes. Das Belohnungs- und Anerkennungssystem gleicht der Machtübernahme in den Banken. Die Schulung ist die Machtergreifung in den Universitäten. Die Kommunikation steht für die Kontrolle der Presse, und das Verhalten des Topmanagements soll den Mitarbeitern die Nachhaltigkeit der Revolution demonstrieren. All diese Elemente sind für einen Kulturwandel erforderlich.«

Amen.

Laß Taten sprechen

Soviel steht fest. Wer die Tachonadel zum Anschlag bringen, wer ungeniert für Revolution eintreten und Anarchisten an die Front schicken will, der muß etwas tun. Nur mit Taten läßt sich etwas bewegen. Einmal mehr ist es Ed McCracken, der sich über die bloße Vorstellung langfristiger Planungen mokiert und damit eine entscheidende Aussage macht: »Wenn wir ein Entwicklungsprogramm für ein Produkt beenden, heben wir den Kopf und schauen uns nach Möglichkeiten für neue Erfindungen um«, erzählte er der *Harvard*

Business Review. Der Artikel trägt den treffenden Titel »Mastering Chaos at the High-Tech-Frontier« (»Beherrschung des Chaos an der High-Tech-Front«). »Wir versuchen ein Gespür für das zu bekommen, was die Kunden vielleicht wollen und was in der Technologieentwicklung passiert. Dann senken wir die Köpfe, konstruieren auf Teufel komm raus und werfen das Produkt auf den Markt. Wenn wir damit fertig sind, geht es wieder von vorne los. Das ist unser Planungszyklus. Wenn wir es statt in drei Jahren in einem Jahr oder in neun Monaten schaffen, haben wir einen immensen Wettbewerbsvorteil.« Er *hat* es geschafft, immer wieder, und der immense Wettbewerbsvorteil ist nicht ausgeblieben.

Ständige Verbesserungen: NEIN
Revolution: JA

Die Neigung, den Kopf zu senken und auf Teufel komm raus zu konstruieren (was es auch sei), ist in Zeiten, da der Markt das Handeln belohnt, das wichtigste Charakteristikum einer Führungspersönlichkeit. Wir wollen uns ein wenig ausführlicher mit diesem Phänomen befassen und uns deshalb den Fall einer Stabsmitarbeiterin ansehen, die bei einer 45minütigen Präsentation für den Generalmanager ihres Geschäftsbereichs Blut und Wasser schwitzt. Aller Erfahrung nach wird der Chef auf eine von zwei Arten reagieren:

1. *Reaktion:* »Das ist wirklich eine interessante Darlegung. Die Leute von der Marktforschung und vor allem Nina Nochne-Analyse können das ja noch vertiefen. Ach ja, die Kosten scheinen mir ein wenig niedrig angesetzt. Kurt Kümmelspalter von der Finanzabteilung ist ein wahres Genie bei solchen Sachen. Ich werde ihm sagen, daß Sie ihn anrufen. Nein, am besten, ich rufe ihn gleich an. Lassen Sie sich doch einen Termin in ein paar Wochen geben, damit wir noch einmal darüber reden können.«
2. *Reaktion* (schon nach dem ersten Drittel der Präsentation): »Klingt gut. Veranlassen Sie das Nötige. Schauen Sie in den nächsten Tagen noch einmal herein und erzählen Sie mir, wieviel Ihre nächsten Schritte kosten werden. Irgend-

wie können wir schon ein paar Mark zusammenkratzen, um einen Prototyp zu bauen. Dann holen wir uns ein schnelles Markt-Feedback. Es ist riskant, aber ich bin sicher, Sie können im Außendienst Unterstützung finden – wozu haben wir denn sonst unsere John Waynes. Das ist eine tolle Chance für Sie.«

Georg, der erste Boß, hält seine sorgsam gesetzten Ziele stets ein, ohne sie je bei weitem zu übertreffen. Er ist sehr scharfsinnig und findet mit der Präzision eines Lasers jeden Schwachpunkt in einer Argumentation. Georg opfert sehr viel Zeit, um mit aufgeweckten jungen Mitarbeitern über deren Vorschläge zu diskutieren. Man könnte fast sagen, daß er ihnen MBA-Lektionen für Fortgeschrittene erteilt.

Helga, die zweite Chefin, hat schon so manches Tief durchgemacht. Aber in ihrem aus insgesamt sechs Geschäftsbereichen bestehenden Unternehmen ist es der ihre, der den Löwenanteil bahnbrechender Produkte zu verantworten hat. Helga ist klug und engagiert. Aber sie kann einfach nicht während einer ganzen Präsentation dasitzen und zuhören. Sie mag begeisterungsfähige, gut vorbereitete Leute, die für ihre Träume große Risiken eingehen. Sie läßt ihnen sehr viele Freiheiten. (Kollegen wie Georg erscheint dies unangemessen.) Aber Helga erwartet auch 15-Stunden-Tage – und Resultate. Im Handumdrehen überträgt sie einem 28jährigen die Leitung eines Projekts, wenn er erfolgreich gearbeitet hat. Wenn man jedoch auf ihrer Abschußliste steht, dann hat man nichts zu lachen. Nach einer Bauchlandung bekommt man seine zweite Chance, aber bei zwei Fehlschlägen nacheinander – egal, unter welchen Umständen – sollte man besser neue Zukunftspläne fassen.

(Übrigens: Ich möchte mich nicht abfällig äußern über Nina Nochne-Analyse aus der Marktforschung und Kurt Kümmelspalter aus der Finanzabteilung. Sie sind bestimmt ihr Geld wert. Ich möchte nur darauf hinaus, daß Chefinnen wie Helga ihre Mitarbeiter für klug genug halten, sich die nötige Unterstützung zu beschaffen, während Bosse wie Georg Spezialisten wie Nochne-Analyse und Kümmelspalter un-

wissentlich in die Rolle des Aufpassers und Bremsers drängen.)
In meinem ganzen Erwachsenenleben habe ich mich mit der Umsetzung von Unternehmensstrategien befaßt und nicht wenige der Millionen zum Thema veröffentlichten Seiten gelesen. Und der Akademiker in mir kann sich immer noch nicht mit simplistischen Antworten auf die Frage anfreunden, was eine effektive Strategieumsetzung ausmacht. Dennoch stoße ich immer wieder auf Chefs, die gar nicht zu wissen scheinen, was Hürden sind, die (für sich und ihre Mitarbeiter) annehmen, daß man so gut wie alles erreichen kann, wenn man nur den Willen dazu hat und einfach anfängt, statt immer noch auf eine weitere Analyse zu warten.
Freilich sind solche handlungsorientierten Chefs keine Propheten, und das, was sie und ihre betriebsamen Mitarbeiter letzten Endes zuwege bringen, hat womöglich nur noch geringe Ähnlichkeit mit ihren ursprünglichen Vorstellungen. Aber dennoch sind die tatkräftigen Leute überzeugt davon – und dem pflichte ich bei –, daß man nur anfangen muß, um schnell zu lernen und die Aussichten auf brauchbare, in kürzester Zeit realisierbare Resultate enorm zu erhöhen.
Diese Tatmenschen sind auch nicht unbedingt liebenswerte Zeitgenossen. Georg, der vorsichtige Bereichsleiter, ist der geduldige Professor, der ein Kolloquium abhält. Er setzt sich gerne mit Ideen auseinander, stellt treffende Fragen und ist ein angenehmer Gesprächspartner. Helga hingegen ist oft kurz angebunden und manchmal sogar unhöflich. Sie meint es nicht so, aber ein Teil von ihr sieht nicht ein, weshalb man überhaupt mit einer Präsentation zu ihr kommt. Wenn sie an der Stelle ihrer Mitarbeiterin wäre, hätte sie sich bereits Unterstützung im Außendienst geholt, Geld zusammengekratzt und etwas ge-

»Wenn wir ein Entwicklungsprogramm für ein Produkt beenden, heben wir den Kopf und schauen uns nach Möglichkeiten für neue Erfindungen um.«

Ed McCracken

baut. Seit sie als 21jährige Hilfsassistentin im Marketing zum ersten Mal die Schwelle des Unternehmens übertreten hat, hält sie es mit jener Schule des Mitarbeiterverhaltens, die lieber um Verzeihung bittet als um Erlaubnis.

Fehlschläge en masse

Die notwendige Handlungsorientierung bringt eine unerfreuliche Begleiterscheinung mit sich. Fehlschläge en masse sind unvermeidlich. So einfach ist das. Und logisch. Aber leider windet sich der typische Chef beim bloßen Gedanken an einen Mißerfolg. Ein kluger Boß ist kein Anhänger halbherziger Versuche. Er weiß, daß jemand, der ständig an seine Grenzen geht, auch einmal auf den Bauch fällt. »Das ganze Geheimnis seines Erfolgs«, sagt der Verleger John Brown über Richard Branson, den Gründer der Virgin Group, »sind seine Fehlschläge … Er fängt immer wieder neue Dinge an, und nicht wenige davon gehen schief – aber das ist ihm s - - egal. Er läßt sich nicht beirren!« David Glass, der Vorstandsvorsitzende von Wal-Mart, berichtet Ähnliches über den Unternehmensgründer Sam Walton. Seine wichtigste Fähigkeit lag darin, den Reinfall von gestern zu vergessen und sich in die Arbeit von heute zu vertiefen. »Er hatte einfach keine Angst vor Fehlschlägen«, stellt Glass fest.

Wenn wir uns nicht manchmal völlig zum Narren machen, werden wir selbstgefällig – das heißt, wir entwickeln uns nicht mehr.

Angst vor Fehlschlägen bei einer neu eingestellten Rezeptionskraft nicht weniger als beim neu berufenen Vorstandsvorsitzenden ist die Hauptursache für Lähmung. Aber auch wenn man sich selbst und seine Mitarbeiter zur Toleranz gegenüber kleineren Fehlschlägen erziehen kann, ist das in diesen schwindelerregenden Zeiten noch lange nicht genug. Von Zeit zu Zeit und nicht zu selten muß es zu einer Riesenpanne kommen, die uns vor der Öffentlichkeit bis auf die Knochen blamiert. Wenn wir (ich und Sie, unsere Einheit, unser Unternehmen) uns nicht manchmal völlig zum Narren machen, werden wir selbstgefällig – das heißt, wir entwickeln uns nicht mehr.

Es ist schon komisch und ein Rätsel, daß die Sorge wegen der nächsten Runde von Entlassungen ausgerechnet in Zeiten, in denen Unerschrockenheit am meisten gebraucht wird, die meisten Beschäftigten zu einer konservativen Haltung veranlaßt. »Ich verstecke mich hinter meinem Schreibtisch, dann vergessen sie mich vielleicht, wenn am Freitag die Entlassungspapiere verteilt werden«, heißt da wohl die Devise.

Reines Wunschdenken. Erinnern Sie sich lieber an die Einstellung eines selbständigen Auftragnehmers, die wir in Kapitel 4 angemahnt haben. Nur wer rastlos und beherzt riskante Projekte und Karriereschritte verfolgt und wer über die Klippen einer solchen Strategie nur lachen kann, hat eine gute Chance, den Kreis der Gewinner zu erreichen und dort auch zu bleiben.

DIE REVOLUTION VERFECHTEN!

Keine laue Antwort akzeptieren

Die Bereichsleiterin Helga hat nie um Erlaubnis gefragt. Und das erwartet sie auch von ihren Mitarbeitern nicht. Ganz wie Mike Walsh (Union Pacific, dann Tenneco) und Percy Barnevik (ABB). Das erinnert mich an das erste Gebot für Lehrer des hochangesehenen Notre Dame-Englischprofessors Frank O'Malley: »Alles kann man akzeptieren, nur keine laue Antwort.«

Walsh und die anderen Umstrukturierungsspezialisten beherzigen dieses Gebot. Sie sind entschlossen, diesen Abgrund in einem Satz zu überspringen. Und Sie drängen entschlossen darauf, daß ihre Mitarbeiter es genauso halten. Doch leider herrscht in vielen Unternehmen noch eine ziemlich laue

Temperatur. Laue Fragen werden gestellt, und laue Antworten akzeptiert. »Machen Sie etwas Großartiges«, sagte Yamauchi von Nintendo. Das ist bestimmt keine laue Aufforderung. Und als einer der 892 Nintendoiden, die 1992 über 5 Milliarden Dollar Einnahmen erzielten, sollte man lieber eine passende Antwort parat haben.

Kühler Kopf im Chaos

Die Tachonadel zum Anschlag bringen heißt Handeln. Handeln verlangt Bereitschaft zu großen Reinfällen. Wenn dann die Lauheit der Hitze weicht, fehlt nur noch eine Maxime für Führungskräfte: Konzentration. Das ist jedoch alles andere als ein Kinderspiel. In einer klassischen Studie über die tatsächliche Zeitaufteilung von Managern aus dem Jahre 1973 stellt der kanadische Forscher Henry Mintzberg fest, daß der Arbeitstag eines Managers erstaunlich fragmentiert ist und daß jede Einzeltätigkeit durchschnittlich nur neun Minuten dauert.

Fragmentiert, sicherlich. Aber die Fähigkeit erfolgreicher Manager liegt eben genau darin, diese aufgesplitterten Aktivitäten zu einem stimmigen Ganzen zu bündeln.

Alle Bosse werden am Tag hundertmal und öfter abgelenkt. Dafür werden sie ja auch bezahlt. Doch die besten Chefs nehmen auch die winzigsten und irrelevantesten Ablenkungen zum Anlaß, ihr Hauptanliegen durchzusetzen. Roger Milliken, der Vorstandsvorsitzende von Milliken & Co., wurde 1980 vom Qualitätsfieber erfaßt. Bei jeder sich bietenden Gelegenheit predigte er seine neue Religion. »Milliken ist besessen von Qualität«, erzählte ein Manager des Unternehmens dem Journalisten Jeremy Main, »von der Art, wie wir Memos schreiben, bis hin zur Instandhaltung der Gästequartiere. Einmal holte ich ihn am Flughafen ab, und er fragte mich, wie lange die Fahrt zum Gästehaus dauern würde. Ich antwortete, zwölf Minuten. Darauf sagte er: ›Okay, Sie haben zwölf Minuten, um mir zu erzählen, was Sie in dieser Woche für die Qualitätsverbesserung getan haben.‹«

Was für eine Ausnahme von der Regel! Viele Vorstandsvorsitzende stimmen zwar laut in die Qualitätshymne ein, singen das hohe Lied vom Reengineering und tanzen auf der Schnelligkeitshochzeit. Doch ein Blick in ihre Kalender genügt, um zu sehen, daß sie sich nach solchen Intermezzi schnell wieder in ihre Festung im 73. Stock zurückziehen und über den Quartalszahlen brüten. Natürlich ist diese Zahlenarbeit unverzichtbar, vor allem, wenn einem ungeduldige Aufsichtsräte und aktivistische institutionelle Aktionäre über die Schulter schauen. Aber denken Sie immer daran, daß Sie von den Zahlen nur dann zehren können, wenn sich das Unternehmen grundlegend verändert und beispielsweise zu einem Qualitätsvorreiter wird wie Milliken & Co. unter Milliken oder Xerox unter Kearns. Und dafür muß der Vorstandsvorsitzende Zeit aufwenden. Fünf Minuten hier. Zwölf Minuten da. Stunde um Stunde. Tag für Tag. Jahr für Jahr.

Es versteht sich von selbst (sollte es zumindest), daß dies nicht nur für den Vorstandsvorsitzenden gilt, der seine Aufgabe seit 47 Jahren innehat (Milliken), sondern auch für die junge Dame, der man gestern ihren ersten Managerposten zugewiesen hat. Am Ende ihrer 18monatigen Tätigkeit wird sich die Abteilung verändert haben. Oder nicht. Wenn sie sich verändert hat – und sich zum Beispiel jetzt durch phänomenale Kooperationsbereitschaft gegenüber internen Kunden auszeichnet –, dann nur, weil sie einen Weg gefunden hat, die täglichen Ablenkungen für ihre konzentrierte Arbeit zu nutzen.

Die fünf Tugenden

Pedal aufs Metall
Taten
Fehlschläge begrüßen
Keine lauen Antworten
Konzentration im Chaos

Das Pedal bis zum Metall durchdrücken (»Unternehmen können sehr viel mehr verkraften ...« – Mike Walsh). Taten (»die Köpfe senken und auf Teufel komm raus konstruieren« – Ed McCracken). Fehlschläge begrüßen (»das ist ihm s—-egal« – John Brown über Richard Branson). Keine lauen

»Das Ziel heißt
jetzt, ein neues
Spiel zu erfinden.«
Phil Knight

Antworten (»machen Sie etwas Großartiges« – Yamauchi). Konzentration im Chaos (»Sie haben zwölf Minuten« – Roger Milliken). Dies sind die fünf Kardinaltugenden der effektivsten revolutionären Führungspersönlichkeiten, denen ich auf allen Ebenen einschließlich des Außendienstes begegnet bin. Wenden, das Segel drehen, den Blick auf die Ziellinie gerichtet, und nicht zurückblicken. Nur …

Der Strudel der Instabilität

Nur daß sich die verdammte Ziellinie ständig verändert. Sun Microsystems »ist zu einem Strudel geworden, in dem ein konstanter Zustand der Instabilität herrscht«, sagte Sun-Vizepräsident Bill Raduchel. Und an diesen konstant instabilen Zustand müssen wir uns alle gewöhnen. Wir müssen lernen, den Wandel (äh, die Revolution) zu lieben und ihn zu unserem Vorteil zu nutzen.

Anita Roddick drückt sich in etwas anderen Begriffen aus. Sie verfolgt eine klare Unternehmensphilosophie. »Zuallererst muß man Spaß daran haben. Zweitens muß man Liebe in seine Arbeit stecken. Drittens muß man genau das Gegenteil von dem tun, was alle anderen tun.« Was den letzten Punkt angeht, so steht Roddick fast, aber nur fast alleine da. Masaru Ibuka, ein Mitbegründer von Sony, ergänzt: »Der Schlüssel zum Erfolg bei Sony liegt – wie insgesamt in Wirtschaft, Wissenschaft und Technologie – darin, niemals den anderen zu folgen.«

Ist es nicht traurig zu sehen, wie sich kleine und große Unternehmen um den Erfolg bemühen, indem sie vielleicht ihr Tempo ein wenig beschleunigen oder ein wenig bessere Qualität als gestern bieten? Alles völlig vergeblich. Man wird sie überrollen.

Verstrickt in das Tagesgeschäft werden sie den echten Konkurrenten überhaupt nicht wahrnehmen: das Unternehmen am Rande, das in die entgegengesetzte Richtung steuert und damit die Branche revolutioniert. In Anspielung auf einen Klienten, der besessen war vom Gedanken der Prozeßverbesserung, formulierte es ein Berater so: »Während sie zum

xten Mal den Boden wienern, ist die Konkurrenz schon dabei, ihn ihnen unter den Füßen wegzuziehen.«
Denken Sie zurück an Selbstzerstörung, den Lieblingsbegriff des Quad/Graphics-Chefs Harry Quadracci. Oder an Phil Knight: »Das Ziel heißt jetzt, ein neues Spiel zu erfinden.«
»Wenn Ihr Unternehmen irgend etwas mit Informationen zu tun hat, dann stecken Sie in großen Schwierigkeiten.« Dieses Wort stammt aus dem Munde seiner Eminenz, des Microsoft-Gründers Bill Gates. Doch alle Unternehmen haben sehr viel mit Informationen zu tun, und fast alle stecken auch in Schwierigkeiten. Ich stimme Gates zu. (Und auch er sollte sich in acht nehmen.)
»In dieser Branche gibt es keine Möglichkeit, vorsichtig zu sein«, meint Ray Noorda, der Gründer von Novell. »Man kann nur aggressiv und stark sein und dem Kunden eine große Auswahl bieten.« Gefällt mir, »keine Möglichkeit zur Vorsicht«. Die meisten Unternehmen sind viel zu vorsichtig, vorsichtig bemüht, einen Marktanteil zu verteidigen, der sich vor ihren Augen in Luft auflöst.
»Am wahrscheinlichsten ist die Vermutung, daß keine der aktuell wirksamen ›Geschäftstheorien‹ in zehn Jahren noch gültig sein wird«, sagt Management-Guru Peter Drucker. Direkter hat es der unvergeßliche frühere MCI-Chef Bill McGowan ausgedrückt: »Früher hat der Produktlebenszyklus drei Generationen gedauert. Heute sind es gerade noch fünf Jahre.«
Auf die Plätze, fertig ... Das Rennen läuft.

Ein letztes Wort

Die Selbsterneuerung muß eine besondere Note aufweisen, die vielleicht am besten in einer Frage von Ben Cohen und Jerry Greenfield zum Ausdruck kommt, den Gründern der High-End-Eisfirma Ben & Jerry's Homemade. Neue Produkte und Grundsätze ihres Unternehmens müssen eine Probe bestehen: »Ist es verrückt genug?«
Vielleicht wäre *Ist es verrückt genug?* ein guter Titel für dieses Buch gewesen.

☛ **Lernpensum**

✔ Die Tachonadel zum Anschlag bringen
✔ Nicht Wandel, sondern Revolution
✔ Nicht Revolution, sondern permanente Revolution
✔ Keine Auslöser des Wandels, sondern Anarchisten
✔ Taten, Taten, Taten
✔ Blamable Fehlschläge en masse
✔ Keine lauen Antworten
✔ Konzentration im Chaos
✔ Instabilität als Norm
✔ Immer das Gegenteil von den anderen tun
✔ Wer vorsichtig ist, ist Geschichte
✔ Ist es verrückt genug?

Fazit: Ein allerletztes Wort

Der Futurologe Alvin Toffler hat einmal gesagt, daß wir die Zivilisation erneuern müssen. Dem kann ich nur beipflichten. Und ich nehme Tofflers Worte sehr ernst. Die Erneuerung der Zivilisation beginnt mit der Selbsterneuerung des einzelnen, und deshalb brauchen wir alle:

- eine Leidenschaft für Fehlschläge
- das Bedürfnis, zu lernen
- einen Hang zum Handeln
- eine Vorliebe für Unsicherheit
- einen Abscheu vor aufgeblasenen und unflexiblen Bremsern
- die Bereitschaft zum Schnellschuß
- den Glauben an die Neugier aller
- die Lust am Verdrehten
- eine Neigung zu »heißen« Wörtern
- einen Zug zur Revolution
- die Liebe zum Lachen

- eine Abneigung gegen laue Antworten und
- die Entschlossenheit, die Pest der Langeweile niemals und nirgends zu dulden

Habe ich auch nichts vergessen?

Gefragt – getan

1. Reden Sie in Ihrer Firma oft über »Wandel« und »Auslöser des Wandels«? Oder sprechen Sie über Revolution, Selbsterneuerung und Revolutionäre (und permanente Revolution)? Halten Sie diese Unterscheidung für übertrieben? Wenn ja, warum? Was sagen Ihre Mitarbeiter dazu? Ist das, was wir erleben, ein Wandel, wie es ihn nur einmal in mehreren hundert Jahren gibt? Oder nicht? Nein? Bitte erklären! (Hinweis: Sie irren sich.)
2. Können Sie sich vorstellen, so wie Kolind und andere von Oticon alles auf einmal zu verändern? Wenn nicht, warum nicht? Wie beurteilen Sie nach Ihren Erfahrungen die Zweckmäßigkeit eines Sprungs über den Abgrund in zwei Sätzen?
3. Herrscht in Ihrem Unternehmen ein Hang zum Handeln (Los. Fertig. Achtung. – Harry Quadracci)? Oder eine allgemeine Schwäche für »noch eine Analyse« und die Tendenz, »es aufzuschreiben« und um Erlaubnis zu bitten? Wie steht es mit ihnen? Wenn Sie ein Mann/eine Frau der Tat sind, beweisen Sie es (fragen Sie zum Beispiel anonym bei Außendienstkräften und Kunden nach).
4. Haben Sie schon einmal Fortschritte ohne die Begleiterscheinung von (vielen) Fehlschlägen beobachtet? Und Entwicklungssprünge ohne größere Pannen? Wie ist die Einstellung Ihres Unternehmens gegenüber Fehlschlägen? Wie sehen Sie die Bedeutung von Patzern? Von blamablen Reinfällen? (P. S. Wenn die Mitarbeiter im Außendienst zögern und Angst vor Fehlschlägen haben, obwohl Sie sie zur Risikofreudigkeit mahnen, dann dürfen Sie dreimal raten, woran es

liegt ... Sie und Ihre Kollegen im Management haben selber Angst. Stimmt's?)

5. Helfen Sie Ihren Kollegen, damit sie lernen, mit konstanter Instabilität zu leben (und sie sogar zu goutieren)? Sprechen Sie darüber? Mit neu eingestellten Mitarbeitern? Mit Veteranen? Offen? Ständig?
6. Können Sie sich vorstellen, die Frage »Ist es verrückt genug?« in das offizielle Handbuch für die Produktentwicklung aufzunehmen? Bestehen Ihre Handlungen als Führungspersönlichkeit der letzten Tage, Wochen, Monate, Jahre den IEVG-Test (Ist es verrückt genug)? Sie meinen schon? Meinen das auch Ihre Kollegen? Und Ihre Untergebenen? Wie wär's mit VPs (Verrückte Pläne) für Sie selbst und all Ihre Kollegen und Untergebenen – mit einem Zielrahmen von einer Woche, einem Monat, drei Monaten, sechs Monaten, einem Jahr?

Ist es verrückt genug?

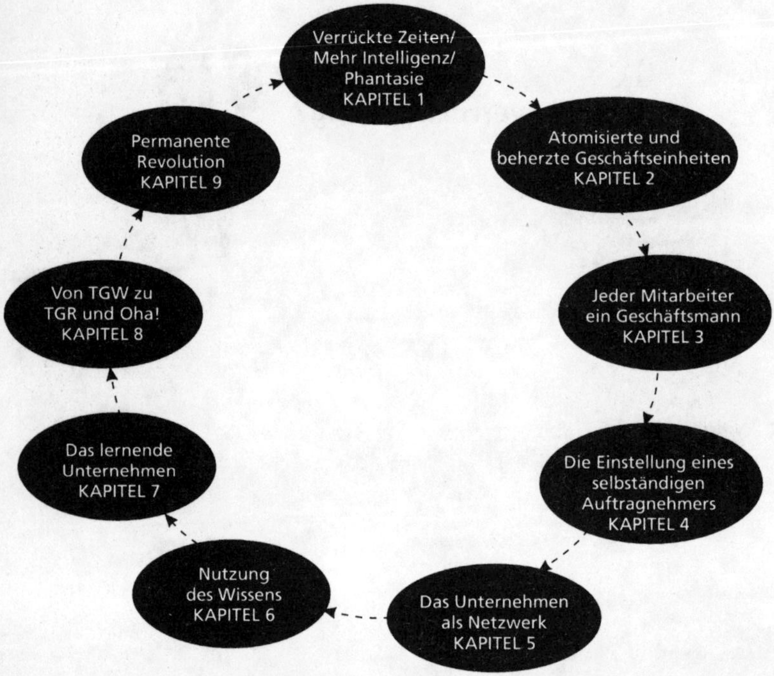
Verrückte Zeiten/
Mehr Intelligenz/
Phantasie
KAPITEL 1
Atomisierte und
beherzte Geschäftseinheiten
KAPITEL 2
Jeder Mitarbeiter
ein Geschäftsmann
KAPITEL 3
Die Einstellung eines
selbständigen
Auftragnehmers
KAPITEL 4
Das Unternehmen
als Netzwerk
KAPITEL 5
Nutzung
des Wissens
KAPITEL 6
Das lernende
Unternehmen
KAPITEL 7
Von TGW zu
TGR und Oha!
KAPITEL 8
Permanente
Revolution
KAPITEL 9

EPILOG

Es mag verrückt sein, aber es ergibt Sinn

Was haben wir also erreicht? Wir haben ein Modell erstellt. Ein rationales Modell des Unternehmens von morgen (heute).

Den Grundstein bildet ein völlig logisches, marktbestimmtes Plädoyer für den ganz normalen Wahnsinn: Verrückte Zeiten brauchen verrückte Unternehmen. Die Initialzündung und letztendlich formgebende Idee für dieses Modell war die unausweichliche Tatsache, daß die meiste/gesamte Wertschöpfung in einem Unternehmen, ungeachtet seiner Größe und Branchenzugehörigkeit, ihren Ursprung in zwei Quellen hat: Intellekt und Phantasie.

Als nächstes haben wir das alte Unternehmen aufgelöst und uns als neuen Motor des Fortschritts die Untereinheit erkoren, die bei kleinem Umfang über große Unabhängigkeit verfügt. Und warum? Ganz einfach. Wie sonst, sagen Percy Barnevik und Gleichgesinnte, sollen Intellekt und Phantasie auf unerwartete Gelegenheiten (oder Konkurrenten) reagieren können?

Mit der drastischen Verflachung der Organisation (neunzehn von zwanzig Mittelmanagern und Stabsmitarbeitern verschwinden) standen wir unversehens im Angesicht des Außendienstes ... wo wir Mitarbeiter fanden, die nur Befehlsempfänger waren.

Mit denen bringt man es nicht weit. Also haben wir sie verwandelt; wir machten sie zu Geschäftsleuten, zu 90prozentigen Unternehmern und übertrugen ihnen komplexe Aufgaben.

Arbeiter in Gefahr? In Gefahr sind wir alle. Arbeiten wie ein selbständiger Auftragnehmer, sich mit Feuereifer auf die anstehenden Aufgaben stürzen und ein Leben lang engagiert bleiben. Das ist der Weg zu Gewinnen, den uns auch Jackson Pollock zeigt in der …

… in der virtuellen Organisation, dem neuartigen Unternehmen als Netzwerk, das Menschen und kleine Bruchstücke von Unternehmen von überall und nirgends für einen Tag, eine Woche, ein Jahr zusammenführen soll, um die Marktchance von heute beim Schopf zu ergreifen – die morgen schon wieder dahin sein kann.

Das virtuelle Unternehmen bescherte uns eine Art von Form, aber es fehlte noch an Substanz. Gibt es noch so etwas wie einen Kern? Keine einfache Frage. Da die wesentliche Substanz von morgen (heute) Wissen sein wird (ist), müssen wir es wohl oder übel finden, binden und nutzen. Wir sprangen voller Elan in Pläne zur Wissensentwicklung, für die es bislang nur einige Pioniere, aber noch keine Experten gibt – obgleich immense Vorteile winken.

Dann machten wir eine Pause. Ungeachtet der Visionen vom »Unternehmen als Netzwerk« und von »Pollocks Weg zu Gewinnen« waren die von uns zurechtgezimmerten Unternehmen immer noch viel zu langweilig für diese entschieden unlangweiligen Zeiten. Wie wäre es …?

Wie wäre es also, wenn wir das Konzept der Neugier selbst in unser Modell integrieren würden? Wenn wir nichts weniger als das neugierige Unternehmen schaffen würden, ein Unternehmen, das wirklich verrückt, verschroben, schillernd und innovativ ist, wie es die Zeiten erfordern? Also haben wir neugierige Leute eingestellt, und auch ein paar unbequeme Tausender; und wir haben ihnen ein fruchtbares Ambiente verordnet, das ihnen gestattet, den Hund zur Arbeit mitzubringen oder um 4 Uhr ein Lied zu trällern, und ihre wertvolle Phantasie nicht unterdrückt, sondern fördert.

Und was haben wir von diesem Unternehmen erwartet? Qualität? Natürlich. Aber nicht nur die Qualität, die man auf Tabellen als Ausbleiben von TGW erfassen kann. Dieses neugierige, flache, atomisierte, vernetzte Pollock-Unternehmen, das verrückte 90-Prozent-Unternehmer beschäftigt, sollte seine Qualität nach dem Maßstab von TGR und Oha! messen.

Es sollte die Kunden nicht nur zufriedenstellen, sondern ihre Zuneigung gewinnen. Nicht nur gefallen, sondern überraschen. Und dem Kunden nicht nur zuhören, sondern sich mit ihm verflechten.
Und was jetzt, da wir das Modell vertieft haben? jetzt, da wir das Paket fertig verschnürt haben? Ganz einfach. Wir fangen wieder von vorne an. Und dann wieder ...
In diesem Buch werde ich bestimmt nicht wie in einigen (allen) anderen den Fehler begehen, zu glauben, daß ich jetzt DIE ANTWORT FÜR ALLE ZEITEN gefunden habe. Es gibt nicht nur eine Antwort. Nicht nur eine Strategie. Nicht nur ein Modell. Wenn Sie die Courage haben, um eines der hier vorgestellten seltsamen Gebilde aufzubauen, wenn Sie sich gewaltig ins Zeug legen und die ersten brauchbaren Resultate sehen, haben Sie es dann geschafft? Nein. Was immer Sie auch aufgebaut haben, Sie können sich keinen größeren Gefallen zu tun, als es, um mit Roger Martin zu sprechen, alle paar Jahre niederzubrennen. Ach ja, Worte. Nicht verändern, sondern n i e d e r b r e n n e n sollen Sie es! In einer Welt, in der das Haarsträubende zur Norm geworden ist, ergeben vernünftige Unternehmen keinen Sinn.

Danksagung

Ian Thomas, mein Geschäftspartner, hatte die Idee für diese Reihe. Esther Newberg, meine Agentin, hielt die Idee für gut. Sonny Mehta, mein Verleger, stimmte Esther zu. Donna Carpenter, Tom Richman und Charles Simmons, meine Redakteure und De-facto-Mitautoren, haben lang und hart an der Vollendung des »Produkts« gefeilt. Ken Silvia, unser Designer, zeigte uns, daß Design genauso wichtig ist wie Worte. Kathy Dalle-Molle, selbständige Auftragnehmerin, überprüfte sorgfältig die Fakten und leistete auch sonst vielfach Unterstützung. Kate Abe, meine Frau (und Kumpel) hat mir (wieder einmal) enorm geholfen. Evelyn Peters, meine Mutter (der dieses Buch gewidmet ist) hat mich zu dem gemacht, was ich bin.

Danke euch allen.

Donna Carpenter, Tom Richman und Charles Simmons (und daher auch ich) fanden reiche Unterstützung bei Cindy Sammons, Mike Mattil Sebastian Stuart und Maurice Coyle. Ken Silvia (und daher auch ich) konnte auf die Hilfe von Jessica Robison zurückgreifen. In der Tom Peters Group war Chris Gage wie immer von Anfang bis Ende eine große Hilfe. Paul Cohen, Liz Mitchell und Randy Patnode vom Newsletter-Team sind Co-Autoren einiger Geschichten dieses Buchs. Pat Reardon, mein Boß (Erstellung des Zeitplans, Vertragsverhandlungen usw.) hat dafür gesorgt, daß der wacklige Zug nicht entgleist ist. Bei Knopf-Vintage werde ich begeistert unterstützt von Jane Friedman, Carol Devine Carson, Linda Rosenberg, Katy Barrett, Laurie Brown und vielen anderen.

Da sich dieses Buch aus einem Seminarkonzept herleitet, gebührt mein Dank natürlich auch den vielen Menschen, die Fragen gestellt, Briefe geschrieben und mich ganz allgemein dazu gedrängt haben, meine Argumente zu präzisieren und auszuweiten. Zuletzt die Hauptdarsteller: Bob Buckman (Buckman-Laboratorien), Lars Kolind (Oticon), Gary Withers (Imagination) und viele, viele andere, die das geleistet haben, was ich auf diesen Seiten nacherzählt habe.

Auch ihnen vielen Dank.

Anmerkungen

Einleitung

Seite

9 »Am 18. Oktober… absolviert hatte«: »Warriors' Webber Inks 74.4 Million Dollar Deal« in *USA Today,* 18. 10. 93, p. 1C.

9 »Am selben Tag… Autoindustrie hin«: Kevin Done, »Threat to 400000 Jobs in EC Auto Sector« in *Financial Times,* 18. 10. 93, p. 1.

9 »Drei Monate später… weitere Entlassungen«: »Cautious Optimism in the Corner Office« in *Business Week,* 10. 1. 94, p. 67.

10 »Wenn Hewlett Packard… leiten kann«: Gifford und Elizabeth Pinchot, *The End of Bureaucracy and the Rise of the Intelligent Organization,* San Francisco 1993, p. 9.

11 »Wenn jeden Tag… auf den Markt kommen«: Robert E. Calem, »In Far More Gadgets, A Hidden Chip« in *New York Times,* 2. 1. 94, p. 9F.

11 »Daß Nintendo… erzielte«: »Game Maker Nintendo Reports Super Year« in *Asahi Evening News,* 22. 5. 93, p. 6.

11 *Online Access: The Magazine that Makes Modems Work* (Chicago Fine Print, Inc., 920 N. Franklin, Suite 203, Chicago, IL 60610, 312/573–1700).

11 *Going Bonkers?* (Harold Publications, Inc., 322 Royal Poinciana Plaza, Palm Beach, FL 33480–4020).

Kapitel 1

18 »Die neunziger Jahre und die Toten«, David Vice zitiert nach dem Buchumschlag von Linda McQuaig *The Quick and the Dead: Brian Mulroney, Big Business and the Seduction of Canada,* New York 1991.

18 »Kürzlich… der Markt«: Paul Volcker und Toyoo Gyohten, *Changing Fortunes: The World's Money and the Threat to American Leadership,* New York 1992, p. 161.

18 »Seit 1979 Sony… alle drei Wochen eines«: Steven Brull, »As the Profit Machine Slows Down, Japan Rethinks the Product Cycle« in *International Herald Tribune,* 26. 3. 92, p. Fl.

19 »Spaghettisauce… 1991 64 neue Sorten«: Angaben von *New Product News* in Chicago, IL.

19 »Erst kürzlich… nur noch 34 Tage«: »Harper's Index« in *Harper's,* August 1993, p. 9.

20 »Laut *Economist*… hat auf 423 Beschäftigte verringert«: »The Wonders of Workflow« in *The Economist* 11. 12. 93, p. 72.

20 »die australischen Kalgoorlie… von 1500 auf 720«: Steve Bunk, »Super Pit Digs Into the Future« in *Australian Business Monthly,* Juni 1992, p. 85.

21 »Die meisten Aufnahmen ... in Schönkirchen«: Lewis J. Perelman, *School's Out: Hyperlearning, the New Technology, and the End of Education,* New York 1992, p. 85.

22 »... eine elektronische technische ... Kurse anbieten«: Perelman, *School's Out,* p. 56.

22 »Wir versuchen ... zu verkaufen«: »60000 and Counting« in *Economist,* 30. 11. 91, p. 71.

24 »Das Schuhunternehmen Nike ... Dienstleister«: »Fortune's Service 500« in *Fortune,* 31. 5. 93, p. 206.

24 »Tom Silverman ... in der Lifestyle-Branche tätig sei«: Bruce Tucker, »Tommy Box Can CD Future« in *Fast Company,* November 1993, p. 60.

24 »... ein Schuhunternehmen ... in die Ecke zu werfen«: »Juiced-up Ball? Statistics Say No.« in *USA Today,* 15. 4. 93, p. 3C.

24 »Microsofts einziges ... menschliche Phantasie«: Fred Moody, »Mr. Software« in *New York Times Magazine,* 25. 8. 91, p. 56.

28 f. »Forschungsergebnisse ... satte 48 Prozent zulegten«: Frederick W. Gluck, »Recreating the American Dream« in *McKinsey Quarterly,* Herbst 1992, p. 58.

29 »Jedes Unternehmen ... aufzugeben«: Peter Drucker, »The New Society of Organizations« in *Harvard Business Review,* September-Oktober 1992, p. 98.

31 »1981 kamen ... auf 16143 hochgeschnellt«: Angaben aus *New Product News,* Chicago, IL.

32 »Man kann noch so viele ... echte Kreativität«: Scott Donaton, »Bumps Lie Ahead on Interactive Lane« in *Advertising Age,* 1. 11. 93, p. S16.

32 »Was bedeutet schon ... Pate V«: Rich Karlgaard, »ASAP Interview: John Sculley« in *Forbes ASAP,* 7. 12. 92, p. 95.

32 »Die zwanghafte ... drastischer Lohnsenkungen«: Roger Swardson, »Downsizing Hits Home: An Inside Look at the Shrinking American Workplace« in San *Francisco Chronicle,* 8. 8. 93, p. TW8.

34 »In einer Ansprache ... ergangen wäre«: Susan Yoachum, »Clinton Promises $5 Billion for U.S. Cities that Lose Bases« in *San Francisco Chronicle,* 3. 7. 93, p. A3.

Kapitel 2

44 »Die Managementberater ... ›dezentralisierten‹ Struktur«: Charles Handy, *The Age of Unreason,* London 1989; und James O'Toole und Warren Bennis, »Our Federalist Future: The Leadership Imperative« in *California Management Review,* Sommer 1992, p. 73–90.

48 »Lexmark, das die gefeierte ... von 2 Milliarden«: »The Typing on the Wall: Lexmark« in *Economist,* 3. 10. 92, p. 74–75.

49 »Neue Technologien ... ›Mißerfolg‹ bedeutet«: »The Fall of Big Business« in *Economist,* 17. 4. 93, p. 13.

50 »Der Aufstieg der Wissensökonomie ... bestehen«: Lance Morrow, »The Temping of America« in *Time,* 29. 3. 93, p. 41.

50 »Die Maschinerie ... 5,9 Millionen«: Angaben von Cognetics, Boston, MA.

50 f. »Die Liste der 500 ... gegründet wurden«: Martha E. Mangelsdorf, »Behind the Scenes« in *Inc.*, Oktober 1992, p. 72.

51 »... die Demütigung ... erst begonnen hat«: »The Fall of Big Business« in *Economist,* 17. 4. 93, p. 13.

51 »In seinem oft zitierten ... einzupflanzen«: »Letter to the Shareholders« in General Electric Jahresbericht 1992, p. 4.

51 »Beim finnischen Arm ... noch 25«: Aziz Panni, »Reaping the Harvest« in *EuroBusiness,* Oktober 1993, p. 75.

53 »Wenn man die Leute ... verlaufen«: Echo Montgomery, »Branson the Bold« in *Success,* November 1992, p. 23.

55 »In einem typischen Krankenhaus ... mit dem Patienten«: David O. Weber, »Six Models of Patient-Focused Care« in *Healthcare Forum Journal,* Juli-August 1991, p. 18–25; J. Philip Lathrop, »The Patient-Focused Hospital« in *Healthcare Forum Journal,* Juli-August 1991, p. 26–30; und »Operational Restructuring: 19 Pioneering Models« in *Healthcare Forum Journal,* Juli-August 1992, p. 5.

55 f. »Wir müssen die Parade ... verbannen«: J. Philip Lathrop, *Restructuring Health Care: The Patient-Focused Paradigm,* San Francisco 1993, p. 192–193.

57 f. »An arbeitsreichen ... zu schätzen wissen«: Lathrop, *Restructuring Health Care,* p. 192–193.

62 »Die Versicherungsgesellschaft Zürich ... Maßstabs«: »Taking on the World« in *Economist,* 5. 6. 93, p. 75.

62 »Auch CSR ... Kleinunternehmensbereich zu«: Philip Rennie, »Australia: New CSR Chief Wastes No Time« in *Business Review Weekly,* 23. 4. 93, p. 32.

65 »Jede gute Arbeit ... zum Trotz geleistet«: »60 Things Every Man Should Know« in *Esquire,* Oktober 1993, p. 121.

66 »Vor einiger Zeit ... dezentralisiert«: Martin Dickson, »Settling Down to Small Talk« in *Financial Times,* 42. 3. 93, p. 12.

68 »Für Unternehmen heute ... zu übertreffen«: James F. Moore, »Predators and Prey: A New Ecology of Competition« in *Harvard Business Review,* Mai-Juni 1993, p. 75.

68 »In ruhigen ... zögerlich mutierende Arten aus«: Carl Sagan und Ann Druyan, *Schöpfung auf Raten: neue Erkenntnisse zur Entwicklungsgeschichte des Menschen,* München 1993, S. 121.

69 Donald J. Wheeler, *Understanding Variation: The Key to Managing Chaos,* Knoxville 1993.

70 »In einer Ära ... Schlüssel des Erfolgs«: George Gilder, »George Gilder's Telecosm: The New Rule of Wireless« in *Forbes ASAP,* 29. 3. 93, p. 110.

70 »Quad/Graphics muß ... vernichtet«: Claire Ho, »Ultimate Think Smalls Help Overcome Barriers« in *Quad/Community News,* 23. 4. 93, p. 1.

70 »Das Ziel heißt ... zu erfinden«: Frank DeFord, »Running Man« in Vanity Fair, August 1993, p. 52.

72 f. »Die Schaffung ... sozialistischen Ländern«: Dwight R. Lee und Richard B. McKenzie, *Failure and Progress: The Bright Side of the Dismal Science,* Washington 1993, p. 61, 153.

73 »Außenstehende stellen sich ... sogar zu schätzen«: Michael S. Malone, »Silicon Valley Primer« in *San Jose Mercury News,* 27. 6. 93, p. 4C.

73 »Zu Washington sage ich ... ungehorsam zu sein«: George F. Will, »Silicon Valley Doesn't Need This Kind of Help« in *San Jose Mercury News,* 9. 6. 93, p. 7B.

73 »1993 trat PepsiCo ... ausgesetzt«: »Pepsi Staged Attacks« in *AP Online,* 17. 12. 93.

75 »Der Nobelpreisträger ... Entdeckungsprozeß«: Chiaki Nishiyama und Kurt R. Leube, Hrsg., *The Essence of Hayek,* Stanford, CA 1984, p. 254–265.

76 »Wenn die Leute ... emotionalen Beteiligung«: »Rich and Titled«, in *Economist,* 30. 3. 91, p. 64.

78 »Wir müssen alle ... aneignen muß«: »The Coming Clash of Logic« in *Economist,* 3. 7. 93, p. 25.

78 »Ein fruchtbarer Wandel ... zu gewinnen«: Andres K. Sandoval-Strausz, »Reinventing America: The 1993 Business Week Symposium of Chief Executive Officers« in *Business Week,* 13. 12. 93, Special Advertising Section, p. 121.

79 »Es ist ... Revolutionäre bestimmt«: Sagan und Druyan, *Schöpfung aufraten,* S. 143.

82 »Jeder Erfolg ... von Fehlschlägen«: »Other Comments« in *Forbes,* 3. 1. 94, p. 28.

Kapitel 3

89 »Wir wollen ... Geschäftsleute sind«: Leslie Brokaw und Curtis Hartman, »Managing the Journey« in *Inc.,* November 1990, p. 46.

92 »Vor der Umstrukturierung ... für ihre Arbeit«: Lathrop, *Restructuring Health Care,* p. 167.

95 »informatieren«: Shoshana Zuboff, *In the Age of the Small Machine: The Future of Work and Power,* New York 1988.

95 f. »Foldcraft, ein Hersteller ... Ertragsverbesserung auszurichten«: Liz Mitchell, »Employee Owners Lend Personal Expertise to Company Operations« in *On Achieving Excellence,* Dezember 1993, p. 7.

97 »Die Gestaltungsgrenze ... Unternehmensleistungen«: Stan Davis und Bill Davidson, *2020 Vision: Transform Your Business Today to Succeed in Tomorrow's Economy,* New York 1991, p. 134.

98 »Auch das Reiseuntemehmen Rosenbluth ... einräumt«: »Honor Roll« in *USA Today,* 25. 1. 93, p. 3B.

100 »Die einzige Möglichkeit ... ihm zu trauen«: »The Bomb and Opportunity«, März 1946, zitiert nach *Bartlett's Familiar Quotations,* 15th ed., Boston 1980, p. 723.

100 f. »In ihrem Buch ... im Außendienst vertraut«: William H. Davidow und Michael S. Malone, *Das virtuelle Unternehmen: Der Kunde als Co-Produzent,* Frankfurt/New York 1993.

101 »Der erste Duke of Wellington ... Industriellen Revolution«: Norman Macrae, »Governments in Decline«, CATO Policy Report, August 1992, p. 2.

102 »Die Wahrheit sagen ... Neugier fördern«: Brian S. Moskal, »Born to Be Real« in *Industry Week,* 2. 8. 93, p. 17.

102 f. »Bei Marketing Services ... Chefs freimütig mit«: Liz Mitchell, »Hard-driving Boss Challenges Workers to Meet Company Goals an Personal Commitments« in *On Achieving Excellence,* Dezember 1993, p. 5.

103 »Urteilen Sie stets ... wäre unverzeihlich«: Michael A. Verespej, »Roger Meade: Running on People Power« in *Industry Week,* 18. 10. 93, p. 13–14.

104 »Was ist falsch ... zu Geschäftsleuten zu machen«: Liz Mitchell, »How Employees Take Ownership, Grow Profits 57 Percent« in *On Achieving Excellence*, Dezember 1993, p. 2–3.

104 »Oder nehmen wir ... verschiedene Dinge machen«: N. R. Kleinfield, »For 40 Years, A Master of the Buttonhole Has Been Holding Things Together« in *New York Times,* 19. 1. 93, p. B3.

107 »Ray Kroc ... Schönheit sehen konnte«: Ray Kroc, *Grinding It Out: The Making of McDonald's,* New York 1977, p. 98.

Kapitel 4

115 f. »Wer nicht sagen kann ... der ist draußen«: Brian Dumaine, »The New Non-Manager« in *Fortune*, 22. 2. 93, p. 80.

118 »Die Leute erkennen ... vom Unternehmen«: Homa Bahrami, »The Emerging Flexible Organization« in *California Management Review,* Sommer 1992, p. 42–43.

118 »Dazu paßt ... im Auge behält«: Perelman, *School's Out,* p. 77.

118 »Alive Culinary Resources ... wie Leibeigene«: Florence Fabricant, »Trying to Turn Chiefs into Celebrities« in *New York Times,* 17. 3. 93, p. B1.

119 »In einem Artikel ... wieder zu durchlaufen«: Oren Harari, »Stop Empowering Your People« in *Management Review,* November 1993, p. 28–29.

119 »Der Experte für Karriereplanung ... lösen lassen«: William A. Charland Jr., »Career Shifting: Shifting Gears in a Changing Workplace« in *Points West Review,* September 1993, p. 4.

120 »In der neuen Wirtschaft ... Job zu übernehmen«: Tom Schmitz, »Teen Girls Get Lesson In Entrepreneurship« in *San Jose Mercury News,* 1. 10. 93, p. F1; Joline Godfrey *Die neuen Unternehmerinnen: Geld verdienen, Spaß haben, Gutes tun,* Frankfurt/New York 1993.

121 »Diese Macher-Mentalität ... selbst zu beheben«: Robert Kelley und Janet Caplan, »How Bell Labs Creates Star Performers« in *Harvard Business Review,* Juli/August 1993, p. 133.

122 »Wer etwas ›machen‹ will ... wird er befördert«: Hank Whitmore, *CNN: The Inside Story,* Boston 1990, p. 33.

122 »Véronique Vienne hat ... Zufälle zu verlassen«: Paul Cohen, »Living on the Edge: Story of a Master Networker« in *On Achieving Excellence,* Februar 1992, p. 2–4.

123 »Seit ich erwachsen bin ... weiterentwickeln«: Richard Corliss, »Hot Damn, He's Good« in Time, 6. 9. 93, p. 65.

126 »Andersen Consulting ... Stunden die Schulbank«: Ronald Henkoff, »Inside Andersen's Army of Advice« in *Fortune*, 4. 10. 93, p. 82.

127 f. »Nehmen wir professionelle ... wollen Sie berühmt sein?«: David H. Maister, *»Hows Your Assel?«* Boston 1991, p. 1–3, 9.

128 f. »Meine erste Musiklektion… Raga zu beginnen«: Gita Mehta, *A River Sutra,* New York 1993, p. 203–212.
132 »Es stellt sich immer… was man tut«: Richard N. Haass, *The Power to Persuade: How to Be Effective in Government and Other Unruly Organizations,* New York 1994, unkorrigiertes Manuskript, p. 50.
134 »Das Leben wird vielleicht… an ihre Stelle«: Mary Arm Sieghart, »I-Know-Best Generation Claims the Soul of the Nanny State« in Times (London), 3. 12. 93, p. 18.
135 »In seiner Autobiographie… für uns gearbeitet hätten«: John Sculley und John A. Byrne, *Meine Karriere bei PepsiCo und Apple,* Düsseldorf 1987, S. 132–136.
135 Ben Hamper, *Rivethead: Tales from the Assembly Line,* New York 1991.
137 »Der Psychologe Kenneth Gergen… erfüllteres Leben«: Walter Truett Anderson, »Multicultural Mix-ups: Postmodern Cowboys and New Age Indians« in *Utne Reader,* März-April 1993, p. 127.

Kapitel 5

145 »Die Kleeblatt-Organisation… zu denken geben«: Charles Handy, *The Age of Unreason,* p. 70–92.
148 »Nehmen wir als Beispiel… als nächstes anpacke«: Mark Henricks, »The Virtual Entrepreneur« in *Success,* Juni 1993, p. 41.
148 »Dann haben wir Rick… erzählte er uns«: Paul Cohen, »Against All Odds, Entrepreneur Taps Passion and Personal Networks to Shatter Industry Sales Records« in *On Achieving Excellence,* Juni 1993, p. 2–3.
149 »Auch die Anwälte… mit Kollegen austauschen«: William Charland, »Support System Network Helps Isolated Lawyers« in *Rocky Mountain News,* 3. 10. 93, p. 3C.
149 f. »Oder wie wär's mit Edward… zahlen sich aus«: Randall Patnode, »The ›Just-in-Time Talent‹ Network« in *On Achieving Excellence,* Februar 1994, p. 2.
152 »Heute kann man dank… getrennte Anbieter auf«: Brook Manville, *Tradition and Innovation in the Management of Professional Knowledge: A Case Study of a »Virtual Library«,* New York 1993, p. 4.
152 »Einige kreative Stars… Ideen zu entwickeln«: Beth Heitzman, »Leap of Faith: DDB Needham Creatives Jump Ship to Pursue Own Agency« in *Adweek,* 20. 9. 93, p. 1, 9.
152 »1992 belief… 128 000 Dollar«: »IBM's ›Big Blue‹ Days Are Over« in *San Jose Mercury News,* 16. 12. 92, p. 24A.
153 f. »*Design News* berichtet… schnellere Wachstumsmöglichkeiten«: Paul E. Teague, »Engineering Services: Where Creativity Thrives« in *Design News,* 5. 7. 93, p. 106.
154 »Kingston Technology… Just-in-Time-Fertigung«: Michael Meyer, »Here's a ›Virtual‹ Model for America's Industrial Giants« in *Newsweek,* 23. 8. 93, p. 40.
155 »Der immer sachliche… preiswerter abwickeln«: John A. Byrne mit Richard Brandt und Otis Port, »The Virtual Corporation: The Company of the

Future Will Be the Ultimate in Adaptability« in *Business Week,* 8. 2. 93, p. 98; und Stratford Sherman, »Andy Grove: How Intel Makes Spending Pay Off« in *Fortune*, 22. 2. 93, p. 58.

155 f. »Wie wird ein solch ... je nach Bedarf«: Davidow und Malone, *Das visuelle Unternehmen*, S. 15.

156 »Professor James Brian Quinn ... Marketing und so weiter«: James Brian Quinn und Penny C. Paquette, »Technology in Services: Creating Organizational Revolutions« in *Sloan Management Review,* Winter 1990, p. 67–78; und James Brian Quinn, Penny C. Pacquette und Thomas Doorley, »Technology in Services: Rethinking Strategic Focus« in *Sloan Management Review,* Winter 1990, p. 79–87.

157 »Texas Instruments ... halben Milliarde Dollar«: Peter Burrows, »Farming Out Work – to IBM, DEC, NCR ...« in *Business Week,* 17. 5. 93, p. 92.

158 »Ralston Purina ... mit sich selbst«: Emily De Nitto, »No End to March of Private Label« in *Advertising Age,* 1. 11. 93, p. S6.

158 »Kennametal ... Werkzeuglager seiner Kunden«: Barnaby J. Feder, »Kennametal Finds the Right Tools« in *New York Times,* 6. 5. 92, p. D1.

159 f. »Draeger's Supermarkt ... Biscotti und Pesto halten«: *Draeger's Culinayy Center Schedule. April, May and June,* p. 1.

160 »Positiv hervorgetan ... in der Kundenfirma«: Weitere Informationen siehe *Management Revolution and Corporate Reinvention,* London, BBC Training Videos, 1993.

161 »Dienstleistungen bilden ... Verpackung forcieren«: Joseph B. Fuller, James O'Conor und Richard Rawlinson, »Tailored Logistics: The Next Advantage« in *Harvard Business Review,* Mai-Juni 1993, p. 88.

164 »Die Abteilungsmanager ... [in der Hauptverwaltung]«: Shawn Tully, »A Boom Ahead in Company Profits« in *Fortune,* 6. 4. 92, p. 77.

165 »Nehmen wir den Fall ... auch anderswo suchen«: Tim Smart, »IBM Has a New Product: Employee Benefits« in *Business Week,* 10. 5. 93, p. 58.

166 »Wir dürfen vorstellen ... geliefert bekommen«: *USA Today,* 4. 3. 93, Advertisement, p. 6A.

168 »Inzwischen gleicht ... Bestandsführungsdienste«: Laurie M. Grossman, »Federal Express, UPS Face Off on Computers«, in *Wall Street Journal,* 17. 9. 93, p. B1.

170 »Auf Darrell Millers ... aufschlußreich, oder?«: Karen Southwick, »Novell: An Enterprising Company« in *Upside,* Mai 1993, p. 10.

171 f. »Niemand spricht eigentlich ... Vertrauensnetz hat«: Eric Nee, »John Seely Brown« in *Upside,* Dezember 1993, p. 30.

172 Jessica Lipnack und Jeffrey Stamps, *The Team Net Factor. Bringing the Power of Boundary-Crossing Into the Heart of Your Business,* Essex Junction 1993.

172 »In der Absicht ... für Informationstechnologie«: Helene Zampetakis, »Optus Getting Results by Using External Specialists« in *Financial Review,* 31. 5. 93, p. 49.

173 »Douglas Hague, der Dekan ... Vorlesungssaal setzen«: Douglas Hague, *Beyond Universities: A New Republic of the Intellect,* p. 58–59.

178 f. »Die traditionelle Gleichung ... Netzwerk entwickeln«: Michael Bendikt, Hrsg., *Cyberspace: First Steps,* Boston 1991, p. 383, 403–404.

Kapitel 6

189 »Auf Basis der Lohnkosten… Know-how nutzen«: Philip Revzin, »De Benedetti Envisions Electronic Links« in *Wall Street Journal Europe,* 2.–3. 7. 93, p. 4.

189 »Die moderne Wissensökonomie… des Wissens«, *Upside*, Dezember 1993, p. 34.

190 »Der Schlüssel… Konstellation profitieren«, *Upside,* Dezember 1993, p. 34.

191 »Wir sind kein globales… Rivalen herankommen kann«: William Taylor, »Power Transformers – The Dynamics of Global Coordination« in *Harvard Business Review,* März-April 1991, p. 96–97.

194 »Wir sehen wenig… ihnen entspricht«: »Chairman's Letter« in *CSC Europe 1991 Annual Review,* p. 4.

194 f. »Wir brauchen auch… auf ganz Europa«: »Chairman's Letter« in *CSC Europe 1991 Annual Review,* p. 4.

197 »Während wir auf… Hebelwirkung des Wissens«: Robert H. Buckman, einleitende Bemerkungen bei der kanadischen Marketingkonferenz der Buckman-Laboratorien, Mai 1992.

198 »Rund 17000 Berater… Kultur des Unternehmens«: Thomas Kiely, »Learning to Share« in *CIO,* Juli 1993, p. 38–44.

202 »Seelenverwandt mit… ihnen leicht fällt«: Paul Cohen, »Accounting Firm Electronically Links Its Experts and Clients, Reaps Strategic Advantage« in *On Achieving Excellence,* November 1993, p. 2–4.

204 »Das Institute for Research… Mitglied zu werden«: »The Search for the Poetry of Work« in *Training and Development,* Oktober 1993, p. 35.

205 »Etienne Wenger vom IRL… Praxisgemeinschaften sei«: Etienne Wenger, »Communities of Practice: Where Learning Happens« in *Benchmark,* Herbst 1991, p. 8.

206 f. »Wenn man früher vom Boß… unterstützt werden«: Alan M. Webber, »What's So New About the New Economy« in *Harvard Business Review,* Januar-Februar 1993, p. 28.

207 »Dies läßt sich durch ein Zitat… erreichen können«: Michael Schrage, *Shared Minds: The New Technologies of Collaboration,* New York 1990, p. 127.

208 f. »Anfang 1993 erhielt ich… Netzwerkarbeit«: Michael Bauwens, »Corporate Cybrary Networks: An Idea Whose Time Has Come« in *Internet Business Journal* 1, p. 25.

209 »Auch der Technologieexperte… Streitereien auf«: Howard Rheingold, *The Virtual Community: Finding Connection in a Computerized World,* Reading, Massachussetts 1993, p. IX-XI.

210 »Einen Schnappschuß… sechzig Tagen auszuliefern«: Lotus Notes-Werbung in *Computerworld,* 1. 3. 93, p. 42–43.

211 f. »Hatim Tyabji… zusammengestellt werden«: David H. Freedman, »Culture of Urgency« in *Forbes ASAP,* 13. 9. 93, p. 25–28.

212 »die 12500 Mitarbeiter… E-Mail-Nachrichten bearbeitend: Scott McNealy, »To Asia With Hope: Opportunity Lures a U.S. Executive« in *New York Times,* 28. 11. 93, p. 5F.

214 »Die aufregendsten… wachsam bleiben«: Hague, *Beyond Universities,* p. 12, 14.

216 »Im Wissenszeitalter ... eine Gelegenheit ergibt«: Perelman, *School's Out*, p. 100.

216 »Die Wissenschaftlerin und Pädagogin ... Lehrprogramme helfen«: Diane Ravitch, »When School Comes to You« in *Economist*, 11. 9. 93, p. 44.

216 f. »Perelman beklagt ... miteinander verzahnten«: Perelman, *School's Out*, p. 48, 70, 205, 106; das Zitat von Shoshana Zuboff erschien ursprünglich in »Smart Machines and Learning People« in *Harvard Magazine*, November-Dezember 1988.

217 »Der Prüfstein ... funktionieren«: F. Scott Fitzgerald, »The Crack-up« in *The Crack-up*, Harmondsworth 1979, p. 39. Hier zitiert nach der deutschen Übersetzung von Walter Schürenberg, »Der Knacks« in Der *Knacksl/Porzellan und Vulkan*, Berlin 1984, S. 9.

219 »Der Managementfachmann Karl Weick ... kann man nicht leben«: Karl E. Weick, *Der Prozeß des Organisierens*, Frankfurt 1985, S. 17, 197, 293, 315.

221 »Der Vorstandsvorsitzende Ed McCracken ... der Kultur geworden«: Steven E. Prokesch, »Mastering Chaos at the High-Tech Frontier« in *Harvard Business Review*, November-Dezember 1993, p. 137.

224 »Information ist der Feind der Intelligenz«: Donald Hall, »Mo' Info'mation« in »PEN American Center Newsletter«, Oktober 1993, p. 5.

224 »Samuel Johnson ... aus der Muße«: Adrian Furnham, »Decision Makers Ride a Harder Hobby Horse« in *Financial Times*, 19. 11. 93, p. R1.

224 »Rita Dove ... ausfahren würden«: Rita Dove, »To Make a Prarie« in *Key Reporter*, Herbst 1993, p. 1.

Kapitel 7

234 »Was für ein trauriger ... Erwachsener!«: Robert Bly, *Eisenhans: ein Buch über Männer*, München 1991, S. 22.

234 »In den Besprechungszimmern dabei ist«: Victor Palmieri, »Now Hear This« in *Fortune*, 24. 2. 92, p. 18.

235 »Stanley Bing liefert ... komplimentiere ihn hinaus«: Stanley Bing, »Dudes! Get a Life!« in *Esquire*, Mai 1993, p. 76–77.

236 »VCW, Inc ... bekundet Womack«: Charles Burck, »Succeeding with Tough Love« in *Fortune*, 29. 11. 93, p. 188.

237 »Der Historiker Shelby Foote ... Geisteskrankheit«: Shelby Foote, *Shiloh*, New York 1952, p. 39.

238 »Und Guy Kawasaki ... Kanzelprediger zu machen«: Michelle Moreno, »Product Evangelists Make Customers into Believers« in *On Achieving Excellence*, Januar 1993, p. 5.

238 »Mike Koelker ... Agentur einzufügen«: Mike Moreno, »A Creative Man Shares (Some of) What He's Leamed« in *Advertising Age*, 13. 12. 93, p. F8.

238 »Der legendäre Werbefachmann ... anderen infizieren«: David Ogilvy, *Principles of Management*, New York 1968.

239 »Die 85 Jahre alte ... Kollege Michael Lewis«: Walter Kim, »The Editor as Gap Model« in *New York Times Magazine*, 7. 3. 93, p. 56.

241 »Wir müssen unsere ... intellektueller Prozeß«: Charles R. Day Jr., »First Factories, Now Offices« in *Industry Week*, 7. 9. 92, p. 7.

244 »Wir haben immer gesagt ... dem Wandel den Schrecken«: Prokesch in *Harvard Business Review,* November-Dezember 1993, p. 142.

245 »Wenn man erwachsen wird ... zu Herzen genommen«: John Seabrook, »E-Mail from Bill« in *New Yorker,* 10. 1. 94, p. 56.

245 »Der Psychologieprofessor Howard Gardner ... Unschuld erhalten«: Howard Gardner, *Creating Minds,* New York 1993.

246 »Niemand freut sich ... exquisiten Vielfalt«: Jane Jacobs, *The Death and Life of Great American Cities,* New York 1961, p. 161.

248 »Der Architekt Christopher Alexander ... Konflikten befangen«: Christopher Alexander, *The Timeless Way of Building,* New York 1979, p. IX-X, 25.

250 »Es ist wissenschaftlich ... aus dem Bett holen!«: Christopher Day, *Places of the Soul: Architecture and Environmental Design as a Healing Art,* London 1990, p. 50.

250 »Duncan Sutherland ... Stollen im Garten«: Duncan B. Sutherland Jr., »Technology and the Contemporary Design Firm: Reflections on Time, Space, Tools and the Mind's Work« in *Design Management Journal,* Frühjahr 1993, p. 38–39.

250 f. »Peter Drucker ... neues Phänomen«: Peter Drucker, »The New Society of Organizations« in Harvard *Business Review,* September-Oktober 1992, p. 101.

251 »An: Magazin *Inc* ... entschlossenen Grüßen«: John Kerr, »The Best Small Companies to Work For in America« in *Inc.,* Juli 1993, p. 51.

251 f. »In der neuen Volkswirtschaft ... begrüßen«: Webber in *Harvard Business Review,* Januar-Februar 1993, p. 42.

253 »Gunpei Yokoi ... Etwas Großartiges!«: David Sheff, *Nintendo »Game Boy«: Wie ein japanisches Unternehmen die Welt erobert,* München 1993, S. 30.

255 »Wettbewerb ist heute ... Schachspiel«: George Stalk, Philip Evans und Lawrence E. Shulman, »Competing on Capabilities: The New Rules of Corporate Strategy« in *Harvard Business Review,* März-April 1992, p. 62.

255 »Andy Grove ... kreative Ideen auf«: Geoffrey Owen und Louise Kehoe, »A Hotbed of High-Tech« in *Financial Times,* 28. 6. 92, p. 20.

Kapitel 8

267 »Doch während die Amerikaner ... Things Gone Right«: David Woodruff u. a., »A New Era for Auto Quality: Just as Detroit is Catching Up, the Very Concept is Changing« in *Business Week,* 22. 10. 90, p. 84.

267 »Die Amerikaner bauen ... angenehm anfühlen«: Larry Reibstein, »The Hardest Sell« in *Newsweek,* 30. 3. 92, p. 45.

267 »Nach Statistiken kann ... der *Business Week*«: David Woodruff u. a. in *Business Week,* 22. 10. 90, p. 84.

267 f. »Richard Saunders ... Farbérgé«: Adrienne Ward Fawcett, »In Glut of New Products, ›Different‹ Becomes Key« in *Advertising Age,* 13. 12. 93, p. 28.

268 »Das heutige Umfeld ... Schwelle locken«: Kate Fitzgerald, »In Retailing, Price Stranglehold Lessons« in *Advertising Age,* 1. 11. 93, p. S6.

268 »Eine neuere Umfrage ... in den Schatten gestellt wird«: James Daly, »Mac User Loyalties Under Stress« in *Computerworld,* 25. 10. 93, p. 1.

269 »Wir gehen nicht… Lifestyle-Geschäft«: Bruce Tucker, »Tommy Boy Can CD Future« in *Fast Company,* November 1993, p. 60.

269 »In seinem Buch… Uhrenindustrie eingestellt«: Edward de Bono, *Sur/Petition. Creating Value Monopolies When Everyone Else is Merely Competing,* New York 1992, p. 111.

270 »Bisher hat Japan… Esprit zu machen«: Emily Thornton, Japan's Struggle to Be Creative« in *Fortune,* 19. 4. 93, p. 134.

270 »Der Milliarden-Markt… 50 bis 70 Prozent«: Asahi News Service, »Japan Markets Noodles with Classical Bent« in *Press Democrat,* 3. 8. 93, p. A1.

271 »Paul Sherlock… Glitzern, Kitzel und Oha!«: Paul Sherlock, *Unternehmen als Kunden,* Frankfurt 1992, S. 12.

272 »Qualität braucht man… vor diesen Abstraktionen«: Robert M. Pirsig, *Lila: An Enquiry Into Morals,* New York 1991, p. 64.

273 »*Chado,* die Übung… und Natürliche«: Kakuzo Okakura, *The Book of Tea,* New York 1991, p. 36–37.

274 »Wenn ich einen Bekannten… herrliche Erfahrung sein«: Leland R. Kaiser, »The Hospital as a Healing Place« in *Healthcare Forum Journal,* September/Oktober 1992, p. 39.

279 »Auch der kürzlich… Marktführer selbst erreichen«: John J. Keller, »AT&T to End Sales of ›i Plan‹ Phone Program« in *Wall Street Journal,* 10. 11. 93, p. A5.

279 f. »Marketing-Professor… lieben und hassen«: Brief von Robert A. Peterson an Tom Peters, 15. 6. 91.

280 »John Peterman kann es… wunderbar ist«: Liz Mitchell, »To Deliver Genuine Quality, Create a Customer Experience« in *On Achieving Excellence.* Dezember 1992, p. 2.

280 f. »Die geheimen Gedanken… Fünfmal sollte reichen«: J. *Peterman's Unexpected Summer Sale,* 1993, p. 14.

283 »Sehen Sie, es gibt… für das Publikum«: David Remnick, »The Last Italian Tenor« in *New Yorker,* 21. 6. 93, p. 43.

284 »Könner fragen nicht… normalen Leuten«: »So-o-o Sharp« in *Going Bonkers* 1(1), p. 7.

284 »Das läßt sich mit… Yamauchi«: Sheff, *Nintendo »Game Boy«,* S. 53.

284 »Sigeru Miyamoto… sondern für mich«: Sheff, *Nintendo »Game Boy«,* S. 67.

284 »Viele Leute… großartige Produkte«: Paul Cohen in *On Achieving Excellence,* Juni 1993, p. 4.

284 »Ich habe einfach gekauft… was mir gefällt«: Caroline E. Mayer, »Williams-Sonoma, Just a Shop That Sells What Its Owner Likes« in *Washington Post,* 8. 8. 93, p. C1.

285 f. »Die Begeisterung… unersättlicher Konsument«: Connie Bruck, » A Mogul's Farewell« in *New Yorker,* 18. 10. 93, p. 87.

285 »Er ist selbst sein… kratzt sich Carvil«: Terrence Rafferty, »The Battle of Little Rock« in *New Yorker,* 8. 11. 93, p. 126.

285 »Wenn ich nicht etwas Nahrhaftes… Christopher Day«: Day, *Places of the Soul,* p. 18.

286 »Der Unterschied… Nathan Myhrvold«: Laurence Hooper, »The Creative Edge« in *Asian Week Wall Street Journal,* 24. 5. 93, p. 10.

286 »Kein normaler Durchschnittsmensch ... bei Nintendo haben«: Sheff, *Nintendo »Game Boy«*, S. 51.

286 »Es zählt nicht ... Lebensmark trifft«: Joseph Schumpeter, *Kapitalismus, Sozialismus und Demokratie,* München 1972, S. 140.

288 »Procter & Gamble betreffend ... großen Konkurrenten«: Guy de Jonquieres, »A Rose by Any Other Name« in *Financial Times,* 6. 10. 93, p. 15.

288 f. »Händlermarken beispielsweise ... für Händlermarken«: David A. Aaker, »So How Do the Nationals Beat Back the Store Brand Surge« in *CalBusiness,* Herbst 1993, p. 21.

289 f. »In einem Artikel ... Durchbrüche einzusetzen«: Patricia McLagan, »The Dark Side of Quality« in *Training,* November 1991, p. 33.

292 »Der MCI-Vorsitzende gewann ... Tarife garantiert«: Kate Fitzgerald, »Roberts Brings Real Branding to Long-Distance Phones« in *Advertising Age,* 20. 12. 93, p. 8.

292 »Man darf nie davon ausgehen ... machen kann«: Kate Fitzgerald in *Advertising Age,* 20. 12. 93, p. 8.

294 »Stellen wir das Verfahren ... Schlüsse ziehen kann«: Clifton Reichard, »Salesmen Shouldn't Sell; Buyers Shouldn't Buy« in *Wall Street Journal,* 13. 9. 93, p. A16.

295 »Body Shop-Gründerin ... Funktion ausüben«: Anita Roddick und Russell Miller, *Body and Soul,* Düsseldorf 1991, S. 98.

296 »Nypro, ein Anbieter ... Bauarbeiten noch nicht sicher war«: Liz Mitchell, »Manufacturer Rewrites the Formula: Forget Bidding on Jobs, Choose Customers for Value-added, Quality Partnerships« in *On Achieving Excellence,* Mai 1993, p. 2–3.

299 »In ihrem Buch ... eine nachgeordnete Rolle«: Don Peppers und Martha Rogers, *The One-to-One Future: Building Relationships One Customer at a Time,* New York 1993, p. 22, 39, 140, 157, 165, 172, 176.

302 »Als kleiner Beleg ... als das Dreifache«: Jerry E. Bishop, »Technology and Medicine: Doctors Get Results by Sending Letters After Treatments« in *Wall Street Journal,* 11. 10. 91, p. B4.

303 »In ihrem Buch *Verdict Pending* ... selten verklagt«: Fredonia French Jacques, *Verdict Pending: A Patient Representative's Intervention,* Garden Grove 1983, p. 188.

303 f. »Jeff Amland ... beim Schneeräumen«: »Ten Service-Obsessed Stars Reveal Secrets to Customer Bliss« in *On Achieving Excellence,* April 1992, p. 2.

304 »Wir besprechen alles ... Personalcomputers«: Robin Hill, »Vengeance is Hers« in *Bulletin,* 11. 5. 93, p. 46.

305 »der frühere Apple-Chef ... geprägten Intuition«: Sculley und Byrne, *Meine Karriere bei PepsiCo und Apple,* S. 38 f.

305 f. »Sculley kritisierte ... Softdrink-Markt einzustellen«: Alan Deutschman, »Odd Man Out« in *Fortune,* 26. 7. 93, p. 44.

306 »Tom Silverman ... kulturellen Wissens«: Tucker in *Fast Company,* November 1993, p. 60.

Kapitel 9

315 »Wir haben das Gefühl... von Silicon Graphics«: Prokesch in *Harvard Business Review,* November-Dezember 1993, p. 137.

315 »Die Unternehmen [müssen]... wiederaufgebaut werden«: Roger Martin, »Changing the Mind of the Corporation« in *Harvard Business Review,* November-Dezember 1993, p. 92.

316 »McCracken von Silicon Graphics... Risiken einzugehen«: Prokesch in *Harvard Business Review,* November-Dezember 1993, p. 140.

316 »Die *Financial Times...* werden müssen«: Kevin Done, »Lopez Preaches Gospel of Third Industrial Revolution« in *Financial Times,* 9. 9. 93, p. 4.

316 »Paul O'Neill... sogar übertroffen«: Marion M. Steeples, »The Spirit of Americans« in *Industry Week,* 6. 12. 93, p. 37.

317 »Der frühere Xerox... Kulturwandel erforderlich«: David Kearns und David Nadler, *Xerox aus der Asche: Niedergang und Wiederaufstieg einer Weltfirma,* Frankfurt/New York 1993, S. 188.

317 f. »Wir versuchen ein Gespür... immensen Wettbewerbsvorteil«: Prokesch in *Harvard Business Review,* November-Dezember 1993, p. 137.

321 »Das ganze Geheimnis... nicht beirren!«: »That's Rich« in Esquire (British Edition), Mai 1994, p. 52.

323 »In einer klassischen... neun Minuten dauert«: Henry Mintzberg, *The Nature of Managerial Work,* New York 1973, p. 31–35.

323 »Milliken ist besessen... Qualitätsverbesserung getan haben«: Jeremy Main, *Quality Wars: The Triumphs and Defeats of American Business,* New York 1994, unkorrigiertes Manuskript, p. 46.

326 »Zuallererst muß man Spaß... alle anderen tun«: Roddick und Miller, *Body and Soul,* Düsseldorf, S. 119.

326 »Der Schlüssel... anderen zu folgen«: Brenton R. Schlender, »How Sony Keeps the Magic Going« in Fortune, 24. 2. 92, p. 77.

327 »Wenn Ihr Unternehmen... großen Schwierigkeiten«: Sherman Stratford, »The New Computer Revolution« in *Fortune,* 14. 6. 93, p. 6 1.

327 »In dieser Branche... Auswahl bieten«: Karen Southwick, »Novell: An Enterprising Company« in *Upside,* Mai 1993, p. 12.

327 »Am wahrscheinlichsten ist... gültig sein wird«: Peter Drucker, »A Turnaround Primer« in *Wall Street Journal,* 2. 2. 93, p. A14.

327 »Früher hat der Produktlebenszyklus... fünf Jahre«: Tom Peters, *Thriving on Chaos,* Video, Schaumburg 1989.

Zitierte Buchveröffentlichungen

Alexander, Christopher, *The Timeless Way of Building,* New York 1979.

Bendikt, Michael, Hrsg., *Cyberspace: First Steps,* Boston 1991.

Bly, Robert, *Eisenhans: ein Buch über Männer,* München 1991.

Davidow, William H. und Malone, Michael S., *Das virtuelle Unternehmen: Der Kunde als Co-Produzent,* Frankfurt/New York 1993.

Davis, Stan und Davidson, Bill, *2020 Vision: Transform Your Business Today to Succeed in Tomorrows Economy,* New York 1991.

Day, Christopher, *Places of the Soul. Architecture and Environmental Design as a Healing Art,* London 1990.

de Bono, Edward, *Sur/Petition. Creating Value Monopolies When Everyone Else is Merely Competing,* New York 1992.

Donald J. Wheeler, *Understanding Variation: The Key to Managing Chaos,* Knoxville 1993.

Fitzgerald, F. Scott, »The Crack-up« in *The Crack-up,* Harmondsworth 1979. Deutsche Übersetzung von Walter Schürenburg, »Der Knacks« in F. Scott Fitzgerald, *Der Knacks*/Gilles Deleuze, *Porzellan und Vulkan,* Berlin 1984

Foote, Shelby, *Shiloh,* New York 1952.

French Jacques, Fredonia, *Verdict Pending. A Patient Representative's Intervention,* Garden Grove 1983.

Gardner, Howard, *Creating Minds,* New York 1993.

Haass, Richard N., *The Power to Persuade: How to Be Effective in Government and Other Unruly Organizations,* New York 1994.

Hague, Douglas, *Beyond University: A New Republic of the Intellect.*

Hamper, Ben, *Rivethead. Tales from the Assembly Line,* New York 1991.

Handy, Charles, *The Age of Unreason,* London 1989.

Jacobs, Jane, *The Death and Life of Great American Cities,* New York 1961.

Kearns, David und Nadler, David, *Xerox aus der Asche. Niedergang und Wiederaufstieg einer Weltfirma,* Frankfurt/New York 1993.

Kroc, Ray, *Grinding It Out; The Making of McDonald's,* New York 1977.

Lathrop, J. Philip, *Restructuring Health Care. The Patient-Focused Paradigm,* San Francisco 1993.

Lee, Dwight R. und McKenzie, Richard B., *Failure and Progress: The Bright Side of the Dismal Science,* Washington 1993.

Lipnack, Jessica und Stamps, Jeffrey, *The Team Net Factor. Bringing the Power of Boundary-Crossing Into the Heart of Your Business,* Essex Junction 1993.

Main, Jeremy, *Quality Wars: The Triumphs and Defeats of American Business,* New York 1994, unkorrigiertes Manuskript.

Maister, David H., *»How's Your Asset?«* Boston 1991.

Manville, Brook, Tradition *and Innovation in the Management of Professional Knowledge. A Case Study of a »Virtual Library«,* New York 1993.

Mehta, Gita, *A River Sutra,* New York 1993.

Mintzberg, Henry, *The Nature of Managerial Work,* New York 1973.

Nishiyama, Chiaki und Leube, Kurt R., Hrsg., *The Essence of Hayek*, Stanford, CA 1984.
Ogilvy, David, *Principles of Management*, New York 1968.
Okakura, Kakuzo, *The Book of Tea*, New York 1991.
Peppers, Don und Rogers, Martha, *The One-to-One Future. Building Relationships One Customer at a Time*, New York 1993.
Perelman, Lewis J., *School's Out: Hyperlearning, the New Technology, and the End of* Education, New York 1992.
Peters, Tom, *Kreatives Chaos*, Hamburg 1988.
Pinchot, Gifford und Elizabeth, *The End of Bureaucracy and the Rise of the Intelligent Organization*, San Francisco 1993
Pirsig, Robert M., *Lila: An Enquiry Into Morals*, New York 1991.
Rheingold, Howard, *The Virtual Community: Finding Connection in a Computerized World*, Reading, Massachussetts 1993.
Roddick, Anita und Miller, Russell, *Body and Soul*, Düsseldorf 1991.
Sagan, Carl und Druyan, Ann, *Schöpfung auf Raten: neue Erkenntnisse* zur *Entwicklungsgeschichte des Menschen*, München 1993.
Schrage, Michael, *Shared Minds: The New Technologies of Collaboration*, New York 1990.
Schumpeter, Joseph, *Kapitalismus, Sozialismus und Demokratie*, München 1972.
Sculley, John und Byrne, John A., *Meine Karriere bei PepsiCo und Apple*, Düsseldorf 1987.
Sheff, David, *Nintendo »Game Boy«: Wie ein japanisches Unternehmen die Welt erobert*, München 1993.
Sherlock, Paul, *Unternehmen als Kunden*, Frankfurt/New York 1992.
Volcker, Paul und Gyohten, Toyoo, *Changing Fortunes: The World's Money and the Threat to American Leadership*, New York 1992.
Weick, Karl E., *Der Prozeß des Organisierens*, Frankfurt 1985.
Whitmore, Hank, *CNN: The Inside Story*, Boston 1990.
Zuboff, Shoshana, *In the Age of the Smart Machine: The Future of Work and Power*, New York 1988.